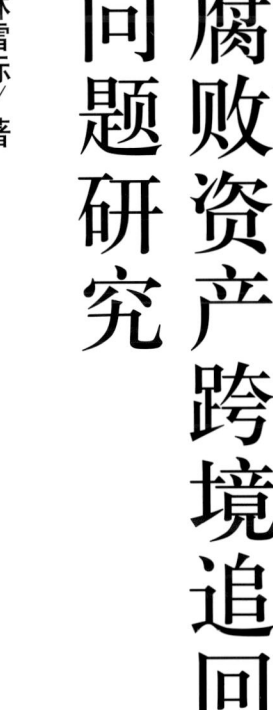

林雪标／著

腐败资产跨境追回问题研究

中国检察出版社

图书在版编目（CIP）数据

腐败资产跨境追回问题研究/林雪标著．—北京：中国检察出版社，2012.7
ISBN 978－7－5102－0692－4

Ⅰ.①腐… Ⅱ.①林… Ⅲ.①贪污贿赂罪－研究－中国 Ⅵ.①D924.392.4

中国版本图书馆 CIP 数据核字（2012）第 134784 号

腐败资产跨境追回问题研究

林雪标 著

出版发行：	中国检察出版社
社　　址：	北京市石景山区鲁谷东街 5 号（100040）
网　　址：	中国检察出版社（www.zgjccbs.com）
电　　话：	（010）68658769（编辑） 68650015（发行） 68636518（门市）
经　　销：	新华书店
印　　刷：	三河市西华印务有限公司
开　　本：	A5
印　　张：	7.75 印张　插页 4
字　　数：	194 千字
版　　次：	2012 年 7 月第一版　2012 年 7 月第一次印刷
书　　号：	ISBN 978－7－5102－0692－4
定　　价：	25.00 元

检察版图书，版权所有，侵权必究
如遇图书印装质量问题本社负责调换

序

孙 谦*

  腐败资产跨境转移，作为社会转型、经济全球化、腐败犯罪国际化等多种因素交互作用的产物，是世界范围内反腐败过程中所面临的共性问题。其严重危害政治生活，影响经济运行以及破坏法制原则，广为民众诟病。国际社会逐渐认识到该问题的严重性，也意识到仅仅依靠国内反腐败措施远不能满足跨境追回腐败资产的现实需要，因此主张应当加强通力协作，共同预防打击。联合国等国际性组织以各种决议等作为运行基础，积极推动腐败资产跨境追回，依托联合国发布的《联合国打击跨国有组织犯罪公约》、《联合国反腐败公约》为主要载体，最终建立腐败资产追回机制，对腐败犯罪资产跨境追回、处置和返还等作出详细的规定。

  国内外刑法理论界积极开展腐败资产跨境追回的学术研究。20世纪80年代，一些国外学者就开始对发展中国家追回腐败资产法律机制问题进行探讨，但由于该问题属于国际刑事合作的新领域，研究范围较窄，多集中在会议讨论材料、报告及公约性规定的阐述中。《联合国反腐败公约》生效前后，一些国内学者详细阐述了该公约规定的腐败资产追回机制，针对我国相关法律制

---

* 最高人民检察院党组成员、副检察长，博士生导师。

度与公约的衔接工作提出了不少建设性意见。《腐败资产跨境追回问题研究》是林雪标同志在其博士论文的基础上，在反腐败国际合作趋于强化的大背景下，积极借鉴、吸收上述理论研究成果后完成的。该书介绍了腐败资产跨境转移现状、危害及国际社会长期以来腐败资产追回的探索与努力，分析了腐败资产跨境追回机制的运行及成效，剖析了我国腐败资产跨境追回所面临的一般性障碍与具体性障碍，有针对性地提出了我国在腐败资产直接追回、间接追回以及资产分享方面的立法对策，并主张要重视资产追回基础性、灵活性、策略性、保障性等多种措施的结合运用。本书中，作者还提出一些创新性观点，如主张在腐败资产追回中，要注重民事诉讼、民事没收等民事手段的运用，主张政府在境外提起民事诉讼时，要通过创设国资委"法人手段"、专门基金会"法人手段"等，避免境外诉讼所引发的国家主权豁免方面问题，建议我国以国内立法、签订条约及个案合作等方式，以务实的态度，构建资产分享制度。

法学理论研究不能脱离司法实践，应当为司法实践提供理论基础，以解决现实疑难问题为出发点与落脚点。本书是林雪标同志结合自身多年反贪工作实践、境外追赃实战经验以及长期以来对这项工作的思考，积极以学术理论研究回应司法实务部门普遍反映难度大的"涉外追赃"问题的重要尝试与有益探索，具有一定的实践价值，其关于腐败资产跨境追回的一些立法建言与具体构思既可为相关立法拓宽思路，也可为国际司法协助的开展提供参考性意见。梁慧星教授曾经讲过，"学术论文的最重要要素是社会责任"，本书对于解决日益严重的腐败资产跨境转移问题，所贡献力量尽管十分绵薄，但却充分反映了一名基层检察官对社会责任的深刻认识和勇于担当。

林雪标同志先后在中国政法大学、北京大学与吉林大学学习法律，2011年获取刑法学博士学位。2003年至今就职于福建省人民检察院。在繁忙的工作之余，他能够长期阅读大量书籍，坚持不懈地加强理论研究，并结合司法实践思考与探讨新型受贿犯罪、腐败犯罪国际合作等前沿性法律问题，表现出其扎实的理论素养和研究能力。林雪标同志现已出版两本法学理论专著，发表学术论文十余篇，在法学理论研究中始终保持严肃认真的学风与孜孜求索的创新精神。

毋庸讳言，本书在部分章节上的论述还不够深入，有些观点与结论尚待进一步研究，如洗钱行为与腐败资产跨境转移在多数情况下密不可分，本书也提到以指控洗钱犯罪为资产追回的切入点，但没有对预防、打击洗钱犯罪与腐败资产跨境追回的内在关系进行深入研究。我作为林雪标同志攻读博士学位阶段的指导老师，在本书出版之际为其作序，感到由衷的高兴！希望林雪标同志能够以本书的出版作为学术研究的新起点，更加努力地工作，并衷心祝愿他在法学理论研究中不断取得新成果！

是为序。

2012 年 6 月 22 日

内容摘要

腐败犯罪作为权钱交易的极端表现形式,由来已久。随着经济全球化日益发展,国家对经济、社会的控制减弱,腐败犯罪呈全球化、国际化趋势,跨国性、涉外性特征明显,与此相对应的是腐败官员外逃及腐败资产跨境转移。腐败官员潜逃境外或人在境内,通过洗钱、现金走私等方式将腐败资产转移至境外,则成为一些腐败官员的惯用手法。如根据相关研究报告,20世纪90年代中期以来,我国外逃腐败官员高达16000至18000人,携带款项达8000亿元人民币。腐败资产跨境转移导致腐败资产全部或部分不能通过现有渠道予以追回,造成国家利益及经济受到损害,刑罚的惩罚功能弱化,诱发和加剧了国内矛盾,为民众所诟病。因此,在国际范围内,腐败资产跨境转移引起各国的高度重视,腐败资产流出国通过国际或区际司法协助与合作,积极探索与运用各种方法,追回或返还部分被跨境转移的腐败资产。但相较于跨境转移的腐败资产数量,成功追回的比例很小,总体而言,跨境资产追回的成效不大。本书取名"腐败资产跨境追回问题研究",主要以笔者博士学位论文为基础,以腐败资产跨境追回相关问题为分析对象,其研究目的就是通过探讨腐败资产跨境转移,分析《联合国反腐败公约》框架下腐败资产追回机制的运行及其效果,以及我国在腐败资产跨境追回方面所面临的障碍,在此基础上提出相应的立法对策,并积极地、最大化地实现多种追回措施配合的价值。

国外及我国大陆、港澳台地区皆存在较为猖獗的腐败资产跨境转移现象，严重危害政治生活、经济运行及法制原则，对此，世界范围内各个国家与地区积极采取各种应对措施，我国在借助传统性追回途径的基础上，探索策略性追赃等创新性途径。以联合国为主导的《联合国反腐败公约》应运而生，对腐败资产追回机制作出详细的规定，其中直接追回机制重视民事诉讼手段的运用，采取民事确权诉讼、民事侵权诉讼及简易返还的运行模式；而间接追回机制则主要采取民事没收与刑事没收，重视没收的国际合作，主要涉及没收地点的选择、举证责任及证明标准等问题。在腐败资产跨境追回中面临一系列障碍，既有腐败资产跨境追回中的一般性障碍，即国际范围内腐败资产跨境追回的普遍性问题，也有腐败资产追回机制运行中的具体性障碍，更重要的是我国腐败资产跨境追回配套立法的不完善，如主权豁免原则例外制度的缺乏、刑事没收立法的不完善、民事没收立法的缺位以及没收国际司法合作的立法缺陷。因此，为顺利追回跨境转移的腐败资产，最为重要的是要通过制度建设，完善腐败资产跨境追回的配套立法。具体而言，要建立运用民事确权诉讼、民事赔偿诉讼及简易返还手段追回腐败资产的制度，要在扩大刑事没收范围、规范没收前保全措施适用及加强善意第三人合法权利保护等方面完善刑事没收制度，要针对腐败犯罪主体死亡、潜逃或者缺席等情形建立民事没收制度，要建立承认与执行外国没收裁决的司法审查机制并完善向外国请求协助没收财产的立法。在腐败资产返还与处分方面要明确腐败资产分享制度的构建方式及具体内容，如分享资产的适用情形、范围、具体程序、比例与方式等。在腐败资产跨境追回的具体实践操作中，要重视多种措施的使用，如重视基础性措施、灵活性措施及策略性措施的运用，强化腐败资产追回的保障性措施。

　　本书具有一定的创新性，阐述了一些新观点。如建议在腐败资产跨境追回中,要重视民事诉讼的运用。政府在境外提起民事诉讼时,要通过创设国资委、专门基金会等"法人手段",由其代替政府作为诉讼主体,以避免政府作为诉讼主体所引发的主权豁免方面的问题;主张借鉴美国、英国、新加坡等国家关于民事没收的立法经验,建立我国的民事没收制度;主张在界定没收裁决范围的基础上建立承认与执行外国没收裁决的司法审查机制;建议通过完善国内立法、缔结双边协议及个案合作等方式,构建腐败资产分享制度,设立被没收腐败资产基金以解决腐败资产跨境追回中的追回资产保存、追回耗费资金等问题;主张在腐败资产跨境追回中,要注重灵活性,如灵活地处理资产分享事宜,有效运用不判处死刑承诺,追求量刑磋商的价值。还要讲究策略,如发挥外逃腐败官员追逃在资产追回中的作用,在运用民事诉讼追回腐败资产中要重视与刑事诉讼相结合使用,并注重以指控洗钱犯罪为资产跨境追回的切入点。这些观点有助于我国拓宽思路,创新措施,争取腐败资产跨境追回的最大化效果。本书从选题、收集资料、提纲组织、开始写作、多次修改到最终成稿,历时六年半之久,其间,腐败官员外逃及资产跨境转移现象屡有发生,但国际社会对这个问题的认识与看法渐趋一致,反腐败国际合作的氛围也趋于良好,一批潜逃境外多年的腐败官员或涉及腐败犯罪的其他人员也陆续被引渡或遣返回国,因此,笔者既深感研究腐败犯罪资产跨境追回这个主题的重要性、紧迫性,也对通过研究这个主题在实践中推动腐败资产跨境追回的进一步开展持有积极、乐观的态度,而正是这种态度,伴之以一种沉重的历史责任与担当,引导并且促使笔者在写作过程始终保持旺盛的精力、超强的自信以及高昂的斗志。

目 录

内容摘要 …………………………………………………………（1）

引 言 ……………………………………………………………（1）

第一章 腐败资产跨境转移及资产追回状况 …………………（5）

 第一节 腐败资产跨境转移 ……………………………………（5）
  一、腐败资产跨境转移现象 …………………………………（5）
  二、腐败资产跨境转移的危害 ………………………………（21）
 第二节 腐败资产跨境追回状况 ………………………………（30）
  一、国外腐败资产跨境追回 …………………………………（31）
  二、我国腐败资产跨境追回 …………………………………（40）

第二章 腐败资产跨境追回机制的运行及效果 ………………（52）

 第一节 腐败资产直接追回机制的运行 ………………………（52）
  一、直接追回机制的运行特点 ………………………………（53）
  二、直接追回机制的运行方式 ………………………………（55）
 第二节 腐败资产间接追回机制的运行 ………………………（61）
  一、没收腐败资产的地点选择 ………………………………（62）
  二、刑事没收在腐败资产跨境追回中的运用 ………………（64）
  三、民事没收在腐败资产跨境追回中的运用 ………………（68）
 第三节 腐败资产追回机制运行的效果 ………………………（75）
  一、民事诉讼追回腐败资产的运行成效 ……………………（75）
  二、刑事没收追回腐败资产的运行成效 ……………………（78）

三、民事没收追回腐败资产的运行成效 ……………（79）

第三章 我国腐败资产跨境追回面临的障碍 ………（81）
第一节 腐败资产跨境追回的一般性障碍 ……………（81）
一、利益的对立性 ……………………………………（82）
二、高级官员的司法豁免权 …………………………（83）
三、时间和金钱的大量耗费 …………………………（85）
四、资产追回经验的缺乏 ……………………………（86）
五、腐败资产洗钱技术的复杂性 ……………………（86）

第二节 腐败资产跨境追回机制运行的具体性障碍 …（88）
一、腐败资产直接追回机制运行的障碍 ……………（88）
二、腐败资产间接追回机制运行的障碍 ……………（92）
三、腐败资产返还与处分的障碍 ……………………（99）

第三节 我国腐败资产跨境追回配套立法的不完善 …（102）
一、主权豁免原则例外制度的缺乏 …………………（102）
二、刑事没收立法的不完善 …………………………（104）
三、民事没收立法的缺位 ……………………………（108）
四、没收国际司法合作的立法缺陷 …………………（110）

第四章 我国腐败资产跨境追回的立法对策 ………（115）
第一节 腐败资产直接追回的立法对策 ………………（116）
一、建立运用民事诉讼追回腐败资产的制度 ………（116）
二、建立简易返还制度 ………………………………（122）

第二节 腐败资产间接追回的立法对策 ………………（124）
一、完善刑事没收制度 ………………………………（124）
二、建立民事没收制度 ………………………………（133）
三、完善没收国际合作的相关立法 …………………（141）

第三节 腐败资产返还与处分的立法对策 ……………（151）
一、腐败资产分享的法律依据 ………………………（153）

二、腐败资产分享制度的构建方式 …………………（154）
　　三、腐败资产分享制度的具体内容 …………………（157）
第五章　腐败资产跨境追回中多种措施配合的价值 ……（162）
　第一节　重视基础性措施 ………………………………（163）
　　一、信息收集与法律手续办理 ………………………（163）
　　二、充分利用多边、双边司法协助条约 ……………（165）
　第二节　注重灵活性措施 ………………………………（166）
　　一、灵活处理资产分享 ………………………………（167）
　　二、不判处死刑承诺的有效运用 ……………………（168）
　　三、量刑磋商的价值发挥 ……………………………（171）
　第三节　运用策略性措施 ………………………………（173）
　　一、发挥追逃在腐败资产跨境追回中的作用 ………（173）
　　二、注重民事诉讼与刑事诉讼的结合 ………………（182）
　　三、以指控洗钱犯罪为资产跨境追回的切入点 ……（185）
　第四节　强化保障性措施 ………………………………（190）
　　一、建立资产跨境追回工作协调机构 ………………（191）
　　二、强化资产跨境追回能力建设和经费保障 ………（193）
　　三、加强证人培训 ……………………………………（193）

结　论 ……………………………………………………（196）

参考文献 …………………………………………………（200）

附　录 ……………………………………………………（208）

后　记 ……………………………………………………（234）

引 言

  腐败是人类社会经济和政治生活的一颗毒瘤，它危害国家稳定，损害社会正义，已经成为困扰整个国际社会的问题，成为各国政治、经济、社会、文化发展的桎梏。随着经济全球化日益发展，国家对经济社会的控制减弱，腐败犯罪日益呈现全球化、国际化等特征，主要表现在以下几个方面：一是参与腐败犯罪的主体日益国际化。当前，国际交往尤其是国际商业贸易中存在激烈的竞争，很多大公司为取得商业贸易份额而采取行贿手段。国际透明组织委托美国盖洛普公司对21个国家海外行贿问题进行调查表明：世界上很多国家都存在海外行贿现象，包括美国、俄罗斯、中国等在内。1976年6月，美国有关机构查明，美国洛克希德飞机制造公司为换取销售该公司民用飞机的合同，1970年至1975年曾先后向日本、德国等国家的政府官员、秘密代理人共支付贿金2亿多美元。① 二是国家公职人员通过对外经济交往实施腐败犯罪行为，如在境外进行采购时，通过"暗箱操作"得到巨额回扣。三是国际性资金被大量侵吞。如有些国际救援资金被大量贪污，世界银行等世界性金融机构的贷款因借贷国家无力偿还而免除，其实大部分资金被官员所侵吞。我国腐败犯罪也逐渐呈现国际化趋势，从近年来查办的违纪违法案件看，腐败案

---

① 季正矩：《通往廉洁之路：中外反腐败的经验与教训研究》，中央编译出版社2006年版，第123页。

件涉外化趋势明显，腐败案件从境内向境外发展，有的腐败官员利用资本跨地域、跨行业、跨国境流动的机会，与地区外、行业外、境外不法分子相勾结，共同犯罪。

伴随着腐败犯罪国际化的是腐败官员外逃及腐败资产跨境转移。腐败官员为逃避法律制裁，在世界范围内寻找出路，在实施犯罪以后，往往潜逃出境或将赃款转移至境外，其中大部分通过洗钱行为实现赃款的转移。2002年5月，亚太组织一位研究洗钱问题的资深官员指出，每年至少有2000亿美元的黑钱通过亚太地区的银行系统转移，占全球黑钱总数的1/5，其中贪污贿赂犯罪所得收入通过金融活动使其合法化的占有相当比例。① 随着我国经济的开放性发展，腐败官员犯罪后潜逃出境或者将赃款转至境外的案件日益增多。

腐败官员携款潜逃境外或者人在境内，但却将腐败资产转移出境外，导致腐败资产全部或者部分不能通过现有渠道予以部分或全部追回，有时腐败犯罪分子虽然受到了刑事处罚，但追回腐败资产的目的却不能实现，导致国家利益受到损害，对社会和经济发展带来极大危害。犯罪官员在经济上获益，也弱化了刑罚的惩罚功能。越来越多的国家意识到，仅仅依靠国内反腐败措施已经远远不能满足反腐败的实际需要，打击腐败也不应闭关锁国，而应跨国开放，通力合作，共同预防和打击。正如《联合国反腐败公约》"序言"中所指出的："确信腐败已经不再是局部问题，而是一种影响所有社会和经济的跨国现象，因此，开展国际合作预防和控制腐败是至关重要的"，"铭记预防和根除腐败是所有各国的责任，而且各国应当相互合作，同时应当有公共部门以外的个人和团体的支持和参与，例如民间社会、非政府组织和

---

① 孙力、张朝霞：《反腐败国际合作机制研究》，载《中国刑事法杂志》2003年第4期，第101页。

社区组织的支持和参与，只有这样，这方面的工作才能行之有效"。包括联合国在内的各种国际性组织制定了反腐败文件，为加强国际反腐败合作提供了依据，腐败资产跨境追回作为反腐败国际合作的一个重要内容应运而生。

本书以"腐败资产跨境追回问题研究"为选题，主要就是针对当前世界范围内日益猖獗的腐败资产跨境转移现象，并试图在反腐败国际合作趋于强化的大背景下，对腐败资产跨境追回的相关问题进行研究。应当提出的是，在这个问题的研究上，我国学者作出了突出贡献，特别是《联合国反腐败公约》生效后，许多学者以公约为视角，以专著或者期刊论文等形式，对公约规定的腐败资产追回机制进行阐述和探讨，针对腐败官员外逃及资产跨境转移现象提出一些建设性的意见，本书则是在上述学者理论研究的基础上，结合自身的腐败资产境外追回实践以及长期以来对这个问题的思考，以分析腐败资产跨境转移及资产追回状况为前提，以探讨腐败资产直接追回机制与间接追回机制的运行与效果为基础，深刻剖析我国腐败资产跨境追回面临的一般性障碍、具体性障碍及配套立法的不完善，在此基础上提出我国腐败资产跨境追回的制度建设，对腐败资产直接追回、间接追回以及腐败资产返还与处分予以立法上的支撑。同时，提出在腐败资产追回实践操作中，要重视运用基础性措施、灵活性措施、策略性措施及保障性措施等，并积极追求上述措施运用后所产生的价值最大化。

本书主要采用比较学与文献学的研究方法，从对比和鉴别中认识事物，从经验事实中概括和提炼命题，从反复发生的现象中作出规律性总结并据以预测未来。具体而言，通过对境外各个国家和地区关于刑事没收、民事没收、资产分享等相关立法及司法实践进行比较，得出我国在立法对策以及腐败资产跨境追回具体操作过程中的障碍及应对措施。同时，注重采取辩证唯物主义、制度分析等方法来梳理现有关于腐败资产跨境追回的文献资料，并对其进行有选择性的吸收，特别强调制度的作用，强调用社会变迁、腐败现象发展与个人能动性的互动作用，尝试分析现有制度的缺陷，并提出进行制度改革创新和制度建设。

第一章　腐败资产跨境转移及资产追回状况

腐败官员通过洗钱等渠道将全部或部分腐败资产转移至境外，为自己和家人留出后路，并逃避刑事追究与惩罚，这是腐败官员的惯常做法。在国际范围内，亚洲、非洲及美洲的一些发展中国家存在较为普遍的腐败资产跨境转移现象，一些政府首脑及高级官员利用手中掌握的权力聚敛财富，大肆收受贿赂，侵吞国家财产乃至国际社会援助本国发展的资金，利用本国的金融体系漏洞及复杂的国际金融系统，将大量腐败资产转移至发达国家或者离岸中心。我国也存在大量的腐败资产跨境转移现象，中国大陆近年来贪官携款潜逃境外事件层出不穷并为民众所诟病，香港特区早在20世纪六七十年代就有涉腐警察将受贿所得转移至海外，台湾地区陈水扁家族贪腐弊案、澳门特区欧文龙贪腐案也涉及将腐败资产转移至海外的情形。

第一节　腐败资产跨境转移

一、腐败资产跨境转移现象

(一) 国外腐败资产跨境转移

在国际范围内，通过腐败行为转为私有后转移至国际金融中心或者金融避风港国家的资产的数额惊人。大规模的腐败案件，特别是涉及高级别政府官员的案件,往往牵涉巨额财富,这些财富通常会被转移到国外,构成全世界范围内资本外逃的很大部分。根据国际货币基金组织估算,每年洗钱涉及资金总额相当于全世界所有国家国内总产值的3%~5%,总金额为6000亿美元至1.8万亿美元,其中相当一部分涉及腐败所得资金。① 联合国毒品与犯罪办公室和世界银行曾挑选了部分数据作为非法转移的腐败犯罪资产事实清单,以强调打击腐败行径和非法转移犯罪所得并将这些资产归还给来源国的重要性:(1)全球范围内各种非法活动的资金,共8000亿至20000亿美元,约占全球GDP的2%~5%;(2)发展中国家特别是非洲国家的腐败领导人致使流失至国外的资产的数量,共200亿至400亿美元;(3)OECD国家中地下经济的总量,共34000亿美元;(4)全球范围内每年往来于各国间的来源于各种犯罪活动、腐败和逃税的资产总量,共1万亿到1.6万亿美元;(5)发展中国家和转型国家的官员每年因受贿而产生的腐败资金总额,共200亿至400亿美元,相当于全世界官方发展援助的20%~40%。② 腐败资产跨境转移,一般发生在亚洲、非洲、美洲一些发展中国家,主要转移到瑞士、美国、英国等西方发达国家,以及巴哈马群岛、开曼群岛、维尔京群岛等金融监管较松的离岸岛。

1. 亚洲国家腐败资产跨境转移

亚洲一些国家腐败盛行,东亚的日本、韩国,西亚的沙特、伊拉克以及南亚的印度,都长期笼罩着腐败的阴影。2010年11

---

① 张志:《〈联合国反腐败公约〉与国际反腐败合作》,载《暨南学报》(人文社科版)2004年第4期,第1页。
② The United Nations Office on Drugs and Crime and the World Bank. Stolen Asset Recovery Initiative: Challenge, Opportunities, and Action Plan. 2007: p.9.

月，美国非营利机构"全球财政健全"发布报告称，1948年至2008年间，印度因逃税漏税、行贿受贿、收受回扣和犯罪等行为流向国外的非法资金高达4620亿美元，约为目前印度外债的两倍，而这样的"黑钱"还在以每年11.5%的增幅加速外流。①在东南亚许多国家，从官僚政权的最高级到最低级，腐败已成为大多数当权人物的一种生活方式。②如20世纪末印度尼西亚贪污腐败和裙带政权现象严重，苏哈托家族通过巧取豪夺或不正当手段在国内3200家公司中持有股份，拥有的财产保守估计是200亿美元，并将一部分资产转移至国外，其中将80亿美元的财产转移到奥地利。利比亚是全球第12大石油出口国，石油收益是卡扎菲当局主要的财政来源。美国得克萨斯大学圣安东尼奥校区政治学教授苏尔·基希亚指出卡扎菲及其家人"随心所欲"地从国库拿钱，其一些子女在瑞士日内瓦、奥地利维也纳和英国伦敦等城市拥有大量房产。美国广播公司报道，估计卡扎菲及其家人拥有330亿美元的资产，据传在世界范围内另有600亿美元的资产"未统计在内"，这些资产可能主要在安哥拉、南非和乌干达。③利比亚高层官员则称，卡扎菲在全世界的银行账户、房地产和公司积累的投资总资产超过2000亿美元，平均每个利比亚人能摊到3万美元。④亚洲国家中，腐败资产跨境转移现象表现最为突出的是菲律宾。

1965年至1986年，马科斯主政菲律宾，其间其家族窃取了

---

① 许春华：《印度腐败与肃贪的赛跑》，载《南风窗》2011年第20期，第81页。
② [英] 亚历克斯·乔西：《李光耀》，上海人民出版社1976年版，第384页。
③ 《数百亿美元或随卡扎菲失踪》，载《钱江晚报》2011年10月22日。
④ 《利比亚清查存货，卡扎菲的秘密财富令人咋舌》，载《洛杉矶时报》2011年10月21日。

数以亿计的资产。同时，马科斯家族将大量腐败资产转移到国外。如 1989 年，菲律宾政府在美国提起诉讼，指出马科斯家族及其同伙盗窃、转移和清洗腐败资产多达 50 亿美元。马科斯是一个金融交易的操纵专家，通过"空壳"公司将腐败资产在美国投资于房地产领域，或者以虚假姓名存储于海外银行的数字账户和密码账户中。具体而言，马科斯家族通过以下保密工具向国外转移腐败资产。第一，通过"空壳"公司工具。马科斯将在瑞士银行以个人真实姓名开立账户上的资产转移到各种列支敦士登基金名下。使用列支敦士登基金，马科斯通过信托关系隐藏了收益者的真实身份，其名字并非账户的持有者，而且列支敦士登基金很少出现在公共记录中，基金名称变化时，大量的资金从原来的基金转移到新建立的基金，原基金突然蒸发，为马科斯在瑞士的银行账户提供强有力的秘密保护。第二，使用数字账户或者假名。马科斯 1969 年 8 月 18 日书面通知瑞士银行："John Lewis 字样具有和我们的个人签名一样的效力。"后来，马科斯选择"William Saunders"、其妻伊梅达尔选择"Jane Ryam"作为他们与瑞士银行进行交易的假名。第三，通过"前台"人员，如通过律师和公证人开立银行账户。马科斯家族通过雇佣律师作为他们的前台扮成客户以隐藏自己的身份。1983 年 5 月 19 日，瑞士一家银行的副总裁通知马科斯，由于瑞士银行法的变化，马科斯雇佣的律师辞职，将被来自一家著名的法律事务所新的律师代替，律师的独立性可以使其充分利用他的职业特权以采用更多的保密工具。

马科斯在即将丧失权力时，立即着手毁灭向国外转移腐败资产的证据。1982 年，马科斯在总统府马拉卡南宫安装了 6 台重型碎纸机，由于过度使用，仅两个星期后就有 4 台毁坏，另外两台一直使用至 1986 年马科斯逃离马尼拉。但是菲律宾政府的调查人员还是发现了藏有关于马科斯在瑞士银行账户资料的密码保管箱，该资料证实马科斯在瑞士银行存放有大量资金，其及同伙在苏黎世 Credit Suisse 银行、日内瓦 Swiss Banking Corporation 银行等6家瑞士银行中以不少于17家的基金、实体以及假名"William Saunders"、"Jane Ryam"名义拥有60多个账户，用以接收并储存从菲律宾转移至瑞士的腐败资产。

2. 非洲国家腐败资产跨境转移

在非洲大陆，腐败现象较为猖獗。如扎伊尔前总统蒙博托，聚敛财产40多亿美元，在国外别墅达几十处。与腐败相伴随的还有腐败资产跨境转移，联合国关于毒品和犯罪办公室提供的资料显示：腐败和非法收入的转移导致了非洲资金的大量流失，大约有4000亿美元被转移到国外，约占非洲国家25%的国内生产总值。① 1981年，蒙博托曾指示扎伊尔银行将3000万美元转入蒙博托在国外的个人银行账户上。加纳第一任总统恩克鲁玛也将部分非法窃取的资产转移至瑞士。

非洲国家中，腐败资产转移现象较为典型的是尼日利亚。据透明国际估计，1993年至1998年，阿巴查主政尼日利亚期间，通过在中央银行直接盗窃国家财产、夸大公共合同价值、向合同签署方索贿及欺骗交易等手段，在前国家安全顾问巴古都等人的协助下，共侵吞50亿美元的资产，这些资产被转移到包括英国、瑞士、卢森堡、列支敦士登、巴哈马等16个以上国家和地区的账户中。② 其中，阿巴查家族在瑞士银行中的非法资产总额约为40亿美元，其中有59%先通过中转站英国伦敦再转移至瑞士。

---

① 联合国公约谈判工作特设委员会第四届会议文件：《转移非法来源资金，尤其是腐败行为所得资金问题全球研究报告》（A/AC. 261/12）。

② UNODC. A new initiative aimed to recovering stolen assets. Release Press, 2004.

阿巴查家族转移腐败资产的主要手段如下：第一，尼日利亚中央银行直接协助转移。如中央银行将 8.25 亿美元转移至瑞士巴塞尔一家银行阿巴查家族开立的账户中。第二，通过位于不同国家和地区复杂的金融机构网络和前台公司予以清洗。如尼日利亚修建阿交库塔钢厂，主要拟用于为尼日利亚的国家建设提供钢材。后工程失败，作为原始投资人之一的俄罗斯向任何愿意购买该厂的人出售其享有的债权。阿巴查家族通过迈考斯特公司赎买部分债权，并且以两倍甚至更多的价格将购买的债权转让给尼日利亚政府，获得大量现金和国家债券，后这些资产通过金融机构网络和前台公司转移到国外。第三，使用"安全投票资金"工具。尼日利亚阿巴查案件特殊调查小组组长盖纳披露，阿巴查通过尼日利亚国家安全顾问格瓦儒，以应付"紧急"国家安全需要请求支付大量现金，即所谓"安全投票资金"。① 通过"安全投票资金"的名义，阿巴查家族从中央银行以转账支票或者现金的方式转移出共计约 20 亿美元。

3. 美洲国家腐败资产跨境转移

美洲国家中，美国和加拿大腐败现象较少，中美洲与南美洲国家则属于腐败现象高发、频发的地区。委内瑞拉前总统佩雷斯、巴西前总统科洛尔就因贪污腐败而被赶下台。一份智利的媒体报告描述，2006 年的一个发现表明，前智利总统皮诺切特在香港汇丰银行隐藏了 10 吨的黄金。②

2000 年 9 月 15 日，秘鲁的一家电视台播放了秘鲁前总统藤

---

① 张士金：《资产追回国际法律合作问题研究》，中国人民公安大学出版社 2010 年版，第 181 页。

② 联合国《关于防止和打击腐败行为及转移非法来源资金的活动并将这些资金退回来源国的决议》（A/62/116）。

森主要顾问、前情报局主要负责人蒙特西诺斯给国会议员贿金以寻求政治支持的录像带，蒙特西诺斯向国外转移腐败资产的事实也随即曝光。瑞士地方法官指出，蒙特西诺斯及其同伙使用了3个可疑账户用于从美国、俄罗斯、卢森堡等国家向瑞士转移资金。在此期间，Fibi银行、Leumi Ie Israel银行和Credit Lyonais银行指出，蒙特西诺斯以General Hermoza、Alberto Vsnsro Garrido、Luis Enrique Duthurturu和Vivtor Joy Way的名义开立12个账户，转移腐败资产2200万美元。2001年6月，秘鲁政府向瑞士政府发出协助请求，随请求提供一些新的账户，以这些账户信息为基础，瑞士政府又发现了其他被蒙特西诺斯转移的资产。瑞士先后总共冻结了蒙特西诺斯1.13亿美元的资产。

2000年，经美国FBI调查，蒙特西诺斯以助手沃尼诺名义在纽约Citi银行一个账户上存有1000万美元，在Hacienda银行和America银行存有2000万美元。FBI还查明，the Pacific Industrial银行未经秘鲁当局授权在秘鲁吸纳包括腐败资产在内的资金，the Pacific Industrial银行迈阿密支行有4600万美元蒙特西诺斯的资产，蒙特西诺斯另外一个助手瓦临萨在the Pacific Industrial凯门岛支行存放了3000万美元。

（二）我国腐败资产跨境转移

1. 大陆地区腐败资产跨境转移

近年来，随着我国大陆地区经济体制改革、转型以及经济全球化、信息网络化的发展，腐败已成为阻碍经济发展和改革进程的痼疾，腐败分子犯罪后携款潜逃出境或者将赃款转至境外的案件日益增多。特别是《联合国反腐败公约》签订前的一段时间，腐败官员及其资产跨境转移情况尤为猖撅。2003年8月3日至8月5日，在北京、上海、广州等口岸、航空港共查获60多名持护照或者通行证企图外逃的国家工作人员，其中有7名副厅级官员持有金融部门、海关等核准的携带外汇出境证明，携汇最少的一名经贸系统干部随身携带60万欧元。

(1) 腐败官员外逃

随着反腐败力度的加大，一些腐败官员为逃避法律的制裁，在实施腐败犯罪后选择向境外潜逃。一般而言，身份级别相对较低、涉案金额相对较小的腐败官员，多逃到我国周边国家，如菲律宾、泰国、缅甸、马来西亚等，如武汉长江动力集团原董事长于志安逃往菲律宾，中国银行北京劲松分理处原主任丁岚逃往泰国。身份级别高、涉案金额大的腐败官员大多逃往西方发达国家，如美国、加拿大、荷兰、澳大利亚等，其中，逃往美国的最多，中国检察机关反贪部门和公安部门向美方开出的"中国腐败官员外逃名单"已超过1000人，绝大多数集中在洛杉矶和纽约。如河南省烟草专卖局原局长蒋基芳、黑龙江省石油公司原总经理刘佐卿均逃往美国。还有一部分外逃者通过香港、新加坡中转，利用香港、新加坡世界航空中心的地位及其居民前往英联邦国家可实行"落地签"的便利，再逃到其他国家。如1999年8月13日，赖昌星携妻子曾明娜及3名子女通过香港中转后持香港护照利用旅游签证逃到加拿大。

有些腐败官员为应付腐败犯罪的查处，方便腐败所得资产向外转移，自身在国内，但将亲属移民国外，即媒体所称"裸体做官"。据分析，"裸体做官"主要有以下三种情况：第一种情况是久居国外，学业有成，回国时家属未一同带回国，之后被提拔任用；第二种情况是任职期间家属出国深造或发展，滞留国外未归；第三种情况是任职期间特意将妻儿送出国，独自一人在国内，一旦贪污贿赂行为败露便逃往国外或利用去国外考察而"人间蒸发"。"裸体做官"较为典型的是陕西省政协原副主席庞家钰，2008年6月28日，他因收受他人贿赂48万元，导致国家经济损失3.16亿元，构成受贿罪与玩忽职守罪，一审被判处有期徒刑12年,其妻儿早于2002年就移民加拿大。① 2010年7月28日,中国通信建设总公司原总经理助理董跃进,被控涉嫌伙同他人挪用公款5.8亿元,涉嫌单独或伙同他人受贿157万余元一案开庭审理,事发前,董跃进的妻儿均已移居美国,其财产也由妻儿转移出国。

(2) 跨境转移的腐败资产数额估计

中国究竟有多少腐败官员外逃,跨境转移多少腐败资产,始终没有一个准确的数字,但至少有以下几种不同的版本:2001年最高人民检察院在追逃公布会上说有4000多名贪污贿赂犯罪嫌疑人携公款50多亿元在逃,2004年全国检察机关境外追逃工作会议初步核实,外逃贪官涉及款项3500亿元,其中涉及1000万元以上者占92%;2004年8月商务部研究院调查报告《离岸金融中心成中国资本外逃中转站》指出,改革开放以来,外逃官员数量约为4000人,携走资金约500亿美元;公安部2004年统计资料表明,我国外逃经济犯罪嫌疑人有500多人,涉案金额逾700亿元;国家审计署发布的消息称,截至2006年5月,我国外逃经济犯罪嫌疑人有800人左右,缉捕到位的有320人,涉及的国家和地区有30多个,直接涉案金额700多亿元人民币。《我国腐败分子向境外转移资产的途径及监测方法研究》调研报告(2008年6月完成)指出,20世纪90年代中期以来,外逃党政干部、公安、司法干部和事业单位、国有企业高层管理人员,以及驻外中资机构外逃、失踪人员的数目高达16000至18000人,携带款项达8000亿元人民币。② 值得一提的是,2011年6

---

① 钟欣:《陕西省政协原副主席庞家钰获刑12年》,载《新快报》2008年6月29日。

② 程婕:《央行揭秘贪官转移财产八大路径》,载《北京青年报》2011年6月15日。

月16日,中国金融学会第九届全国优秀金融论文及调研报告评审委员会声明,该调研报告引用的有关外逃贪官、金额的数据有误,经查,该数据来源于网上未经确认的不实消息,并希望媒体及公众勿要采信。

目前,有关我国腐败资产跨境转移的数据,即使由官方提供,也大多是通过分析和推算得出的。《中国惩治和预防腐败重大对策研究》课题组指出,1988年至2002年14年间,中国资金外逃额共1913.6亿美元,年均约127.6亿美元。自1990年开始,外逃资金额每年在100亿美元上下波动,并呈上升趋势。资金外逃往往与腐败犯罪联系在一起,其主体主要是通过贪污、受贿、私分国有资产等手段获取巨额财富的人,大多掌握一定的行政资源或者经济资源,即担任党政部门领导职务或国有企业的负责人。一些领导干部以权谋私,积累了大量不法收入;而国有企业的负责人在我国国有企业放权让利的改革中,获得了相当大的支配国有资产的权利,却缺乏有效监督,导致部分国有资产流失并被占用私有。这些持有非法所得的人往往担心财产放在境内不安全而设法将其转移到境外。因此,在上述巨额外逃资金中,腐败官员向境外转移的非法所得占很大比重。

(3) 腐败资产跨境转移的手段

腐败官员向境外转移资产,主要通过以下几种手段:①通过洗钱渠道将资产转移至境外,如通过代理人或者移民海外的子女、亲属,用办"空壳"公司的办法将资产转移至境外;或者直接通过地下钱庄转款。如成克杰获取的受贿款项4000多万元,就是通过香港商人张静海直接打理并将款项转移至香港,为此,成克杰支付给张静海1150万元的转款手续费用。②利用子女留学、家属定居海外等方式,转移腐败资产。如福建省工商局原局长周金伙在台江区担任区长期间,其妻子已经拿到绿卡,后周金伙多次利用这种便利条件向境外转移腐败资产。③直接在境外收受贿赂，行贿人在境外将贿赂赃款直接存入受贿人设在境外的账户，或转移成境外的房屋等不动产。如北京市海淀区原区长周良洛安排其妻子鲁小丹赴香港汇丰银行办理了开户手续，并让请托人将巨额贿赂打入该银行账户内。更隐蔽的做法是不涉及现金，而是以安排子女留学、出国考察、旅游等方式作为交易。④现金走私。腐败分子本人将现金夹带在行李中直接携带出境，或通过某些代理机构利用一些专门跑腿的"水客"采取"蚂蚁搬家"等少量多次的方式肩扛手提地在边境口岸来回走私现金，偷运过境后再以货币兑换点的名义存入银行户头。如工商银行重庆九龙坡支行工作人员陈新携带非法占有的公款辗转潜逃境内外，68天内先后在成都、广州、海口、湛江等国内城市奔波，最后逃往越南、缅甸。2002年，中国银行南海支行丹灶办事处信贷员谢炳峰、麦容辉在贪污银行储备金案发后，携带巨额现金偷渡泰国。⑤利用信用卡工具向境外转移资产。腐败官员或者其特定关系人通过在境外使用信用卡大额消费或者提现来实现资金跨境转移，如用MASTER或VISA，甚至用银联卡在境外刷卡消费都很方便，国内还款手续费一般都会比通过其他方式要低且被查处的概率极小。⑥通过书画、古董等艺术品方式转移资产。近年来齐白石、陈逸飞等人的书画作品不断被炒作，价格畸高，古董拍卖价格也屡创天价，腐败官员与行贿人之间通过书画等艺术品进行权钱交易，如浙江省温州市鹿城区公安局原局长王天义落马时查抄的物品包括字画195件，其中有齐白石、张大千、潘天寿、吴昌硕等人的众多作品；古瓷器23件，包括清代雍正霁红小杯、青花缠枝莲小罐、清代乾隆青花八宝纹香壶等；西方艺术品4件，鸡血石5块，古陶器220件，其他各种文物352件。腐败官员通过携带这些书画作品或古董出境，然后趁机出手，就可以顺利达到变相转移腐败资产的目的。

有些腐败资产通过混在某些国际收支中实现跨境转移，如主要通过人民币经常项目与资本项目实现跨境转移。经常项目的资金外逃,一是贸易项目下的逃汇,即在外贸交往中实现资金外逃,如腐败官员与不法企业勾结,利用假进口报送单和其他商业单据骗购外汇或用同一套单据多次购汇后汇出。中国银行开平支行特大贪腐案中,余振东、许超凡等人就是通过同时控制境内外多家公司,以公司资金往来、虚假交易或者关联交易等各种形式来实现大笔资金的转移。二是通过跨国公司或集团公司的内部转移价格进行。如跨国公司凭借其全球的分支网络,制定高于或低于其会计成本的商品、资产及劳务费转移价格等,将资金转到境外。三是高报进口、低报出口。如企业与外商串通,在进口机器、设备及原材料时,高报进口价,以较高比例折扣等形式支付给境外出口商,再从其手中拿回扣,将非法所得留存境外;在出口时,则大肆压低出口商品价格,或者采用发票金额远远低于实际交易额的方式,将货款差额由境外进口商存入出口商在境外的账户,或者直接存入腐败官员在境外银行开设的个人账户。资本项目下的资金外逃,一是国有企业未经批准进行境外投资,如腐败分子利用手中职权将非法收入以单位对外投资的名义汇至境外,或者以企业正常投资的形式向境外转移资金,并利用境内公司总部对外投资资金的监管不力,将资金占为己有。武汉长江动力集团公司原党委书记于志安任职期间,将公司大量国有资产以对外投资的名义转移至菲律宾据为己有,并于 1995 年 4 月出逃菲律宾。"投资"到海外的资金,往往采取分业经营,利润高的业务由私人公司来做,利润较低甚至亏本的业务则由国有企业来做,甚至于某些国有企业的海外分支机构已经演变成为国内腐败分子的"洗钱"中心。二是扮成外资外逃。一些境外中资企业分支机构将应汇回境内的利润,以外资名义向国内再投资,将应属于国家的资金转移到境外。腐败官员一方面通过特定关系人以合法的手续携带或者汇出资金,另一方面这些特定关系人利用其国外身份在当地登记注册企业后，以投资的名义在我国投资设立企业，然后以关联交易等形式跨境转移资金。

（4）腐败资产跨境转移的典型案例

近几年来比较具有典型性的腐败官员跨境转移资产的实例有：1993年年底至1997年4月，全国人大常委会原副委员长成克杰将受贿赃款4109万元全数转移至情妇李平境外开设的账户内。2000年12月，吉林通化金马药业股份有限公司原董事长阎永明，利用职务上的便利将公款1000万元据为己有，并携款潜逃至澳大利亚。2005年，中国银行黑龙江分行河松街支行原主任高山涉嫌腐败犯罪，涉案金额8.39亿元，转移至境外的资金达6亿元，高山于2005年1月3日出逃至加拿大。浙江省建设厅原副厅长杨秀珠涉嫌索取与收受巨额贿赂、涉案金额2.532亿元，2003年4月20日，杨秀珠偕同女儿、女婿以及外孙女从上海机场途经新加坡出逃美国，之前，其转移部分腐败资产，在美国纽约曼哈顿中区的黄金地带置办至少5处地产，后杨秀珠逃往荷兰。福建省工商局原局长周金伙涉案金额过亿元并转移大量资产，当得知福建省纪检部门要找其谈话后，留下信件，在被"双规"前出逃，与早已持有美国绿卡的妻女相聚。国有公司广东省佛山市南海区置业公司原总经理李继祥在任职期间，与南海区住房资金管理中心主任李运南合谋，违反政府住房资金使用的有关规定，利用职务之便，采取由置业公司的下属公司向住房资金管理中心借款的方式，非法挪用南海区政府住房基金4000多万元，在香港成立公司，通过多家外贸进出口公司将挪用的公款汇往香港、澳大利亚，李继祥与李运南先后为自己在澳大利亚著名的黄金海岸购买别墅3套，名车数辆。2003年9月27日，李运南因涉嫌挪用公款、滥用职权、单位受贿被立案侦查，30日，闻得风声的李继祥成功从香港出境，外逃至澳大利亚，并成功入籍。1999年，李继祥妻儿、李运南妻儿皆已移民至澳大利亚。

2. 港澳台地区腐败资产跨境转移

(1) 香港特区腐败资产跨境转移

19世纪40年代，英国殖民统治者按照英国文官制度的传统形式建立起香港的公务员制度，各权力机关之间没有专门的监督机构进行权力制衡，致使腐败问题日益严重。特别是六七十年代随着香港经济的调整增长，政府部门权钱交易、贪赃枉法等腐败问题肆虐，执法团队和服务业是腐败的重灾区，据统计，当时整个警务系统从黄赌毒行业所得的贿金，每年高达10亿港元；服务业甚至出现了"开喉费"这个名词，即业主如果不出钱，消防员可以看着大火将一切烧成灰烬而无动于衷，腐败严重侵犯了市民的权利和利益，引起了极大民愤，并引发了1966年和1967年的两次群体性大骚动。

1973年发生震惊香港的总警司葛柏贪污巨款案，促成廉政公署这一独立机构的建立。1974年2月15日，香港立法局通过《总督廉政专员公署条例》，宣告廉政公署的成立。葛柏案涉及腐败官员外逃及腐败资产转移至境外，葛柏是一名英国人，在香港担任总警司之职。1971年，加拿大有关部门对一笔存在加拿大某银行的1.2万加元存款产生怀疑，户名是"卓柏"，身份是外交官，加拿大查清其真实身份是香港的一名高级警察，便将这一消息通过英联邦内部途径通报给香港总督。警署下属的反贪污室迅速成立"夏湾拿"专案组，展开调查。葛柏想出一个办法，即提前退休，决定逃往英国或加拿大，因为英国与加拿大没有与巨额财产来历不明罪相关的法律，香港无法用这条法律对其进行引渡。1973年6月4日，警务处批准葛柏退休。退休后，葛柏申请加拿大籍并获得批准，后开始通过银行向加拿大转移财产。6月4日，专案组经搜查，获取3本账本，发现葛柏收取保护费不少于430万港元，大约相当于今天的16亿港元。专案组要求葛柏在一个星期内对全部财产来源进行解答，否则将以巨额财产来历不明罪逮捕他。6月8日,葛柏利用一张警务人员机场禁止区通行证,前往新加坡,后直飞英国。廉政公署成立后,通过搜集的物证,查明葛柏已将大量资产转移至境外,如存于加拿大银行约20.65万加元,存于美国加州银行有23.39万美元,存于新加坡银行有18.11万澳元和11.94万新加坡元,存于英国银行1.99万英镑,总计折合433.14万港元。廉政公署通过线人韩德查明一名华籍警司郑汉权曾向葛柏行贿2.5万港元,以葛柏涉嫌受贿为由于1975年1月6日成功将其引渡回香港。后葛柏被判决有期徒刑4年。污点证人韩德和郑汉权则分别携带腐败资产,移民至西班牙和加拿大。

香港四大华人探长贪腐案件所涉及的人员均涉及犯罪嫌疑人潜逃与腐败资产跨境转移的现象。如吕乐贪污敛财500多万港元,1976年逃往加拿大,后到台湾;蓝刚以出境旅游为名,1976年逃往泰国;韩森涉案400多万港元,1975年逃往台湾;颜雄1976年逃往泰国。吕乐、蓝刚等4人均涉及将腐败所得赃款转移至境外。1975年,吕乐的手下、香港警长曾启荣(香港著名演员曾志伟之父)被廉政公署以贪污罪名拘捕并判入狱一年,缓刑一年,律政司不满判刑太轻,上诉至高等法院,改判其入狱三年,并没收其所有财产。曾启荣及时变卖香港大部分物业,复审前携带财产潜逃至台湾。

(2)澳门特区腐败资产跨境转移

2007年,澳门运输工务司前司长欧文龙被控收取数百万美元贿赂,其面临的腐败指控共计76项,包括贿赂、洗钱和滥用职权等。反腐败官员、检察官及警方声称,经过对欧家的搜捕,查获了欧文龙在海外设立的离岸公司和银行账户,如在英属维尔京群岛成立空壳公司,在香港开设银行账户。欧文龙在香港利用账户在股票市场洗黑钱,涉及财产将近1亿美元,被香港金融系统发现。香港廉政公署反洗黑钱小组随后介入调查,并知会澳门廉政公署。澳门廉政公署还查明，欧文龙不断通过其亲属在香港开设的保险箱及账户，以及所操控的 5 家空壳公司 Ecoline Property Ltd. 等，将现金从香港转入其他国家的银行账户，其中有 2.63 亿港元被转移到英国。

（3）台湾地区腐败资产跨境转移

近年来，台湾政风败坏，美国时代杂志曾以"贪婪之都"来形容台湾，2009 年台湾军中将官买官丑闻，2010 年台中警方与黑道相勾结、高等法院法官集体受贿。但涉及腐败资产跨境转移的主要有海军前上校郭力恒、汪传浦等人"拉法叶军购弊案"及陈水扁家族贪腐弊案。

2000 年，汪传浦夫妇和汤姆生公司签署提供台湾海军"光二计划"购案机密资料及回扣协议，再透过承办购舰业务的郭力恒作为内应，使原本要向韩国采购蔚山舰的台湾海军，最后更改为向法国购买拉法叶舰。汪传浦夫妇及 4 名子女在海外开立账户，陆续收取高达 5.2 亿美元的回扣，相当于购买总额的 15%～20%，再将贿款的一部分 1758.8 万美元汇到郭力恒在瑞士开立的账户，郭力恒签署授权书，委托其兄郭问天收取。2010 年 8 月 27 日，郭力恒被台北地方法院判决有期徒刑 15 年，褫夺公权 10 年，所涉贿款没收。汪传浦夫妇则逃往海外。

2009 年 9 月 11 日，台北地方法院对陈水扁家族贪腐弊案作出一审宣判，陈水扁涉贪污、受贿、伪造文书、洗钱等五罪被判处无期徒刑，罚金 2 亿元，褫夺公权终身，妻子吴淑珍被判处无期徒刑，数罪并科罚金逾 3 亿元，儿子陈致中被判处有期徒刑 2 年 6 个月，罚金 1.5 亿元，儿媳妇黄睿靓被判处有期徒刑 1 年 8 个月，资产没收。二审改判陈水扁和吴淑珍有期徒刑 20 年，陈致中和黄睿靓也被减轻处罚。陈水扁家族跨境转移的腐败资产主要有：一是转移至瑞士美林银行。检方起诉的不法所得部分，包括机要费、南港展览馆案、龙潭购地案贿款及陈敏薰、辜仲谅分别交给吴淑珍的 1000 万元、2.9 亿元，合计 2100 万美元（7 亿新台币），由吴淑珍指示陈致中夫妇及通过吴景茂等 6 个个人账户和 4 个境外公司进行跨境洗钱，最终转入瑞士美林银行，称为"海角 7 亿"。二是转移至瑞士威格林银行。特侦组侦办的 8 亿元金控企业贿送款，吴淑珍将 6000 万元交给友人黄芳彦保管，要求元大证券前董事杜丽萍将其余 7.4 亿元台币存在国泰世华地下保险室，后搬至元大证券马维建家中，其中 5.7 亿元分成 20 余笔，由马维建汇至瑞士威格林银行陈致中夫妇开立的 6 个秘密账户，用以购买海外债券，还要求杜丽萍在威格林银行租用保险箱，存放高价珠宝及海外资产相关文件。三是转移至美国银行。陈致中除在美国纽约州因留学在花旗银行开户，另在华盛顿州、加利福尼亚州各有一个神秘账户。2010 年 7 月，美国司法部指出，吴淑珍通过陈致中夫妇掌握的"空壳"公司银行账户洗钱，将部分受贿所得计 166 万美元从瑞士经过维尔京群岛和尼维斯群岛转移到美国，以黄睿靓控制的维尔京群岛 Avallo Ltd. 公司分支机构的名义，购买纽约州和弗吉尼亚州的两处房产。另外，陈致中的岳父黄百禄，在陈致中夫妇结婚前后 5 年间，汇了 5000 万元新台币到美国，而且这些钱是连续数日、以小额汇款方式汇到美国。四是转移至日本。台湾特侦组调查后发现，陈水扁收受金控贿款后，将其部分汇往日本，用于购买日本三井住友银行的股票，吴淑珍成为三井住友银行的股东。

二、腐败资产跨境转移的危害

不管在国际范围内还是在我国范围内，腐败官员外逃及伴随的腐败资产跨境转移现象都是比较严重的，是当前各国反腐败斗争和廉政建设所面临的、亟待解决的问题。一旦这种现象未能得以遏制，成为一种"潮流"，会引发一系列政治、经济乃至法律方面的不利影响。

（一）严重危害政治生活

1. 影响政治的稳定

政治稳定，是指政治系统在运行中所呈现的有序性和连续性，政治系统内部各要素的排列顺序合理，系统功能的发挥不受阻碍，保持正常运转，其包含政治心理、政治生活秩序、政权乃至国家主权的稳定。腐败资产跨境转移的出现及频繁发生，导致了政治合法性的削弱及政权软化，严重影响了政治的稳定。

腐败浪费了一个国家拥有的最重要的资源，即政府的合法性。腐败资产跨境转移的对象即外逃资产是某些权力阶层及其有关人员，利用政府运转中的漏洞和法制的不健全，从中获取的大量非法财富所得。实施转移的主体多数是国家公共的元首或高级官员，其掌握着国家机构，行为具有隐蔽性和规模性。一旦腐败资产跨境转移得逞甚至猖獗，将会使执政党和政府的威信受损，从而在根本上损害执政党的执政根基与政府的正统性。在拉美经济自由化和私有化的过程中，有些拉美国家经济快速发展，GDP连续翻番，但高层腐败并将资产转移至境外在某种意义上使中下层民众承担"转型的成本"，造成民间抗议和冲突不断发生，甚至引发政局动荡和国家政治危机，导致涉及严重腐败并将大量腐败资产转移境外的海地前总统阿里斯蒂德、玻利维亚前总统桑切斯流亡海外。

2. 影响国家机器的运转

国家机器的正常运转需要执政党及政府的路线、方针、政策正确且能够得以有效的贯彻执行，需要全国上下各级政府机关、社会力量的协调配合和形成合力。腐败资产跨境转移现象的发生使社会力量对政府产生严重的不信任感，产生的裂痕与猜忌导致其无法全力配合国家政策的落实；同时，国家机器的良性运行需要行政体制随着形势的发展而创新并赋予其高效率，而创新的主体往往是跨境转移腐败资产的实施者或受益者，其往往倾向于利益最大化，把自身利益置于国家利益和公众利益之上，在此基础上容忍腐败行为并维护现有有利于腐败资产跨境转移、效率低下的行政体制，加剧行政部门和环节的不畅，逐步削弱政府的效能，严重影响国家机器的运转。

3. 影响公共政策的制定

公共政策，是指公共权力机关经由政治过程所选择和制定的为解决公共问题、达成公共目标、以实现公共利益的方案，其作用是规范和指导有关机构、团体或者个人的行动，表现为和平安全、经济、教育及环境方面的法律法规、行政命令、国家领导人口头或者书面的指示、规划等。实施腐败资产跨境转移行为的多是高层政府官员，一般享有公共政策的制定权、参与权或者对公共政策的制定施加一定的影响。腐败官员在自身利益最大化立场下，势必倾向于在金融、外汇、企业等方面制定便捷于洗钱、腐败资产转移的规定，使公共政策失去公允性和正当性。

更有甚者，腐败官员将腐败资产转移至境外，如转移资产的过程被资产转入国的机关所发现和掌握，资产转入国容易以要将腐败资产相关信息公开或者告知资产来源国为由，要挟腐败官员在公共政策的制定或参与过程中向转入国的利益倾斜，从而使公共政策有利于资产转入国，如制定有利于资产转入国的投资立法、在政府采购中倾向于购买资产转入国的产品等，在一定程度上损害腐败官员所在国家及人民的利益。

4. 诱发和加剧国内矛盾

腐败资产跨境转移的存在和泛滥使民众对执政党和政府不满乃至于失去信心，诱发和加剧国内种族、民族、地区间的矛盾。境内外敌对势力往往借此机会进行挑唆与策划，制造事端，引发矛盾和斗争。在发展中国家，腐败资产跨境转移会影响种族、民族关系，使国家的整合问题出现危机。近年来从中亚到西亚、从东非到中非爆发的"橙色革命"，在很大程度上就是由腐败及腐败资产跨境转移产生的社会矛盾及西方敌对势力暗中作祟两种因素所引发的。2011年2月11日，在埃及执政近30年的穆巴拉克宣布下台，将权力移交给军方。2月22日，埃及国家电视台称，埃及总检察长马哈茂德已经下令冻结穆巴拉克及其家族的财产。埃及安全部门还称，马哈茂德还要求埃及外交部敦促其他国家冻结穆巴拉克家族的境外资产，包括穆巴拉克本人的资产，以及其妻子苏姗、两个儿子及儿媳的全部资产。而在此前11天，瑞士联邦政府下属机构联邦理事会发布指令，要求瑞士各银行冻结穆巴拉克以及与其一起离开开罗的随行人员名下的资产，冻结时限为3年，具体包括这些人存在瑞士银行的现金和投资，还包括房产及其他商业资产。4月13日，埃及检察机关对穆巴拉克及其儿子发出拘押令，要求配合检方调查其在任期间所涉腐败及海外资产的问题。5月24日，埃及总检察长向刑事法院起诉穆巴拉克及其两个儿子，8月3日，埃及前总统穆巴拉克在位于开罗的一家法庭上置身铁笼内接受审判。美国情报机构指出，穆巴拉克家族在海外的资产约50亿美元，瑞士当局透露已冻结穆巴拉克在瑞士银行内"数百万瑞士法郎"的财产，英国当局也调查穆巴拉克之子贾迈勒在英国的财产。

（二）严重影响经济运行

1. 削弱经济发展的物质基础

一个国家经济发展和建设的主要要素是资金、人才、技术及管理等，其中资金是最主要的物质基础。腐败资产跨境转移中资金大量外逃，造成物力、财力的巨大浪费，损害国家和社会的税收和资源，削弱了国内建设的物质基础，限制了技术进步和经济增长的速度。从1954年至1959年，三位拉美腐败独裁者庇隆、佩雷兹、巴蒂斯塔就从国内转移出总数达1.15亿美元的资金，使其所在国家减少发展所需要的资金，从而制约了其国内经济的发展。20世纪50年代菲律宾人均国民生产总值在亚洲名列第二，在马科斯统治下，腐败盛行，腐败官员将大量腐败资产转移至国外，国民经济受到严重损害，到20世纪80年代人均国民生产总值竟然呈现负增长。

若腐败资产跨境转移现象严重，国外的投资者或捐赠者出于对腐败行为的憎恶及对投资和捐赠环境的担忧，会对所投资、捐赠国家的各方面进行重新评估，并会在此基础上改变决定，不再追加投资、捐赠甚至于撤回原先的投资和捐赠。这种情况的出现会严重影响那些依赖外资的发展中国家。一些国际性组织如国际货币基金组织、世界银行等一旦发现发展中国家的腐败或腐败资产外逃达到一定标准，会撤销对该国家的贴息贷款或无偿资助等。1998年9月底在香港召开的世界银行年会上，世界银行行长沃尔芬森宣布，世界银行和国际货币基金组织将把贷款与接受国积极反贪污贿赂联系起来，一旦发现贪污贿赂现象就马上终止项目。世界银行以渗漏国际财政援助的黑色渠道太多为由，停止了在尼日利亚、刚果、苏丹和阿富汗等国的活动。国际货币基金组织根据发生在肯尼亚的一起诈骗出口退税案，指责肯尼亚总统纵容领导层贪污贿赂，使少数政府高级官员虚报向阿联酋和瑞士出口黄金与钻石而获得9000万美元补贴，停止了拟提供给肯尼亚的2.2亿美元的贷款。冷战时期，西方国家出于支持发展、反共等需要，在1974年至1994年二十年间给扎伊尔各类援助款项85亿美元，但是绝大多数的外援款项被蒙博托家族侵吞并转移至海外，援助计划没有发挥应有的作用，后来西方国家也不愿意再提供援助，并以此来促使受援助的国家加强反腐败。2004年太平洋海啸后，有70亿美元资金承诺捐赠受灾地区，而部分捐赠资金被侵吞，如根据Gerakan Anti‐Korupsi反腐败小组估计，在印度尼西亚的阿切赫省，30%~40%的海啸捐赠被侵吞，为灾民建设的50万栋房屋，已有1/4因木料不符合建筑规范等原因倒塌，这些房屋必须重建，因此，由于担心腐败问题，承诺捐赠的后续资金流入速度十分缓慢。

2. 影响宏观经济的稳定

约瑟夫·奈等人提出"修正论",认为腐败可以促进资本的积累,即腐败活动所产生的资金会以某种形式转化为投资资金,投入到最有发展前途的现代化企业中,创造出新财富,结果最终会通过涓涓细流的方式使普通的民众受益。① 这种理论的主张者忽略了一个事实,很多通过腐败行为所积累的资产并未转化为生产资本,而是被腐败的统治者和官僚政客转移到国外的秘密账户为自己预留后路。腐败资产跨境转移则严重影响宏观经济的稳定。

(1) 影响资本的形成

经济学家罗斯托"经济成长阶段论"指出,经济起飞的必要条件是净投资占国民收入的比例递增到10%以上,而净投资的增长以社会资本的积累为条件。当产出率一定时,资本积累率就成为决定一国经济增长率的唯一因素。腐败资产跨境转移影响了一个国家的资本积累率,削弱经济发展的后劲。中国目前正处于投资推动阶段,腐败资产外逃将会在一定程度上减缓经济发展的速度。②

(2) 导致国民财富损失

规模较大的腐败资产跨境转移会侵蚀一个国家税收的基础,有些外逃腐败资产在境外过渡一下,通过其他的形式重新返回资产来源国,以"外资"名义享受税收优惠,使应征收的税源流失,减少财政收入。腐败资产跨境转移一般呈单向流动,从发展

---

① [美]塞缪尔·亨廷顿:《变化社会中的政治秩序》,三联书店1989年版,第2页。

② 刘国柱:《罗斯托的发展援助理论评析》,载《河北师范大学学报》(哲学社会科学版) 2006年第6期,第153—157页。

中国家转移到英国、美国、加拿大等发达国家，外逃腐败官员有时将腐败资产在境外挥霍，从而造成国民财富的损失。2011年美国非营利机构"全球财政健全"主管雷蒙德·贝克表示，"非法资金外流还加剧了印度的贫困并扩大了贫富差距。"①

（3）降低政府运用货币政策的能力

一个国家一般通过中央银行运用利率、存款准备金率、基础货币规模等货币政策工具来实现稳定物价、充分就业、经济增长及国际收支平衡的货币政策目标。货币政策的运用能力取决于中央银行对包括货币量等经济发展状况的判断。腐败资产跨境转移中有些腐败犯罪资产往往被洗钱或者转移至税收和法律天堂的银行账户中，利用信托、前台公司和各种基金隐藏资金，使资金持有人难以确定，有的甚至直接通过现金走私予以转移，很难跟踪，有些虽通过正规的官方途径但混在某些国际收支项目中转移，涉及的资金无法通过正常渠道合理计量，不同部门判断标准、评估方法的差异也会产生不一致的结果，严重影响中央银行对市场上货币总量、外来投资等要素的准确判断，削弱政府运用货币政策的能力，给政府对宏观经济主要变量进行预测和估价带来风险。

3. 影响金融体系的稳定

（1）降低国家信用等级

腐败资产跨境转移会加剧资产来源国对大量外资的依赖，而外债、外资的大量增加无疑会削弱资产来源国的国际清偿力，即使资产来源国拥有足够多的外汇储备，如腐败资产发生持续地、大规模地跨境转移，也需要在国际金融市场申请追回贷款等，导致国内外投资者对国内经济和社会前景信心不足，影响到债务与经济总量的比率，从而导致国际金融社会降低资产来源国的信用

---

① 许春华：《印度腐败与肃贪的赛跑》，载《南风窗》2011年第20期，第81页。

等级，增加资产来源国的筹资成本。

(2) 影响汇率稳定

汇率稳定是一国金融体系的基础。就外汇市场而言，腐败资产跨境转出一方面减少了外汇供给，另一方面增加了对外汇的需求。在浮动汇率制下，本币汇率会迅速下跌，而实行固定汇率或管理浮动汇率的国家，中央银行将运用外汇储备维持一定的汇率水平，因此，大量的腐败资产跨境转出可能会冲击资产来源国的外汇市场，带来本币贬值的巨大压力。

(3) 可能引发金融危机

包括腐败资产跨境转移在内的资产外逃是20世纪80年代拉美国家债务危机、1994年墨西哥金融危机以及东南亚金融危机的主要诱因之一。20世纪90年代以来，我国面临着大规模的腐败资本外逃，充足的外汇储备掩盖了这一问题的严重性。如果没有良好的宏观经济环境使中国一直保持大量的外国直接投资流入，没有保持较大的贸易收支盈余，将可能会导致国际支付危机，危及外商对中国的投资信用，引发投资逆转。很多金融系统官员实施腐败行为后，利用职务便利将腐败资产转移境外，另外，一些腐败官员实施腐败行为后与金融系统人员相勾结，或利用金融体系漏洞将腐败资产转移境外。这种现象的发生会使人们对金融系统与体系产生不信任感，也会影响到金融体系的稳定性，甚至引发金融危机。

(三) 严重危害法制

1. 践踏有罪必究原则

意大利刑法学家贝卡里亚曾说过，"如果某个罪犯对于其他社会的契约并没有造成破坏，那么他可以受到该社会最高力量的威吓、驱逐和排斥,却不能受到以法律手段作出的惩罚"。① 这正是腐败官员选择出逃或者跨境转移腐败资产的最根本原因。

腐败官员将犯罪资产进行跨境转移,践踏了法治社会的有罪必究原则。在腐败官员携款潜逃的情形下,作为犯罪主体的腐败官员潜逃境外,各个国家刑法一般都未规定刑事缺席审判制度,因此在犯罪主体缺位的情况下无法启动刑事程序,对腐败犯罪的性质予以法律上的认定,作出相对应的刑事判决。潜逃目的地司法机关由于对他国发生的腐败犯罪没有司法管辖权而无法开展刑事诉讼程序,虽犯罪主体在其境内,但也无法对其腐败行为予以定罪量刑。因此,腐败官员容易逃脱刑事法律的制裁。

2. 缺失关键证据

腐败资产跨境转移分为两种情形:一是腐败官员在实施犯罪后携带犯罪资产潜逃;二是腐败官员人在境内,但将犯罪资产通过各种渠道转移至境外。在第一种情形中,腐败官员作为犯罪构成中的犯罪主体,犯罪资产作为犯罪所得收益属于犯罪构成中的客观方面要件,在刑事诉讼证据方面具有十分重大的意义,二者的缺失直接导致无法调查、收集证据,也无法对证据进行质证,也就难以在充分证据的基础上展开进一步的法律程序。在第二种情形中,腐败官员在境内,境内司法机关可以以其涉嫌腐败犯罪为由对其予以刑事立案、采取强制措施乃至刑事审判等,但对于腐败官员转移至境外的资产,除非能够通过国际合作成功地调查取证,否则无法将这些资产认定为腐败犯罪所涉及的数额,容易导致重罪轻判等罚不当罪的现象。由于举证程序和证明标准不同,在腐败犯罪国际合作中,一国通过合法搜查和扣押手段获取的证据在另一国法院却可能很难获得法律的认可。

---

① 顾列铭:《境外追赃:艰难的跨国反腐》,载《检察风云》2004年第4期,第10—13页。

3. 诱发新的腐败犯罪

美国著名政治学家威尔逊和预防犯罪学家凯琳提出了著名的"破窗理论",即"如果人为打坏一扇建筑物窗户玻璃,而这扇玻璃得不到及时维修,别人就有可能受到某些暗示性的纵容去打烂更多的窗户玻璃,最终造成千疮百孔的'积重难返'局面。"① 腐败资产跨境转移中,非法所得轻而易举地被腐败官员及其近亲属转移出境并占有、享用,这对那些"奉公守法"、"勤勉劳作"的官员来讲是一种邪恶的诱惑。这种局面得不到制止,就会产生"破窗效应",长此以往就可能有更多官员铤而走险,实施腐败犯罪后将腐败资产转移至境外。而且,腐败资产跨境转移一旦得逞,腐败犯罪主体的经济实力与经济基础得以增强,其实施腐败的能力也大为提升,容易实施新的腐败犯罪。同时,其他官员实施腐败犯罪的欲望将受到刺激,诱发更多腐败犯罪的可能性将大大增加,这将形成一个恶性循环的怪圈,从而败坏党风,损害政府形象,危害社会稳定,动摇国家根基。

第二节 腐败资产跨境追回状况

腐败犯罪资产跨境转移对于国际社会和资产来源国都将产生严重的后果,遏制腐败犯罪资产跨境转移发生的一个重要步骤,是确保这类行为划不来。而对腐败资产予以跨境追回,对于清除腐败、振兴国家意义十分重大,并且可昭示世人:犯罪无国界,

---

① 李本森:《破窗理论与美国的犯罪控制》,载《中国社会科学》2010年第5期,第154—164页。

司法有辖区，国际社会不会容忍这类非法行为。①腐败资产跨境追回，既可以弥补和充实腐败犯罪受害国的经济实力、促进公共政策的执行、推进经济的增长，还可以有效地预防和打击腐败犯罪，从经济上切断犯罪人的利益驱动，从源头上预防腐败犯罪。因此，国际、国内社会对腐败资产跨境追回高度重视，联合国积极予以推动，作为腐败资产主要流入国的发达国家对腐败资产跨境追回给予大力的支持，腐败资产流出国则积极探索与运用各种方法与措施，追回被转移至境外的腐败资产。

一、国外腐败资产跨境追回

（一）联合国对腐败资产跨境追回的推动

早在1990年8月27日至9月7日，在哈瓦那召开的第八次联合国预防犯罪和罪犯待遇大会决议的第7项指出，"腐败对经济薄弱的国家具有明显的伤害作用，对全世界都有影响，腐败官员将损害国家计划的实施，进而构成发展的障碍。"1992年，人权委员会通过第50号决议，强调必须采取行动打击实施欺诈和财富非法增加的政府官员，并将转换的资产予以归还，决议指出，"通过欺诈而富有的政府官员在世界各地都有，严重损害了国家的公共利益。"

2000年第55届联合国大会通过的《联合国打击跨国有组织犯罪公约》中规定："缔约国应在本国法律许可的范围内，根据请求优先考虑将没收的犯罪所得或财产交还请求缔约国，以便其对犯罪被害人进行赔偿，或者将这类犯罪所得或财产归还合法所有人。"2001年7月24日，联合国经济及社会理事会第2011/13

---

① 联合国反腐败公约谈判工作特设委员会第四届会议文件：《转移非法来源资金，尤其是腐败行为所得资金问题全球研究报告》（A/AC.261/12）。

号决议请秘书长为反腐败公约谈判工作特设委员会编拟了一份有关转移非法来源资金尤其是腐败行为所得资金问题的全球报告,并提交特设委员会第四届会议。该报告审查了尤其与转移非法来源资产相关联的问题,特别是涉及大规模腐败犯罪案件造成受害国深受其害而又无法追回这些资产的情况。联合国大会通过几项决议,强调了各国政府的责任,鼓励采取国内和国际措施防止和打击腐败及转移非法来源资金的活动,根据请求并通过正当程序协助将这类资产返还来源国,具体如下:第55/61号决议《国际反腐败法律文书》(2000年12月4日);第55/188号决议《防止和打击腐败行为及非法转移资金并将这些资金返还来源国》(2000年12月20日);第56/186号决议《防止和打击腐败行为及非法转移资金并将这些资金返还来源国》(2001年12月21日);第57/244号决议《防止和打击腐败行为及非法转移来源资金并将这些资金返还来源国》(2002年12月20日)。2003年联合国秘书长的一份报告(A/57/518)审查了联合国系统和其他有关组织所采取的措施,并肯定了国际社会对反腐败工作及非法获取的资金的跨境转移和这类资金返还问题所给予的高度重视。

联合国还以安理会决议作为运行基础,积极推动腐败资产的跨境追回,如为帮助伊拉克追回前总统萨达姆非法获取并转移至国外的腐败资产,2003年5月22日,联合国安理会通过1483号决议,要求境内有如下资产的所有会员国,均应当毫不拖延地冻结这些资金及其他金融资产或者经济资源,并将其转入伊拉克发展基金:(1)伊拉克前政府或国家机关、公司或者代理人于本决议通过之日在伊拉克境外的资金以及其他金融资产或者经济来源;(2)萨达姆或者伊拉克前政权其他高官及其直系亲属,如由他们或者代表他们或者按他们指示办事的人直接或者间接拥有或者控制的实体,将所获取资金以及其他金融资产或者经济资源转移出伊拉克。①

2007年4月15日，联合国毒品和犯罪问题办事处发起一项新倡议即"追回被窃资产倡议"，旨在帮助发展中国家追回被腐败官员非法窃取并转移境外的国家资产，并且将这些国家资产用于发展项目投资。"追回被窃资产倡议"的成功有赖于发达国家和发展中国家建立合作伙伴关系。发展中国家必须改进管理，同时发达国家也应当停止为被窃取的国有资产提供避难所。该倡议将帮助发展中国家进行机构能力建设，为司法机关提供技术援助，以便其法律与《联合国反腐败公约》的框架一致；将加强金融市场，促使各金融中心遵守反洗钱方面的法律，发现和遏制洗钱，加强各金融情报部门的能力并促进它们之间的合作；将为发展中国家追回流失资产的工作提供拨款或贷款以及法律建议，并促进国与国之间的合作；还将对追回资产的使用进行监测，以确保被返还的资产用于教育、基础设施等发展项目。联合国秘书长潘基文表示，"追回被窃资产倡议"将促进发达国家和发展中国家之间、公共和私营部门之间的合作，确保被劫掠的国家资产重新回到其真正的主人手中。世界银行行长佐利克表示，此项倡议向各国腐败官员发出警告，"对于那些窃取穷人（钱财）的官员，世界上没有避风港"。

(二) 发达国家对腐败资产跨境追回的支持

腐败资产跨境转移一般从发展中国家转移至发达国家，作为腐败资产流入国，发达国家越来越重视这种跨境转移现象，以各种不同的形式对腐败资产跨境追回表示支持。腐败资产转移到发达国家后，有些以昂贵的价格购买房地产等财产，结果使发达国家的经济和市场产生泡沫。另外，腐败官员在发达国家银行的存款使当地金融行业产生稳定的假象，使金融系统陷入险境。因

---

① 联合国安理会：第1483 (2003) 号决议。

此,发达国家政府日益认识到高官腐败是危害最重的公共腐败,威胁其国家利益与价值观,损害其推广自由及打击国际犯罪和恐怖主义的努力。在这方面,美国最具有典型性,美国作为世界上最大的发达国家,也作为腐败资产跨境转移的主要流入国,近年来对腐败资产跨境追回予以大力的支持。

2003年夏天,美国前总统布什在法国召开的全球工业国家峰会上,郑重宣布法令:不再允许那些涉嫌官方贪污活动的外国移民进入美国境内。法令立即生效。法令中具体规定以下四类人被禁止进入美国:第一类,收受别人钱财或者其他利益,利用自己在公共事务部门的职务便利为对方提供方便,给美国国家利益造成严重负面影响的官员或者前官员;第二类,通过向上述官员行贿以换取各种利益,给美国国家利益造成严重负面影响的人;第三类,盗用公共性基金、干涉司法、选举以及其他公共事务进程,给美国国家利益造成严重负面影响的公共事务官员或者前官员;第四类,上述三类人的配偶、子女及家庭成员。2003年8月,美国国土安全部移民和海关执法局联合美国司法部等部门,在迈阿密设立特别行动小组,有权没收涉嫌贪污腐败的外国高官经由洗钱渠道进入美国的财产。

2006年8月10日,美国正式出台了开展国际合作、严查外国腐败官员的国家战略。副国务卿瑟特·希兰在新闻发布会上公布了布什政府关于通过国际合作打击外国腐败官员的国家政策(National Strategy to Internationalize Efforts Against Kleptocracy),该政策特别强调美国将拒绝为外国腐败官员提供"避风港",为此提出了以下主要措施:(1)不准实施公共腐败行为的人员进入和躲藏在美国。规定"美国将停止审批那些在公共职位上犯有贪污罪、参与过贪污行为或是从中获益的移民或非移民进入美国"。此外,"美国政府官员已经制定并实施了一项没收涉嫌贪污腐败外国高官经由洗钱渠道进入美国的财产计划"。同时布什总统发布了第 7750 号公告，授权国务卿严格甄别那些申请进入美国的外国人涉嫌公共腐败行为，并且有关行为可能对美国的国家利益造成负面影响。具体地说，可能对美国以下利益造成负面影响：①美国的国际经贸活动；②美国对外援助的目的；③美国防止跨国犯罪和恐怖主义的安全政策；④民主国家和制度的建立。（2）开展国际合作调查、追踪、冻结和追缴腐败行为的收益，鼓励国际金融中心联合防范外国贪官的非法活动，共同分享可疑金融交易情报。（3）运用美国的刑事法律，包括美国《反海外腐败法》，严厉追查和起诉涉嫌外国腐败犯罪的人员，并没收其犯罪所得和收益。（4）加强多边合作打击外国贪官，采取各种有效措施促进和强化对外国腐败人员的遣返。曾在美国财政部反洗钱部门工作了近 30 年的麦克唐纳指出，"没收外国贪官在美财产只是时间问题，我不相信什么腐败官员能被豁免。如果美国发现外国贪官转移到美国的非法财产，我相信美国一定会同外国有关部门紧密合作，把事情追踪下去。"美国还以腐败资产返还的实际行动表明了对腐败资产跨境追回的支持，如 2007 年 5 月，美国、瑞士和哈萨克斯坦达成共识，同意归还哈萨克斯坦 8400 万元非法来源资产。

（三）腐败资产流出国的资产跨境追回

从 20 世纪 60 年代起，腐败资产流出国就已经开始要求归还腐败官员非法转移至国外的腐败资产。其中，瑞士政府接到加纳法院的申请，要求追回加纳第一任总统恩克鲁玛非法窃取的资产，但由于受到国内法限制，瑞士政府并未对加纳法院的请求作出答复。1979 年，伊朗政府向瑞士政府提出申请，请求归还萨赫非法获取的数百亿美元腐败资产，也未能得到瑞士政府的协助。1997 年，瑞士政府向马里归还了马里前总统穆萨非法转移至瑞士的部分腐败资产，正式的资产追回实践才逐渐拉开序幕。

1. 亚洲国家腐败资产追回

亚洲国家中腐败资产追回除了 2007 年 5 月哈萨克斯坦从美国、瑞士追回 8400 万元非法来源资产外,① 较为成功的是菲律宾追回前总统马科斯转移到瑞士的资产。为追回马科斯转移到瑞士银行的腐败资产,菲律宾著名银行家古日曼发起"大鸟行动"。1986 年 5 月 24 日,古日曼到达瑞士苏黎世,要求 Credit Suisse 银行将马科斯控制的各种列支敦士登基金名下的资产转移至古日曼控制的奥地利 Export finazierungs 银行账户,当天瑞士联邦委员会发出了紧急冻结马科斯资产的命令,要求所有瑞士银行不得转移任何被认为与马科斯账户相关的资金。菲律宾政府通过外交途径提出正式请求,请求延续冻结令,并随请求详细介绍马科斯刑事起诉情况及其在瑞士银行有关账户的证据。根据请求,瑞士政务部签发冻结令以替换联邦委员会的冻结令。1987 年 7 月 7 日,苏黎世地方法官签发命令要求 Credit Suisse 银行将被冻结资金转移至菲律宾政府在 Export finazierungs 银行的账户。由于马科斯家族向瑞士法院提出请求,反对冻结措施,瑞士当局撤销并解除冻结令,这些资金仍留在马科斯在 Credit Suisse 银行的账户,菲律宾政府在"大鸟行动"中没有追回任何资产。

1987 年 7 月 1 日,瑞士联邦高等法院签发了有利于菲律宾政府的命令,宣称法律协助可以提供给非司法机构如菲律宾善政问题总统委员会,1990 年 9 月 21 日,高等法院签署命令允许瑞士当局把马科斯的银行账户资料移交给菲律宾政府,1990 年 11 月 20 日,高等法院认为马科斯在瑞士的资产应该归还给菲律宾政府,但附加了三个条件:一是菲律宾法院应最后判定马科斯夫

---

① Jack Smith, Mark Pieth, Guillermo Jorge. The Recovery of Stolen asset: A Fundamental Principle of the UN Convention against Corruption. Resourse of U4, 2007 (2).

人违反 R. A. 1379（没收不义之财的法律）；二是在诉讼程序中按正当法律程序审判马科斯夫人；三是按瑞士《联邦刑事事项国际互助法》保障马科斯夫人享有《瑞士联邦宪法》和《欧洲人权和基本自由公约》规定的权利。善政问题总统委员会对附加条件表示强烈不满，并于 1991 年 12 月，在菲律宾法院提出一项民事诉讼，试图追回马科斯夫妇为掩藏他们在瑞士银行的秘密存款而成立的基金会名下的资产。1995 年 8 月 10 日，善政问题总统委员会向瑞士发出新的司法协助请求，请求瑞士当局将冻结在瑞士银行的马科斯资产移交给菲律宾国家银行。1995 年 8 月 21 日，苏黎世州执法官发布命令，下令立即将马科斯夫妇拥有受益所有权的部分资产先期转移至菲律宾国家银行中的契约账户中，马科斯家族、基金会及瑞士银行对上述命令提出上诉。1998 年，苏黎世最高法院以 1990 年瑞士联邦法院的决定不允许提出新的诉状为由，支持上诉请求，撤销命令。经过菲律宾政府的努力，苏黎世最高法院根据事实和法律要求，特别是《联邦刑事事项国际互助法》第 74 条规定，认可菲律宾政府的立场，指出尽管第 74 条的规定要求资产返还请求国必须提供有效和具有执行力的终局判决，但在特殊情况下可以先期返还。苏黎世最高法院指出，"如马科斯案件使瑞士成为逃逸资金和犯罪天堂的话，它与瑞士的国家利益是冲突的。立法者、银行和银行组织的最大责任是确保独裁地区的首脑不能将大量明显犯罪所得存放在瑞士银行账户中……苏黎世州执法官转移马科斯资产的命令符合瑞士国家利益，是被允许的……可以推定马科斯家族的合法资产与整个被冻结的资产相比是微不足道的，鉴于绝大部分被冻结资产都是非法来源资产，如果有充足证据保证扣押、返还符合各自相关法律和命令，先期返还是符合规则的。" 1998 年，Credit Suisse 和 Swiss Banking Corporation 银行向菲律宾国家银行转移价值 5.67 亿美元的现金和证券，并存放于由 5 家单位控制的契约账户中，但这笔资产还主要由苏黎世地方法官掌控，由其指令投资和管理。2003年7月15日，菲律宾高等法院就马科斯资产发出没收判决。2004年1月4日，菲律宾善政问题总统委员会向财政部移交6.24亿美元的腐败资产。

2. 非洲国家腐败资产追回

非洲国家中腐败资产追回较为成功的是尼日利亚追回阿巴查家族转移至英国、瑞士、卢森堡及列支敦士登的腐败资产。

1998年7月，尼日利亚总统阿布巴卡签署逮捕令，逮捕了阿巴查的遗孀马瑞姆·阿巴查和其子穆罕默德·阿巴查等人，并指出，阿巴查家族贪污的资产必须归还。1999年，奥巴萨尼傲总统上台后，立即成立了一个专门负责追踪、确认并追回阿巴查家族侵吞的资产的委员会。随后，尼日利亚向卢森堡、瑞士和列支敦士登寻求司法协助，三个国家和地区分别冻结6.02亿、6.6亿和1.47亿美元资产。穆罕默德·阿巴查声称被冻结资产是合法收入，其律师也竭尽全力推翻冻结令，试图抵制瑞士政府将相关信息资料移交给尼日利亚政府。意识到通过诉讼程序追回腐败资产将耗时漫长、耗费高昂时，尼日利亚政府决定与穆罕默德达成协议以便迅速追回腐败资产。协议的内容如下：穆罕默德放弃在瑞士、卢森堡、列支敦士登被冻结的资产，作为对价，阿巴查家族可保留1亿美元。这笔资金数额是阿巴查家族合法经营所能获得的最大收入。瑞士联邦高等法院还就资产返还附加了一个条件，即尼日利亚政府必须提交一份终审判决以证明这些被冻结的资产属于尼日利亚政府所有。2005年，高等法院宣布4.8亿美元资金返还给尼日利亚，另1000万美元移交至一个由尼日利亚政府签署的契约账户。瑞士政府还选择世界银行作为监控第三方，以保证这些资产将用于推动尼日利亚国内的经济、社会发展。

在阿交库塔钢厂诉讼案中，瑞士商人奈西姆·高购买了大量的债权,在购买债权后,奈西姆·高认为其权益被侵害,进而在英国伦敦商事法院起诉阿巴查家族和尼日利亚政府,尼日利亚政府转而起诉阿巴查家族,请求追回购买债权所付的现金。2001年,经过6个月的审理,英国伦敦法院作出判决,尼日利亚政府获得阿巴查家族10亿美元的补偿。对于阿巴查家族转移到英国的腐败资产,1999年,尼日利亚政府根据英联邦《哈拉雷计划》中关于司法协助的有关条款,向英国当局签发了司法协助请求信,由于尼日利亚未能提供符合严格程序和实体要求的司法协助材料,未能及时就阿巴查家族腐败行为进行定罪,司法协助进程变得十分困难。2001年5月,尼日利亚政府决定在伦敦提起民事诉讼作为刑事司法协助请求的补充,该诉讼涉及100余名被告。同年9月21日,法院根据尼日利亚在诉讼中提出的部分请求颁发命令,要求所有涉案银行公开他们掌握的关于阿巴查家族腐败案件的信息,包括开立的账户形式、顾客信息、借贷双方资料、资金流转内部记载等,法院还签发命令要求穆罕默德·阿巴查及其同伙报告他们的资产情况以及把腐败资产从尼日利亚转移至英国的情况。在英国的民事诉讼中,有5000万美元的资金被冻结,但自从2002年以后,民事诉讼进程逐渐缓慢,腐败资产追回所取得的成效不大。

3. 美洲国家腐败资产追回

美洲国家中,比较成功的腐败资产追回案例是2000年至2004年间,秘鲁政府从瑞士、美国和凯门岛等不同国家和地区成功追回被蒙特西诺斯非法获取并转移至国外的近1.8亿美元腐败资产。

瑞士银行发现蒙特西诺斯第一笔可疑交易资金4800万美元后,要求秘鲁调查这些资金的来源,并邀请其向瑞士请求司法协助。2001年6月,秘鲁政府发现这些资金的来源后,立即向瑞士提出5个不同的司法协助请求,瑞士政府先后总共冻结了

1.13 亿美元的可疑资金。蒙特西诺斯提出上诉，辩称秘鲁与被调查的犯罪之间没有法律利益，2002 年 8 月，瑞士不要求秘鲁提供生效的判决，仅以掌握腐败犯罪所得的所有人的放弃和即使没有请求国终审判决但有清晰的证据证明资产来源于腐败犯罪所得为依据，向秘鲁归还了第一笔资金 7750 万美元。

2000 年 9 月，纽约 Citi 银行提交了两份关于蒙特西诺斯助手沃尼诺的可疑交易报告。美国 FBI 逮捕了沃尼诺，获得部分资料，以此为基础明确了蒙特西诺斯在不同国家的资金情况。同时，FBI 还逮捕了另外一个以蒙特西诺斯名义试图将 the Pacific Industrial 银行迈阿密支行 4600 万美元资产转化为现金的"前台人"。在美国司法部刑事分局资产没收和洗钱署的帮助下，检察机关控制了与沃尼诺相关的 200 万美元资产。美国调查还证实，沃尼诺的一位亲戚帮其在美国境内隐藏了 2000 万美元的资金。美国司法部分别在迈阿密和加利福尼亚签发了民事没收判决，以没收上述资产，并采取了两种民事没收行动，即单独对物没收及在逮捕沃尼诺之后对相关资产进行没收。根据 2004 年 1 月美国与秘鲁签署的具体协议，秘鲁同意将所有追回的资产投入到反腐败工作中，作为对价，美国将没收的全部资产归还给秘鲁。秘鲁当局还向凯门岛提出解除银行保密和冻结资产的司法协助请求，并对蒙特西诺斯的洗钱行为提出刑事控诉，凯门岛按照金融情报机构相互协助的要求直接对物进行了限制，秘鲁当局要求账户持有人放弃他们的资金以减轻对他们的处罚，在账户持有人签署协议同意放弃后，凯门岛将上述资金返还秘鲁政府。

二、我国腐败资产跨境追回

针对较为严重的腐败资产跨境转移现象，我国包括大陆与港澳台地区皆付诸努力，通过国际或区际反腐败国际合作，采取各项措施，调查跟踪腐败资产的地理位置及形式转换，积极探索跨境转移的腐败资产与腐败犯罪的因果联系,采取各种途径,成功跨境追回部分转移到境外的腐败资产。

(一) 大陆地区腐败资产追回

2005年1月16日,中共中央印发的《建立健全教育、制度、监督并重的惩治和预防腐败体系实施纲要》明确指出,要"建立执法合作、司法协助、人员遣返和涉案资金返还等方面的反腐国际合作机制"。针对腐败资产跨境转移现象,党和政府高度重视,积极构建腐败资产跨境追回的国际合作机制,并加大刑事司法合作的力度。实践中,我国大陆地区有关司法机关主要通过直接请求境外警方协助等传统性途径开展腐败资产追回工作,同时,还结合个案特点,在我国制定与参与的国际双边或多边公约及相关国内立法的框架下,采取策略性追赃等创新性途径,在腐败资产跨境追回方面取得了一些突破。

1. 借助传统性资产追回途径

(1) 直接请求境外警方协助

直接请求境外警方协助,是指向境外警方明确指出犯罪嫌疑人所涉及的罪名及涉及的犯罪资产,指出资产合法所有权属于被害人,并提供相应的证据材料,在此基础上直接向境外警方提出追回腐败犯罪所涉资产的请求。警方间取得直接联系并相互提供协助的途径较为便捷。截至2007年,我国公安部分别与50个国家政府部门或者内政警察部门签订了108份关于打击犯罪的双边警务合作协议或者谅解备忘录。[①] 这些协议和谅解备忘录规定了合作打击各种犯罪、交流犯罪情报、案件协查、人员培训、经验交流、会晤等方面的合作事项。如《中越关于打击犯罪和维护社会治安的合作协定》(2001年)明确提出在"移交赃物、证

---

① 中央政法委:《关于建立健全境外追赃机制问题的研究报告》,2007年。

据"方面开展合作与协助,另外,我国还与意大利、乌克兰、白俄罗斯、老挝等国家签订了类似的合作协议,以服务于腐败资产跨境追回。

广东省佛山市南海区置业公司原总经理李继祥挪用公款案中,我国司法机关直接请求境外警方协助,成功追回腐败资产。2003 年 9 月 30 日,李继祥外逃至澳大利亚,2004 年 2 月,南海区检察院初步查明,李继祥身为国有企业工作人员,伙同他人挪用公款,并将资产转移至澳大利亚、香港等国家和地区,数额特别巨大,涉嫌挪用公款罪,随后,南海区通过佛山市检察院向广东省检察院提出协助追赃追逃的请求,广东省检察院在向有关部门申请对李继祥发出"红色通缉令"的同时,积极寻找更为直接、更为有效的追赃、追逃渠道。同年,广东省检察院向最高人民检察院请求,与澳大利亚联邦警察驻华警务联络官取得联系。2005 年 10 月,广东省检察院正式向澳大利亚联邦警察提出个案协查请求,调查李继祥及其家属在澳大利亚移民及资产情况,对此协查请求,澳大利亚警方给予积极回应。2006 年 3 月,广东省检察院代表团访问澳大利亚联邦警察,商量追诉李继祥事宜,双方达成共识,即根据广东省检察机关提供的材料,澳大利亚联邦警察对李继祥以洗钱罪立案并展开调查,如李继祥行为触犯澳大利亚法律,则由澳大利亚司法部门对其绳之以法,对其非法所得,也将依据澳大利亚《犯罪收益法》进行追缴,追缴的财产在澳大利亚有关部门批准后将返还中国政府。2007 年 6 月,在查明李继祥财产情况后,澳大利亚联邦警察对李继祥及其家属、李运南家属在澳大利亚的住所进行了搜查,并查封、扣押和冻结了有关财产、书证、物证及银行存款,被查封和冻结的财产约 630 万澳元。同时,澳大利亚联邦警察向李继祥发出拘传令,要求其于同年 8 月 10 日出席法庭聆讯,李继祥及其家属等人的护照被扣押。2007 年 7 月,两名澳大利亚联邦警察到达广东,调取李继祥挪用公款过程中涉及的境内收款人等16位有关证人的证词,逐一建立起数十笔公款由境内转向境外的资金链、证据链,证实了调取的有关银行资料的来源的合法性及可靠性。在此期间,澳大利亚联邦警察还获得了香港警方的协助,向原香港中汇公司财务人员马某调取了证词。通过该份证词,中方办案人员发现李继祥、李运南在香港还有一笔470万港元的存款,并持有几支股票。2008年,李继祥案移送澳大利亚联邦检察署审查。同年8月,澳大利亚联邦警察、检察署检察官再次派员到广东,就此案进行补充调查,完善和细化起诉李继祥所需的证据材料。2009年4月22日至5月13日,李继祥洗钱案在澳大利亚昆士兰州地方法院进行预审听证,以裁定该项指控是否被最高法院接受审理。应澳大利亚方请求,广东省检察院和南海区检察院组织有关证人就此案在澳大利亚驻广州总领事馆进行了远程视频作证。该预审听证取得了圆满成功,李继祥被裁定进行昆士兰州最高法院接受审判。在预审听证取得成功后,2009年11月,迫于法律压力,李继祥前妻黄某等人自愿放弃其名下的财产。11月22日,澳大利亚联邦警察首席运营官武安德专门到访广东,将一张面额为4160259.81澳元的支票交给广东省检察院检察长郑红。2010年10月,广东省检察院将该款项折换成382万多美元移交南海区检察院退还给被害单位。2011年7月20日至8月31日,李继祥洗钱案在澳大利亚昆士兰州最高法院正式开庭审理,9月13日,陪审团裁决李继祥被控9项罪名成立,次日,澳大利亚昆士兰州最高法院宣判李继祥因洗钱罪判处监禁14年至少入狱10年,因利用犯罪收益罪判处监禁12年至少入狱9年,上述刑罚当日起同时执行,9年内不准获假释。2010年10月,广东省检察院协同南海区检察院成功将位于香港的470万港元的赃款追回。

(2)通过国际刑警组织

国际刑警组织是继联合国外第二大规模的国际性组织,也是全球最大的警察组织,包括180多个成员国,其宗旨是保证和促进各成员国刑事警察部门在预防和打击刑事犯罪方面的合作,享有部分刑事管辖权,可以协调各成员国警察部门采取措施开展侦查破案,可发布红色通缉令对腐败官员进行跨国追捕和遣返。根据国际刑警组织的章程,各成员国主要采取联合侦查、国际侦查协助及域外调查取证等方式进行国际协查办案,进行国际警务执法合作。

国际刑警组织从事的司法协助主要包括七项内容:第一,在各成员国之间传递刑事犯罪情报;第二,各成员国依据法定程序将警察文书送达指定国家;第三,帮助进行刑事技术鉴定;第四,协助查证,搜集证据;第五,通报,为各成员国提供信息;第六,引渡,一般不具体负责罪犯的引渡,而多采用联络、协调、斡旋的方式,促成各成员国之间引渡的成功;第七,罪犯的移送,国际刑警组织协助罪犯从一个国家引渡到另一个国家。①1984年我国加入国际刑警组织,通过国际刑警组织,我国在抓获外逃罪犯方面取得重大进展,据统计,近10年我国警方通过国际刑警组织渠道共抓回重要案犯230多名。②例如,国际刑警组织应我国要求,对中国银行开平支行特大贪污挪用案主犯余振东发出红色通缉令。外逃贪官杨秀珠已在荷兰被国际刑警组织抓获,我国正在设法促使遣返其回国受审。我国应进一步运用好国际刑警组织这个平台。通过国际刑警向外国警方提出追回赃款赃物请求,要求对所涉赃款赃物先行查封、扣押和冻结,后由外国警方按其本国法以犯罪嫌疑人触犯该国法律为由,在本国对其提

---

① 马海军、邹世享:《中国反腐败国际合作研究》,知识产权出版社2011年版,第59—60页。

② 朱恩涛:《国际刑警组织与红色通缉令》,中国人民公安大学出版社2006年版,第299页。

起刑事指控，请求国提供有关证据资料。目前，这种刑事指控以涉嫌洗钱罪指控居多，历时长而过程更为复杂，且往往会涉及对赃款赃物的没收和分享，需两国警察机关充分协商和沟通。

由于通过国际刑警组织发布红色通缉令是境外追逃追赃工作中的一个重要途径，有必要对红色通缉令予以详细分析。红色通缉令，又称红色通报，简称红通，区别于蓝色通报、绿色通报、黑色通报、黄色通报、橙色通报等，是国际刑警组织利用自身的国际通报系统实现每个成员国警察部门共享重要犯罪相关信息的一种通报形式，以逮捕证为依据，逮捕或者临时性羁押措施以便引渡被通缉人员。根据国际刑警组织的要求，申请办理红色通缉令必须提供两方面的信息：一是犯罪嫌疑人的身份特征，如体貌特征、照片、指纹、职业、语言、所持证件号码等；二是犯罪嫌疑人的犯罪信息，如被起诉或指控的罪名、法律依据、可能量刑情况等。在国际刑警组织的不同成员国间，红色通缉令的效力和作用不完全相同。有些国家规定可以依据该通报，将被通报人员临时羁押，这些国家的警察部门一旦发现被通报人员，马上就会将其逮捕，然后通过国际刑警组织总部向发布通报的国家通报。然而，在有些国家，特别是在腐败犯罪官员主要潜逃目的地国家如美国、加拿大、澳大利亚等国，发现被通报人员后，并不会马上将其逮捕，而仅仅予以重点关注，或者采取临时性羁押措施48个小时，要求发布通报的国家提供足够的犯罪证据，才可以继续羁押，否则时间一到就会释放被通报人员。因此，红色通缉令仅仅是一种情报、线索的通报，而非真正意义的"国际通缉令"，但这种通报对于发现腐败官员潜逃、资产跨境转移等情况具有重要的作用，并且会给其他国家一个信号：这个人是我们想要抓获的罪犯。

（3）通过国际或区际间的刑事司法协助

这是刑事司法合作的基础方式，最有针对性，也最具约束力，主要适用于我国与被请求国之间已经签署双边或多边刑事司法协助条约或者同时参加载有司法协助条款的国际公约的情形。司法机关要严格按照有关刑事司法协助条约规定的程序提交刑事司法协助请求书，并附上对赃款赃物采取查封、扣押、冻结等强制措施的法律文书副本。自 1994 年我国对外缔结第一个刑事司法协助条约《中华人民共和国和加拿大关于刑事司法协助的条约》至今，我国已与 20 多个国家或地区签订含有刑事司法协助内容的条约或协定，在条约或协定中一般明确规定被请求方在本国法律许可的范围内，对犯罪嫌疑人转至境内的赃款赃物有查找、冻结、扣押、没收，及在不损害本国国家利益和第三方合法权益的情况下，有移交赃款赃物的义务。

刑事司法协助请求书作为重要载体，须注意以下几点：第一，应尽可能包括对赃款赃物的描述，如这些赃款赃物的商业价值及其与案件实质性的联系。第二，赃款赃物可能位于被请求国境内的理由及其所在地资料。第三，载有说明请求国法律允许采取搜查、冻结、扣押和移交赃款赃物的法律条文。第四，如有可能，附上对赃款赃物采取查封、冻结、扣押、移交等强制措施的法律文书副本。

（4）开展引渡合作同时提出追赃请求

在被请求国同意引渡时，可以要求其执法机关随案移交赃款赃物。我国自 20 世纪 90 年代才开始谈判缔结引渡条约，1993 年与泰国缔结了第一个双边引渡条约《中华人民共和国与泰王国引渡条约》，当前我国已与近 30 个国家缔结了引渡条约，还缔结或参加含有引渡内容条款的近 20 个多边公约。同时，在就引渡案件进行个案合作以及谈判缔结引渡条约的实践基础上，我国于 2000 年通过《引渡法》。这些条约、公约及《引渡法》一般都规定准予犯罪嫌疑人引渡的同时，移交赃款赃物，即在被请求国法律许可范围内，扣押其境内发现的犯罪所得、犯罪工具及可作为证据的财物。一旦同意引渡,即使因被请求引渡的对象死亡、失踪或脱逃而无法执行引渡,上述赃款赃物仍可予以移交。

2. 探索创新性资产追回途径

创新性资产追回途径主要指策略性追赃,即司法机关在腐败资产追回过程中,可以通过做犯罪嫌疑人或者利益相关人的工作,或者通过境外执法机关对犯罪嫌疑人施加压力,挤压其生存空间,迫使其自行返还腐败犯罪收益。如犯罪嫌疑人已被引渡或者遣返回国,则可由犯罪嫌疑人通过签署授权委托书等方式,委托境外执法机关或者境外的亲属或朋友,或者通过传真、电话联系等形式,要求境外亲属或朋友代为办理转款等手续,以较为便捷的方式追回赃款赃物。某检察机关办理的温某涉外追赃案件,属于较为典型的策略性追赃,该案中,温某出具由公证部门办理公证手续的委托授权书,委托检察机关赴香港、澳门等地将其存在银行的存款、存在保险柜的物品转至境内,并在境内由检察机关对上述存款、物品予以冻结和扣押并最终没收。2008 年,天津市检察院一分院在办理某集团公司负责人职务犯罪案件中,发现此人于 2006 年将该公司在菲律宾的股份私自转让给他人,并按菲律宾有关法律规定在当地工商登记机构"合法"办理股权转让的手续,可能造成近 10 亿元国有资产境外流失。按照菲律宾法律,若通过法律途径解决,周期长、难度大,因此,一分院检察干警抵达菲律宾,在与受让方的会谈中,巧妙地避开锋芒,未提及转回股份之事,仅通报中方公司负责人涉嫌犯罪的情况,并详细介绍了近年来我国特别是天津改革开放与对外交流合作所取得的重大成就,受让方戒备心渐渐松弛,双方感情逐渐拉近。见时机已经成熟,一分院干警用和缓的语气明确告知,中方的股权属于国有资产,我国企业不会放弃,我国政府更不会放弃。为了国有资产不受损失,即使跨国诉讼也在所不惜。同时建议受让方为了公司长远利益和中菲双方国际合作的前景,帮助办理好中方股权的转回事宜。在此情况下,受让方最终答应将受让的股份归还中方。①

3. 大陆地区腐败资产追回的总体成效

根据监察部的报告,目前我国与外国签订的引渡条约、司法协助条约和移管被判刑人公约已达 82 项,涉及 51 个国家。这些条约中有许多条款涉及移交赃款赃物、暂缓移交以及移交不得侵害第三人权利等内容,这些规定为在实践中追回腐败资产相互合作提供了法律依据。2003 年与 2005 年我国分别缔结的《联合国打击跨国有组织犯罪公约》和《联合国反腐败公约》,对犯罪所得的扣押、冻结、没收和返还均有所规定,为开展境外追赃工作提供了国际合作的法律依据。近几年来,我国先后承办了上海合作组织成员国总检察长会议、中国—东盟成员国总检察长会议、亚欧会议总检察长会议,通过发表宣言或声明形成了会议机制和区域性的合作机制,奠定了反腐败职能部门直接合作的基础。为贯彻落实《联合国反腐败公约》规定,2006 年 4 月,我国发起成立国际反贪局联合会,为各国职能部门执法协作构建了更大的合作平台。双边合作方面,我国与美国之间每年都举行"中美执法合作联合联络小组"会议,就合作的重点领域、个案协助进行探讨,寻求移交腐败资产的有效途径。

有关职能部门通过综合运用政治、外交、司法协助、警务合作的渠道或手段,积极开展境外追逃、追赃的个案合作,取得了一定成绩,也有一些成功案例。如 1998 年以来,我国政府通过开展区域司法协助、引渡、国际刑警组织缉捕等途径,成功地将 70 多名逃往境外的贪官押解回国,比较有名的有贵州省交通厅原厅长卢万里,厦门市原副市长蓝莆等,并且追回了部分赃款,

---

① 林雪标:《腐败资产追回机制研究》,厦门大学出版社 2010 年版,第 28—29 页。

一定程度上挽回了国家经济损失,震慑了企图携款外逃的犯罪嫌疑人。但总体而言,在腐败资产追回方面,国际司法合作往往没有固定的模式,且贪官外逃的目的地,例如美国、加拿大、日本以及多数欧洲国家均未与我国签订引渡条约。公安部以我国政府或者公安部的名义与有关国家政府或者内政警察部门签订了打击犯罪合作协议书、合作谅解备忘录等,但这些国家没有包括犯罪嫌疑人与赃款外逃的主要目的地。目前,尚有大批逃往境外的腐败犯罪嫌疑人未能缉捕归案,特别是资产追回成功的案例较少,资产追回、犯罪嫌疑人追逃难问题仍很突出,相关工作亟须改进和加强。如浙江省检察机关立案侦查潜逃的腐败犯罪嫌疑人有20人左右,涉及案值约1.8亿元,但至今没有实现境外资产追回的突破。

(二) 港澳台地区腐败资产追回

1. 香港特区腐败资产追回

香港总警司葛柏转移至英国、加拿大、美国、新加坡等国家的腐败资产折合433.14万港元,廉政公署虽以葛柏涉嫌受贿为由将其成功引渡回香港并判处4年有期徒刑,但囿于英国、加拿大等国家没有"财产状况与官职收入不相符"的罪名,廉政公署无法在刑事上取得进展,只好采取在香港提起民事诉讼的途径进行追讨。通过民事诉讼的方法认定葛柏这部分资产属于非法所得,香港政府有权对其予以没收。民事诉讼虽取得胜利,但由于资产已转移至国外银行,追讨起来异常艰难,至今这项追讨工作仍在进行。香港四大华人探长贪腐案件所涉及的腐败资产跨境转移,廉政公署为追回这些资产耗费了大量的时间和金钱,但效果也不明显。

在退休探长张荣树腐败资产追回中,廉政公署取得了一定的成效。张荣树1973年退休后,1974年3月离开香港,前往台湾定居。廉政公署对张荣树的财产进行调查,发现其任职期间,非法获取数百万元腐败资产。廉政公署发出对张荣树的通缉令,并且冻结其名下一切存款和物业,26年后,香港提起民事诉讼,追讨被冻结的张荣树名下的财产,并成功追回400多万元。

2. 澳门特区腐败资产追回

澳门通过了一项法律《国际刑事司法协助法》,规定澳门可以给其他国家提供司法协助,不需要互惠原则,也不需要签订特别的协议,但只有一个条件除外,就是除非要求提供司法协助本身违反了澳门本地的法律和基本的社会风俗。澳门特区政府成立了一个司法协助小组,行政长官担任组长,成员包括终审法院院长、检察长、保安司长、法务司长等。澳门检察长办公室设立了检察长顾问,聘请了法律专家,有一个小组专门负责这项工作,采取先易后难的办法先做起来,如传递法律文书、移交证据及返还涉案的赃款赃物等。在欧文龙贪腐案中,由于贪贿手段过程迂回复杂,洗钱手段高明,开设了130多个银行账户和两个保险箱全部用于处理非法所得,同时腐败资产受到转入国特别法律的保护,澳门廉政公署在香港廉政公署和海外其他相关部门的协助下,掌握欧文龙在海外的资产和流转情况,英国警方冻结欧文龙银行账户以及位于伦敦的价值498.75万英镑的房产物业,但囿于要全面调查真相和厘清行贿及受贿者关系显得异常困难,因此,截至目前,欧文龙腐败资产追回未取得实质性进展。

3. 台湾地区腐败资产追回

前海军上校郭力恒、汪传浦等人"拉法叶军购弊案"中,台湾向瑞士提出司法协助请求,瑞士政府将5.2亿美元贿赂款及利息共7亿美元扣押,但由于汪传浦夫妇潜逃海外,一直未能到案,特侦组多次前往瑞士,并在瑞士聘请律师追讨贿款,但无法仅凭郭力恒的判决书向瑞士取回扣押的贿款。后郭问天承认犯罪,并将在瑞士银行账户的款项及多年利息共计3500万美元汇到特侦组的指定账户,这是台湾有史以来自海外追回最大金额的不法所得。

  2009年12月，陈致中、黄睿靓夫妇向特侦组递交陈报状，承诺愿意交代陈水扁家族海内外的资产状况，表示愿意认罪协商。2010年2月，陈致中向特侦组供出寄放5亿多元台币现金及珠宝的友人的身份及联络方式，并向检察官取得"最高检察署"账户的账号。陈致中发文瑞士的金融机构，要求将当初元大马家协助汇至瑞士并以陈致中夫妇名义进行投资理财的5.7亿元台币汇回台湾。但随后陈致中反悔，对于海外洗钱过程及海外资金的流向始终没有交代清楚，导致这笔贿款至今没有汇回台湾。"海角7亿"的追回则取得很大进展，截至2010年11月1日，特侦组分多次共计收到6.6亿元新台币，扣除投资损失及欧元升值所产生汇差，陈水扁家族涉嫌贪污受贿所得的"海角7亿"的几乎全部汇回台湾。转移至美国、日本的腐败资产未取得实质性进展，2010年7月，美国政府向纽约州和弗吉尼亚州地方法院提出民事诉讼案，指出陈水扁家族与其相关人士合谋，隐匿贿赂、洗钱等不法所得，并以违法所得违法购置房产，因此，美国寻求没收陈水扁夫妇及其家人收受贿款后在美国购置的房产，并表示，如果司法部成功没收这些房产，它们将被拍卖，拍卖所得划入一个没收房产基金，部分款项归还台湾。

第二章　腐败资产跨境追回机制的运行及效果

　　日益猖獗的腐败资产跨境转移，成为各国有效惩治腐败犯罪的一大障碍。另外，在世界范围内，腐败资产跨境追回的成效不大。为此，国际社会加强合作，逐步探索有效措施，在腐败犯罪跨境追回方面积极构建资产追回机制，即一缔约国在其资产因公约所规定的腐败犯罪被转移至另一缔约国时，通过一定途径直接主张对该资产的合法所有权，或由另一缔约国对被转移至本国境内的腐败犯罪资产实施没收后，再将其返还前者的机制。经过国际社会的不懈努力，腐败资产跨境追回机制发端于地区性国际组织的初步探索，最终成型于国际性反腐败公约即《联合国反腐败公约》。该机制建立后，各国（地区）依托《联合国反腐败公约》所确定的框架，结合自身腐败资产跨境转移实际情况及资产追回需要，运用腐败资产直接与间接追回机制，取得了一定的效果。

第一节　腐败资产直接追回机制的运行

　　腐败犯罪受害国要成功追回位于境外的资产，必须跨越司法管辖界限，最终剥夺腐败犯罪资产。《联合国反腐败公约》作为第一个全球性的打击腐败犯罪和追回资产的国际公约，充分认识到剥夺腐败犯罪资产的重要性，并开创性地设立腐败资产的直接追回机制，即通过境外民事诉讼追回腐败资产，指一缔约国根据腐败资产所在国法律，采取必要措施，在资产所在国提起民事侵权，以确立对腐败犯罪资产的产权，或者在资产所在国提起民事赔偿诉讼，要求实施腐败犯罪的行为人支付补偿或损害赔偿，或者作为没收程序的善意第三人，通过提交权利证明申请简易返还。

一、直接追回机制的运行特点

（一）采取较低的证明标准

刑事诉讼比较强调事实的确定性或者肯定性，注重证据充分性、直接性和完整性，并且往往适用"疑罪从无"和"有利于被告人"原则。直接追回机制所采用的民事诉讼证明标准则较为宽松，其适用物权法或侵权法，法院一般适用举证优势证明标准，即哪方诉讼当事人提供的证据表现出更高或然性，就会得到法官采信，这种证明标准为民事法院推定腐败犯罪资产的非法来源提供了更多空间。因此，只要受害人能够在民事诉讼中比较有根据地证明对有关财产享有合法权利，证明有关财产与被告非法侵害行为之间的关系，或者证明被告财产来源的非法性等情形，胜诉的可能性就比较大。

（二）程序运行不受被告人缺席影响

缺席审判制度可在民事诉讼中得以应用。鉴于保护人权需要，世界多数国家刑事诉讼法中一般不实行缺席审判，并且没收财产和罚金多以被告人被判决有罪为前提条件，这将阻碍刑事程序的进程。而民事诉讼允许缺席审判，即民事诉讼中，在被告失踪、潜逃或者死亡等情形下，只要对被告或者其代理人实施了合法传唤并且在各个诉讼环节中确保相关当事人享有行使诉讼权利的平等机会，法官即可根据在缺席审判中获取的证据材料作出判决，并将该判决付诸执行。在腐败犯罪案件中，可能出现被告人故意潜逃的情形,这时法院可以通过向被告人律师或者被告人所在单位送达针对被告人的诉讼请求和法律要求,必要时还可以对被告人予以公告送达或者邮寄送达。法院一旦完成了送达,被告人只能选择是否参加诉讼,如果被告人不参加诉讼,可以对其予以缺席判决。如中国银行开平支行特大贪污挪用案中,在余振东、许超凡、许国俊缺席的情况下,中国银行在香港对其提起民事诉讼,并最终取得民事缺席判决。

(三)便于实施财产保全措施

为限制被告转移或者处置财产,各国民事诉讼法一般均允许原告在提起诉讼的同时提出诉前财产保全请求,法官可以仅仅基于维护现状以等待裁决的考量立即决定冻结或者扣押有关财产。在向财产所在地法院提出财产保全请求的情况下,由于不需要通过司法协助转递、审查和执行有关请求,当事人能够更加快捷、及时地获得财产保全措施。如中国银行开平支行特大贪污挪用案中,在发现犯罪嫌疑人余振东、许国俊、许超凡三人向境外转移资产后,中国银行随即申请民事禁制令,迅速冻结三人转移至香港的资产,包括已办理汇款手续但尚未实际划拨出去的资金。①

(四)判决易得到承认与执行

各国对外国法院民事判决的承认与执行一般采用以下三种不同的方式。一是执行令方式,即被请求国法院对外国法院的判决进行审查,审查后认为符合本国法律或者相关国际公约规定的条件,颁发执行令,并按照被请求国法律执行。二是重新审理方式,即被请求国不直接承认或者执行外国法院的判决,要求申请执行的当事人以该外国法院判决为依据,在被请求国法院重新提起诉

---

① 黄风:《资产追回问题比较研究》,北京师范大学出版社2010年版,第23页。

讼，如被请求国法院审理后认为该判决与本国法律不相抵触，则作出一个与该判决内容相同或者相似的判决，并根据国内法律程序予以执行。三是登记执行方式，即被请求国法院在收到外国判决执行申请后，只要查明该判决符合被请求国法律规定的条件，就对其予以登记，并像执行国内法院判决一样予以执行。可见，各国法律皆赋予承认与执行外国民事判决较为通畅的司法救济渠道，因此，民事判决一般都可以获得其他国家的承认和执行。中国银行开平支行特大贪污挪用案中，中国银行在香港取得民事缺席判决后，向加拿大法院提起承认与执行判决之诉，请求针对余振东等三人转移到加拿大的财产执行香港法院作出的民事裁决，从而追回资金共计 249.34 万加元和 133.61 万美元。

二、直接追回机制的运行方式

根据《联合国反腐败公约》，直接追回即境外民事诉讼追回腐败资产机制主要分为因腐败犯罪提起民事确权诉讼、因腐败犯罪提起民事侵权诉讼及简易返还三种运行方式。

（一）因腐败犯罪提起民事确权诉讼

《联合国反腐败公约》第 53 条第 1 款规定："缔约国根据本国法律，采取必要的措施，允许另一缔约国在本国法院提起民事诉讼，以确立对腐败犯罪所得财产的产权或者所有权。"在这种运行方式下，资产追回请求国在资产所在国具有管辖权的法院提起民事诉讼，通过提交所有权或者财产权证明，以民事诉讼当事人身份主张自己是腐败犯罪财产或财产权利的合法所有人，最终追回资产。请求国可诉称其是财产的真正所有人，或者称自己的诉求是为了财产真正所有人即人民的利益，而这些资产已被盗用或者贪污，请求恢复原合法所有权。

因腐败犯罪提起民事确权诉讼，一般应当遵循以下程序：

1. 获取诉讼证据

这是民事确权诉讼的首要环节，也是成功追回腐败资产的基础，资产请求国必须充分了解被请求国法律规定的获取证据的途径，可以通过以下途径获取确权诉讼必需的证据：一是司法协助。多数国际性公约未明确可以通过司法协助程序获得民事诉讼证据，且一般不允许将在刑事司法协助过程中获取的证据用于刑事以外的用途。而事实上，腐败资产跨境追回案件中，民事与刑事程序很难被予以明确划分。因此，各国应当考虑承认在刑事司法协助程序中获得证据在民事程序中的效力。二是向第三人签发获取信息令。民事诉讼程序有一个证据展示阶段，在这个阶段，法院要求双方当事人或者掌握资料的第三人提交资料来支持自己的主张。在腐败案件中，作为原告的国家往往需要在案件的开始阶段就获得证据资料，需要通过请求国国内执法机构获取，但请求国很难掌握到这些资料。在普通法系国家，法院可以通过向银行等第三人签发命令以获得有关信息，这种要求通常是在账户所有人不知情的情况下进行，以避免腐败官员再次将腐败资产迅速转移。三是搜查和扣押。法院可以签发强制性命令，要求搜查和扣押腐败资产，以及与诉讼程序有关且被告人可能故意损坏或未提交的证据和资料。

2. 追回腐败资产

资产请求国在确认、保全腐败资产并获取相关证据后，下一步骤即为追回腐败资产。概括而言，其可采取以下三种途径：一是协商。这种途径类似于刑事诉讼中的辩诉交易与民事诉讼中的和解，即为快速追回资产，避免耗时长、花销大的诉讼，政府与腐败官员协商达成协议，放弃诉讼请求和控诉，同时允许腐败官员保留部分犯罪资产，以此为对价，腐败官员自动交出其他大部分资产。但在协议中，须明确腐败官员必须透露所有资产的信息，否则资产请求国有权利采取进一步的追回行动。尼日利亚在追回阿巴查腐败资产案中，意识到通过诉讼程序追回在欧洲的资金费时费钱，决定与阿巴查之子穆罕默德进行协商以便迅速追回资产。协议的主要内容如下：穆罕默德与前国家安全顾问巴古都放弃在瑞士、卢森堡和列支敦士登被冻结的 13 亿美元资金，作为对价，阿巴查家族可保留 1 亿美元，这笔资金数额是阿巴查家族合法经营所能获得的最大收入。2002 年，一些拥有非法资产的犯罪行为人选择了与秘鲁政府进行合作，放弃非法所得资产，作为对价，秘鲁政府减轻对他们的刑事处罚，其中包括在军事贸易中非法获益的一位将军和一位中间人放弃的 2800 万美元。二是简易判决。这种途径类似于民事诉讼中的简易程序，指如被告人缺乏证据，无法就针对其的诉讼请求提供合理抗辩，资产请求国证据合理申请通过简易的审判程序先行对案件作出判决。三是审判程序。在多数国家和地区，在对证据进行质证和交叉质证后，法院会对案件进行审理。在审理前，诉讼双方当事人要交换证据和资料，被告人提供的证据和资料可以为请求国下一步的资产追回行动提供重要的信息来源。一旦完成全部诉讼程序，法院就会对资产的产权归属问题作出判决。

（二）因腐败犯罪提起民事侵权诉讼

《联合国反腐败公约》第 53 条第 2 款规定："各缔约国均应当根据本国法律，采取必要的措施，允许本国法院命令实施了根据本条约确立的犯罪的人向受到这种犯罪损害的另一缔约国支付补偿或者损害赔偿。"所谓民事侵权诉讼，是指腐败犯罪受害国在具有管辖权的外国法院，依据侵权法提起诉讼或参加被请求国已经开始的诉讼，诉请因腐败官员的行为受到损害，要求获得补偿或者赔偿。在此程序中，资产请求国可以诉称因被告人腐败行为受到伤害，且被告人从腐败行为中获得收益，资产请求国应该获得补偿或者赔偿。至于是独立提起民事诉讼还是参加刑事诉讼，则需根据被请求国国内法律关于刑事犯罪受害人救济途径的规定再确定。民事侵权诉讼既可适用单纯的民事诉讼模式，也可适用刑事附带民事诉讼模式。

在这种民事侵权诉讼中，作出命令的主体是被请求国法院，命令所采用的形式通常是法院的裁判，资产追回的程序则依据被请求国法律。损害补偿主要是帮助被害人解决困难，其资金来源可以是犯罪人，也可以是国家或其他机构；而损害赔偿则是犯罪人基于其犯罪行为引起的刑事责任而向被害人支付的钱款，赔偿资金一般来源于犯罪人，在特殊情况下也包括犯罪人近亲属或其继承人。如巴基斯坦前总理贝·布托资产追回案中，2002年9月，巴基斯坦向瑞士请求作为其国内腐败洗钱刑事程序的"被害人"，瑞士地方预审法官接受了巴基斯坦的请求，认为贝·布托和其丈夫扎尔达里收受回扣的行为侵犯了巴基斯坦政府与人民的利益，因此，巴基斯坦是贝·布托和扎尔达里及其瑞士代理人洗钱行为的受害者。2003年7月，陪审团裁决贝·布托和扎尔达里应被判处6个月监禁（暂缓执行），并命令其向巴基斯坦归还以离岸公司名义控制的1200万美元资金。

（三）简易返还

简易返还又称主张合法权利追回，是指在资产所在国就某项犯罪资产作出没收决定时，资产追回请求国作为没收程序的善意第三人，通过提交权利证明，向被请求国作出没收决定的法院或主管机关提出申请，主张对犯罪时的有关财产拥有合法所有权，从而以财产合法所有人身份直接取回财产。这种途径表现为：在对产生于犯罪或其他违法行为的赃款赃物或收益进行处理时，根据有关人员提交的合法所有权证明进行返还，即使有关财物正面临没收或者已经被宣告没收。据媒体报道，伊拉克前总统萨达姆曾利用伊拉克的石油资源向46个国家的270个组织和个人行贿，伊拉克政府也采取行动要求接受贿赂的组织和个人向伊拉克政府返还所获取的资金。①

1. 简易返还的依据

《联合国反腐败公约》第53条第3款规定:"各缔约国均应当根据本国法律,采取必要的措施,允许本国法院或者主管机关在必须就没收作出决定时,承认另一缔约国对通过实施根据本公约确立的犯罪而获得的财产所主张的合法所有权。"从犯罪构成上看,腐败犯罪的实施主体是国家官员,其侵犯的客体是国家的公共财产和其他公共利益,国家与腐败犯罪对象即公共财产间的关系属于物权所有人与物的关系,而物权具有客观性、绝对性的特征,不管物流转至任何地方,国家作为所有权人,仍然对其享有所有权,公共财产被转移至境外并没有切断腐败犯罪被害国对该公共财产的连续性。因此,资产追回请求国可以在其他国家对腐败资产进行没收时,通过提交合法所有权等权属证明,申请直接取回属于本国的财产。相对于民事确权诉讼和民事侵权诉讼,简易返还在没收时主张合法所有权更具有说服力。

2. 简易返还的特征

简易返还具有以下特征:一是以合法所有权证明为根据,而且不要求请求国必须提交请求国法院关于扣押、冻结和没收的司法裁决。二是扣押及返还的决定可以由被请求国中任何有权作出此类决定的机关作出,包括法院等司法机关以及海关、工商、税务机关等行政执法机关,并且有关决定一般也是依照简易程序作出的,只要未引发其他救济请求即生效。三是扣押构成返还的前提条件,而返还又属于扣押的一般结果,即对于扣押的物品均可返还给提出请求的机关。四是适用范围和对象有限,对于像房屋、汽车等不动产以及受到特殊法律保护的其他财物,必须通过

---

① 史先振:《伊拉克要索回"贿赂金"》,载《北京青年报》2004年2月1日。

正式的司法裁决程序才能予以扣划、变卖和没收。

3. 简易返还的具体运行

根据《联合国反腐败公约》及相关规定，简易返还具体运行主要涉及简易返还请求的提出主体、简易返还的适用条件、简易返还主张的受理机关等。

（1）简易返还请求的提出主体

在审议《联合国反腐败公约》简易返还这一条款时，联合国秘书处法律事务厅代表提请特设委员会注意法律事务厅、内部监督事务厅以及联合国毒品犯罪问题办事处提交的一项提案（见 A/AC.261/L.212），希望在该条款中列入一段词语，即除承认另一缔约国主张外，还可适当考虑承认国际组织提出的主张。经过广泛的讨论，特设委员会决定不列入这段词语，其主要理由是在实践中缔约国可以承认其所加入的国际公共组织对通过实施本公约确立的犯罪而获得的财产主张合法所有权。

（2）简易返还的适用条件

简易返还具有严格的适用条件，主要如下：①请求国提出有关请求，要求确认其对腐败犯罪资产的合法所有权；②时间上是被请求国根据本国法律，必须就没收作出决定时。对于这一时间点，笔者主张应作广义的解释，既包括作出没收决定之前，也包括作出没收决定之后。因为对被害国而言，可能存在因信息不够通畅而无法在没收之前提出请求的情形，因此应把时间点适当予以放宽。在特设委员会第五届会议上美国提出的草案中，曾经只规定法院在受理没收诉讼时，在没收命令作出前判决和承认另一缔约国这种请求。《联合国反腐败公约》正式条文对草案作出如下完善：对请求国提出请求的时间点限制比较模糊，给请求国更多的选择自由及权利，从而使请求国可以选择在自己要求可获得承认的最有利时机提出请求。

(3) 简易返还主张的受理机关

一方面，相对于美国提交的草案，《联合国反腐败公约》增加了作出没收决定的主管机关。一般情况下，在法治国家中，司法判决是最终的决定，在法院作出没收判决前，其他行政机关可能会先行作出没收的决定。《联合国反腐败公约》正式条文的最终规定使请求国可以在时间上提前介入到没收程序中来主张自己的权利。另一方面，也可以避免如果只是行政机关作出没收决定，而最后未进入法院诉讼程序的情况下，请求国无从介入的局面。

(4) 注意事项

在简易返还的具体操作中，要注重维护善意第三方的合法权利，扣押的资产应当不存在任何涉及权属问题的争议，如果存在争议，则应提交主管司法机关加以裁决，裁决作出之前不得返还；在返还后，一旦第三方对该资产的权利得到充分的证明，请求国应当立即归还移交返还的资产。而且，简易返还也不得妨碍被请求国正在进行的刑事诉讼活动或者有关案件的审理。

第二节 腐败资产间接追回机制的运行

资产间接追回机制，是指请求国请求另一缔约国通过没收等手段取得腐败资产控制权后，依据《联合国反腐败公约》规定追回腐败资产的机制。资产间接追回机制最明显的特征是其依赖没收事宜的国际合作，因此，其又被称为通过没收的腐败资产追回。

《联合国反腐败公约》对间接追回机制的具体规定分为三大类：第一类是基于请求国提出的没收请求；第二类是基于请求国提出的辨认、追查、扣押及冻结请求；第三类则是兼容并包，适合请求国提出的前两类请求中的任何一类请求。根据《联合国反腐败公约》正式条文第 54 条，其要求被请求国不仅建立一套能够执行对公约确立的犯罪拥有管辖权的外国法院发出的没收判决的国内制度，而且应主动通过对洗钱犯罪或者对可能发生在其管辖范围内的其他犯罪作出判决，或者通过本国法律授权的其他程序，下令没收这类来源于外国的财产。

一、没收腐败资产的地点选择

腐败犯罪资产被转移至境外主要有两种情形：一是"携款潜逃"，即腐败官员和犯罪资产一并转移至境外；二是"人赃分离"，即腐败犯罪行为发生后，腐败官员仍在境内或者已经死亡，但犯罪资产已转移至境外。与此对应，没收腐败资产的地点选择也不同。

（一）在资产所在国启动没收程序

资产所在国根据其法律规定，启动刑事调查和追控程序，对进入该国的外国腐败官员以其可能构成的犯罪进行控诉并定罪，最终对进入本国的腐败资产进行没收，或者以进入本国的外国腐败官员的资产系非法获得为由，直接对该资产进行没收，然后根据有关国际公约或本国国内法的规定，将没收的腐败资产归还请求国、原合法所有人或补偿受害人。在这种程序中，资产所在国往往以进入本国的外国腐败官员构成洗钱罪为由，通过刑事调查证明资产与洗钱犯罪之间存在一定的联系。资产请求国可向资产所在国提供腐败官员及其资产的相关信息，以配合资产所在国顺利启动没收程序。

一方面，由于多数国家国内法不允许实行刑事缺席判决，当涉嫌腐败的官员因潜逃等原因无法对其予以追诉时，腐败被害国无法获得生效的没收判决，就失去向资产所在国请求执行的载体。而在资产所在国主动启动刑事没收程序的情况下，腐败被害国不需向资产所在国提供生效判决，仅提供某资产系非法所得的信息即可。同时，资产所在国启动没收腐败资产的程序，向腐败官员传递"腐败犯罪和犯罪所得没有天堂"的信息，有助于威慑从而预防腐败犯罪的产生。另一方面，在这种没收程序中，腐败被害国缺乏追回腐败资产的主动权，资产所在国是否启动该程序、何时启动、怎么启动，腐败被害国皆无法自行决定。而且，启动该没收程序的依据是资产所在国国内法，资产所在国与被害国在法律上经常存在差异，如对腐败犯罪的认定不一致，都可能影响没收程序的实施。

（二）在资产来源国启动没收程序

腐败资产来源国在本国启动刑事程序对位于境内的腐败官员定罪并取得生效没收判决，请求资产所在国承认并执行该没收判决后，追回腐败资产，其前提是请求国与被请求国之间存在国际协定或被请求国国内法允许提供司法协助。在菲律宾追回马科斯腐败资产案中，2003年7月15日，菲律宾高等法院就马科斯的资产发出没收判决，2004年1月4日，菲律宾从瑞士转回6.24亿美元的相关腐败资产。

在这种程序中，腐败资产已转移至境外，因此，需要追踪并确认腐败资产，即通过向资产所在国获取一些文件资料，确定拟追回资产所在的位置。刑事司法协助条约一般都详细载述要求缔约国应请求国请求追踪和确认犯罪资产的条款，一些国家对追踪犯罪资产还设置了特殊的措施，如《澳大利亚司法协助法》规定，法院可以签发财产令以获得与财产相关的资料，这种命令要求个人或金融机构提供有助于确认或确定外国严重犯罪所得的位置和数量的资料，还允许签发搜查令以获得相关资料。追踪腐败资产一般要求对金融机构相关账户予以监控，如在澳大利亚，政府应外国的请求可以从法院获得监控令，要求金融机构提供一定时间内通过某账户而进行的交易信息。① 秘鲁追回蒙特西诺斯腐败资产案中，一个以蒙特西诺斯名义试图将 the Pacific Industrial 银行迈阿密支行中 4600 万美元资产转化为现金的人进入了调查范围，在调查过程中 FBI 确认了该人为蒙特西诺斯的"前台人"，并据此确认了腐败资产。腐败资产被确认后，请求国须进一步取得本国冻结令、扣押令及没收判决令，然后申请在被请求国执行。

二、刑事没收在腐败资产跨境追回中的运用

（一）刑事没收的主要类型

刑事没收指以刑事定罪为基础的没收，即司法机关作出没收判决或者决定，基于没收针对的行为人已涉嫌刑事犯罪并经一定司法程序被予以认定，主要分为以财产为基础的没收和以价值为基础的没收。②

1. 以财产为基础的没收

以财产为基础的没收，是指没收被认定为犯罪所得或者犯罪手段的财产，其中犯罪手段财产指用于实施犯罪的财产。这种没收侧重于追缴"赃物"，强调没收对象财产的来源。例如，在加拿大，有关财产构成犯罪所得，同时被予以定罪的行为是针对这些所得而实施，负有量刑职责的法官可以下令没收这些财产。即使对财产是否涉及具体犯罪无足够把握，但如果对财产系犯罪所得无合理怀疑，法院也可下令没收些财产。澳大利亚的刑事没收

---

① OECD and ADB. Mutual Legal Assistance, Extradition and Recovery of Proceeds of Corruption in Asia and the Pacific. Anti–Corruption Initiative for Asia and the Pacific, 2007, pp. 57–58.

② 联合国：《联合国反腐败公约实施立法指南》，出售品编号：E.06IV.16，第 397 段。

采取以财产为基础的没收制度,没收的对象主要是犯罪直接所得和用于及拟用于犯罪的工具。

2. 以价值为基础的没收

以价值为基础的没收,是指在犯罪所得已被犯罪人使用、销毁或隐匿的情况下,按财产的价值予以没收。这种没收制度发端于大不列颠及北爱尔兰联合王国,其可对因具体犯罪而被予以定罪的犯罪人的"所得"进行计算,允许确定犯罪所得及犯罪手段的价值并对同等的价值予以没收。该没收侧重于"收益",强调罪犯从犯罪活动中获得的好处。基于这种没收制度,法院可在确定累积所得以后,对被告人的偿付能力进行评估(即被告人资产中可加以变现的金额),根据这些计算,法院可以下达"没收"判决,没收犯罪所得或者可以变现的资产,但以较低数额为准。德国的没收制度是以价值为基础的,没收的对象不仅包括犯罪直接所得,而且包括犯罪所得的转化形态,必要时还需要对犯罪所得的重置价值进行核定。

(二)刑事没收的主要立法

一般情况下,刑事没收以财产为基础,其对象限于被告人用于犯罪的财产或工具,并且必须以对被告人进行刑事定罪为基础,是一种典型的以刑事定罪为基础的没收制度。

在美国,刑事没收直接针对犯罪被告人,是一种对人的没收。刑事没收作为一种程序,在审判之前确保资产能够被没收,因此,需要限制和扣押财产,即联邦法院根据政府申请可以签发一个针对拟没收财产、采取限制令形式的保全令,如涉及不动产或其他可能产生资产流转的案件,则签发采取扣押令形式的保全令。如果联邦法院认为保全令不足以确保拟没收的资产能够被没收,还可以根据政府申请签发一个涉及被告人所有财产的保全令。在审判程序中,政府必须提供充分证据,即适用"排除合理怀疑"的证据标准,证明资产属于被告人,才能对其予以没收。

在澳大利亚，刑事没收制度集中于《犯罪收益追缴法》（2002年），按照该法规定，如法院根据该法签发了一份限制令，并且被告人被确认构成严重犯罪，所有被限制财产都将在判决宣告后6个月内被没收。为确保没收的合理性，法院还可对该6个月进行延长，以保证关于该财产的合法主张能够被听证。《犯罪收益追缴法》还规定，被告人确定构成可招致起诉的犯罪的6个月之内，联邦总检察长可以向法院申请签发一份以刑事定罪为基础的没收判决，没收来源于该犯罪的所得。另外，联邦总检察长还可以在同样时间内申请法院签发一份没收犯罪工具的判决。这种没收一般适用于构成可招致起诉的犯罪但未构成严重犯罪的案件中。《犯罪收益追缴法》对"定罪"的概念作出了比较宽泛的解释，如果犯罪嫌疑人或被告人在立案或者签发拘捕令后潜逃，将被法律推定为"已定罪"。

（三）腐败资产跨境追回中刑事没收涉及的法律问题

在腐败资产跨境追回中，刑事没收涉及的法律问题主要有举证责任、证明标准、没收法的选择及没收的保障措施。

1. 举证责任及证明标准

刑事没收对财产所有权实行永久剥夺，是国家公权力行使的一种表现形式，一般由控诉方承担举证责任。由于是一种刑事惩罚，对其一般应适用"排除合理怀疑"（Beyond Reasonable Doubt）的证明标准，如美国政府若想对特定财产予以刑事没收，法院或者法官必须确认政府是否提供了"排除合理怀疑"标准的证据证明资产和犯罪之间的联系。也有些国家如英国、美国、新加坡等国内法规定当政府所掌握的证据达到中等标准，即比刑事定罪证明标准低但比采取预防措施证明标准高时，举证责任可由被告人承担。甚至于有些国家规定，如果有符合民事证明标准即"或然性平衡标准"的证据证明财产是犯罪所得并且构成刑事定罪的犯罪行为与该财产有关，刑事法官就可以以刑事定罪为基础对该财产实施以财产为基础的没收。在以价值为基础的没收中，一些国家在计算犯罪收益时采取假设的方式，如规定，当被告人被判定构成一项或几项犯罪时，推定在刑事程序启动之前的6年内的所有经其手的财产都为犯罪收益，被告人必须证明自己的资产具有合法来源，如果被告人不能提供资产的合法来源或者资产合法经过其手的证据，即使没有充分的证据证明该资产属于犯罪收益，法院仍将对该资产进行没收。①

实践中，腐败犯罪往往具有较强的隐蔽性，犯罪资产一般情况下会被腐败官员通过"洗钱"手段予以清洗，在表面上很难认定某项资产是否属于犯罪所得。为此，对某些腐败犯罪如"财产非法增加罪"（类似于我国刑法规定的"巨额财产来源不明罪"），以《联合国打击跨国有组织犯罪公约》、《联合国反腐败公约》为代表的国际性多边公约引进举证责任转移的概念，将举证责任转嫁给实施犯罪的人，要求由其证明没收对象来自合法途径，如《联合国反腐败公约》第31条第8款规定："缔约国可以考虑要求由罪犯证明这类所指称的犯罪所得或者其他应当予以没收的财产的合法来源，但是此种要求应当符合其本国法律的基本原则以及司法程序和其他程序的性质。"

2. 没收法的选择

资产请求国必须充分考察本国与被请求国的没收法律。如果被请求国只有刑事没收，请求国通常需要获得一份国内的刑事判决才能追回资产。一些国家只没收资产请求国已经作出没收令予以没收的资产，这必须以资产请求国有自己的没收法为前提。如资产请求国没有自己的没收法，被请求国可以根据本国法律作出没收判决，如以洗钱罪等对其境内的腐败官员进行控诉，并对其

---

① Cf. FATF. Evaluation of laws and systems in FATF Members dealing with asset confiscation and provisional measures.

腐败资产予以没收，在这种情况下，资产请求国通常不需要提供证据证明资产本身系腐败犯罪所得。

3. 没收的保障措施

刑事没收重要前提之一是能够确定没收对象的基本情况，并且要求必须有充分程序来保障没收对象能够被确认并予以固定。但是，通常情况下，腐败官员为资产免予被没收，会选择隐蔽其资产。因此，一些国家立法要求采取措施，辨认、追查、冻结或扣押腐败资产，以便最终顺利进行没收。对此，法院或其他主管当局有权下令金融机构提供或扣押财务或商务记录，且不得以保密为由拒绝。1986年，菲律宾要求瑞士 Credit Suisse 银行将马科斯控制的各种列支敦士登基金名下的资金和财产转移到一家澳大利亚银行，当天晚上，瑞士联邦委员会发出紧急冻结马科斯资产的命令，这个冻结令的效果是，它要求所有的瑞士银行不得转移任何被认为与马科斯账户相关的资金，被认为瑞士政府将提供快速的机制以追回马科斯的非法来源财产。

三、民事没收在腐败资产跨境追回中的运用

民事没收，又称未定罪没收、以非定罪为基础的没收，是对物诉讼的一种，其允许政府在有证据材料证明某财产系犯罪所得或者犯罪工具的基础上，在法院启动针对该财产的诉讼活动。民事没收程序不要求对任何人进行刑事定罪，其实施独立于对人的刑事追诉，即只要证明有关财物构成、起源或者来自犯罪所得收益，就可进行扣押、冻结或者没收，即使犯罪嫌疑人、被告人在逃、失踪或死亡。在这类案件中，被告人不是人，而是物，由政府机关作为原告来证明它是犯罪收益或者用于犯罪的工具等。民事没收可以在申请冻结、保全等措施时启动，也可以在申请没收时启动。一般情况下，在没收之前申请冻结或者保全，申请人必须单方通知所有与该财产具有利益关系的人，并按照民事诉讼的

规则提交证据。当有满足"或然性平衡"证明标准的证据证明该财产来源于犯罪或者非法行为时，法院即可以签发没收该财产的判决。①

（一）民事没收腐败资产的具体模式

1. 美国民事没收

美国民事没收最初适用于追缴毒品犯罪收益，后来扩展适用于洗钱犯罪以及与洗钱有关的其他上游犯罪，如腐败犯罪等。根据《没收法》第981节规定，民事没收可以基于在外国实施并且正由外国司法机关调查、起诉或审判的犯罪而适用，即使美国司法机关对于有关的犯罪并不享有或者并未行使司法管辖权，即使有关的被追诉者或其他关系人在逃、死亡或者被监禁在其他国家。② 美国民事没收程序最大限度地实现了人与物在处理上的分离，使得追缴犯罪资产不受对犯罪人司法管辖和审判的影响，其特别适宜于被追诉者死亡、潜逃和缺席等特殊情况。美国民事没收法的要求只是：有财产在美国，且该财产与犯罪有关联。同时相关追缴活动完全由美国主管机关采取优势证据的证明标准，自主地决定和实施，不要求得到外国司法机关对相关资产作出的扣押或者没收决定。

2. 英国民事追索

民事追索是由英国执法机关启动的、针对特定财物的法律程序，其主要特点如下：（1）本质上是一种对物的诉讼。把特定财物作为诉讼法律关系的当事人一方，物的权利人可以参加诉讼主张对该财物的权利，也可以不参加。财物持有人是否实施了腐

---

① Cf. Evaluation of laws and systems in FATF members dealing with asset confiscation and provisional measures. FATF.

② 魏莲芳：《美国民事没收法评述》，载《四川高等警官专科学院学报》2005年第4期，第105—108页。

败行为，是否应当承担刑事责任或行政责任，以及是否参加诉讼程序，都不影响对物的诉讼结果。（2）与刑事诉讼程序无直接的联系。无论违法所得涉及的腐败罪行是否被提起刑事诉讼，对违法所得的民事追索均可独立进行，民事追索本身也不会产生使被追缴财物持有人承担刑事责任的直接法律后果。（3）民事追索的对象范围较广。可以是腐败行为所得或收益，也可以是准备用于腐败行为的财物。（4）产生于外国腐败行为的财物也可以构成民事追索的对象，但追索程序的提起要求具备双重犯罪的条件。

3. 我国台湾地区单独没收

在我国台湾地区，没收一般属于从刑，原则上应先有主刑的宣告，才能附带宣告没收。但如没收物性质特殊，可不必附随主刑宣告。① 台湾地区"刑法"将没收分为并科没收、专科没收和单独没收。单独没收是不考虑被告人到案与否、有罪与否，由法院直接宣告没收，是一种未定罪的没收。其作为颇有特色的没收方式，突破了没收作为从刑的附属性。台湾地区"刑法"第40条规定："违禁物得单独宣告没收。"其适用于主刑无从宣告的情况。如腐败犯罪嫌疑人、被告人作案后逃逸、长时间内未能归案，但犯罪现场遗留下作案工具等违禁品。同时，因腐败犯罪罪证不足促使检察官作出不起诉决定，或法院作出无罪裁判，但存在违禁物，为保障社会安全，也可单独对违禁物宣告没收。2002年，台湾地区对其"刑事诉讼法"进行修订，扩大了单独没收的范围，对以前属于"专科没收"的对象即供犯罪所用、供犯罪预备或因犯罪所得之物，以属于被告者为限，可单独申请法院宣告没收。

4. 澳大利亚以限制令为基础的没收

澳大利亚规定了以限制令为基础的没收，此种程序是自法庭

---

① 林山田：《刑法通论》（下），台湾菩菱印刷有限公司1998年版，第715页。

针对有关财产签发限制令起经过6个月后实行的，具有较强的独立性。在这种程序中，法庭签发的没收令可以不以对有关人员予以刑事定罪为前提条件，甚至可以在尚未启动刑事诉讼程序的情况下独立地签发没收令，只要对有关的财产已经发布了限制令。根据该法第18条规定，如果检察官办公室主任"有合理根据怀疑"有关人员实施了腐败犯罪，即可针对有关的财产向主管法庭提出签发限制令的申请。一旦法庭签发了限制令，经过6个月后，如果没有证据证明应当撤销对有关财产的限制措施，法庭则应当对被限制的财产签发没收令。在符合上述条件的情况下，即便有关人员在刑事审判中被宣告无罪或者对该人的定罪被随后撤销，也不影响没收令的执行。吉林省通化金马药业公司原董事长阎永明非法转移到澳大利亚的犯罪所得，就是根据上述规定被澳大利亚方面扣押和没收的。

5. 新加坡对潜逃者、死亡者的没收

《没收贪污所得法》在第四章规定了"对潜逃者的适用",[①]以规范犯罪嫌疑人携款潜逃导致涉案财产无法处理的情况。该法第21条对潜逃者的法律地位进行界定，认为"如果某人因贪污犯罪嫌疑而潜逃，该人则应被认为犯有贪污罪"，适用被告的条件和证明。该法第22条规定，"根据第21条，在该人被认为犯有贪污罪的情况下，法院不得基于该犯罪而发布没收令，但法院认为有下列情形的除外：(1) 有充分证据证明该人已经潜逃；(2) 有充分证据认定该人犯有贪污罪"。

（二）腐败资产跨境追回中民事没收涉及的法律问题

在通过国际司法协助追回腐败资产的过程中，被请求国往往要求请求国提供生效的司法判决，但由于犯罪嫌疑人潜逃、死亡

---

① 最高人民检察院：《国际预防腐败犯罪法律文件选编》，法律出版社2002年版，第93页。

或缺席，请求国一般无法对之进行审判并作出有效的司法判决，所以会陷入两难境地。如菲律宾追回前总统马科斯腐败资产过程中，菲律宾政府向瑞士提出要求返还马科斯在瑞士银行的犯罪资产时，瑞士最高法院提出这些资产应当予以返还，但是应当符合以下三个条件：一是菲律宾政府必须在一年之内提起刑事诉讼或者启动没收程序；二是菲律宾具有刑事管辖权的法院必须宣布一项终审判决，该终审判决应当肯定这笔资产是窃取的或是通过非法手段取得的，且应当返还给资产的正当所有人，即菲律宾政府；三是任何刑事指控或没收程序都应当符合《欧洲人权公约》和瑞士宪法对正当程序及被追诉人权利保护的要求。在犯罪嫌疑人潜逃、死亡或缺席情形下要追回腐败资产，必须有没收资产的生效判决，且这种生效判决经过审判程序，但实际上无法进行缺席审判。民事没收制度可有效解决这个问题。《联合国反腐败公约》使用"考虑采取必要措施"这一措词，没收制度尚未取得普遍一致的赞同意见，目前主要有美国、俄罗斯等国家采用。但是，《联合国反腐败公约》签署后，民事没收制度已经引起了多数国家的注意，并且有些国际性组织公开号召成员国采用这项制度。如2004年3月召开的第五届非洲地区防止犯罪与刑事司法大会预备会上通过一份报告，向非洲国家推荐考虑建立民事没收制度。① 腐败资产跨境追回中民事没收主要涉及以下法律问题。

1. 实施程序

在美国，如果政府行政主管机关（包括司法部、财政部、国土安全部等）有合理根据认为某一财产属于腐败犯罪所得收益，可以对该财产采取扣押、冻结等保全性措施，之后，行政主管机关应当在法定期限内向利益关系人发出通知，要求他们在一定期限内提出有关的权利主张并且加以证明。在一定期限内，如

---

① 联合国：A/CONF.203/RPM/3. Geneva：2004，p.11。

果没有任何人对被扣押或者冻结的财产提出权利主张或者对民事没收提出异议,行政主管机关可以采用"简易程序",立即作出民事没收决定。如果有人提出权利主张或者异议,行政主管机关则作为原告将案件提交联邦法院进行审理,并由联邦法院通过司法裁决作出民事没收的决定。行政主管机关也可以主动提请联邦法院就民事没收问题进行审理和裁决。在澳大利亚,如果检察官办公室主任有合理根据怀疑某一财产属于特定的严重犯罪或外国可公诉之罪的收益,即可向主管法官提出限制令申请,要求扣押或者冻结该财产以便进行没收。检察官在提出限制令申请时应当向财产相关利益人发出通知,使相关利益人有机会向主管法官提出异议或者权利主张,在主管法官签发没收令之前,有关人员可以请求法官签发排除令,要求将财产排除在没收的范围之外。

2. 举证责任与证明标准

在美国,行政主管机关采取民事没收,应当证明被扣押有关财产与腐败犯罪之间存在实质性联系,如果任何人认为对该财产享有权利,同样负有举证的责任,其除证明合法物权关系外,还应当证明存在以下情形之一:不知晓导致没收财产的非法行为,或者在知晓该非法行为后已经采取了特定情形下可合理期待的一切措施以终止对该财产的利用;是有关财产的善意买受人或善意出卖人,并且不知晓也没有根据合理地认为该财产属于可予以没收的对象。在澳大利亚,提出异议或权利主张的人负有举证的义务,证明其没有以任何方式实施与没收令或者没收申请所涉腐败犯罪有关的任何行为,而且所涉财产既不是犯罪收益也不是犯罪工具。如果排除令申请者认为自己是取得有关财产的善意第三人,其应当向主管法官证明是在付出足够的对价后取得该财产且在当时情境下不知晓该财产是犯罪收益或者犯罪工具,也不可能产生类似的合理怀疑。

民事没收并不要求提供确实和充分的证据,只要求"根据优势证据"标准证明有关财产应被没收,即通过比较关于各种可能性的证据来确定哪种证据可能性程度更高。如果没有任何人对被扣押财产提出权利主张以及相应的证据材料,行政主管机关在申请扣押时所提供的怀疑根据即构成占优势地位的证据。如根据澳大利亚《犯罪收益追缴法》第 49 条,一旦法庭根据检察官"合理怀疑根据"签发了限制令,经过 6 个月后,如果没有证据表明应当撤销对有关财产的限制性措施,法庭则根据优势证据的标准认定上述怀疑根据成立,即可对被采取限制性措施的财产签发没收令。英国《犯罪收益追缴法》第 241 条规定,法院或州郡治安官在判断违法行为事实是否发生或者某人是否意图将财产或资金用于违法行为时,必须依据"对可能性的权衡"作出相应的决定,所谓"对可能性的权衡"实际上是优势证明标准的一种表述。同时,英国《犯罪收益追缴法》还就诉讼中的证据问题予以规定,强调民事没收是建立在非刑事程序之上的一种程序,传闻证据被允许采用,但是寻求使用传闻证据的当事方必须履行通知对方的义务。一些国家还允许在民事没收程序中适用"不采纳逃犯证言理论",即受到刑事指控的犯罪嫌疑人或被告人如在逃,其有关证言无效。

3. 被民事没收腐败资产的处置

采取民事没收后,主管机关不应当简单地将被没收的腐败资产收归国库所有,而应当在处置被没收腐败资产时优先考虑将其返还给财产受害人。在民事没收程序中,对资产的诉求可能不止一个。特别是新政府接替政权后,因为整个国家都受到腐败的损害,为此,腐败资产应归还国家的代理人即新政府,个人受害者也将讨论并寻求直接补偿,腐败体制产生的债权人也希望从特定资产中获得补偿,因而可能会竞相提出权利主张,产生权利竞合问题。在此情形下,腐败犯罪财产受害人等合法权利享有人一般不要在此程序中向没收申请人发难,而应采取站在原告一边,与原告一起争取获得关于财产非法所得性质的认定,以助于民事没收的实现。在实现民事没收后,原告即对被没收财产享有合法处置权,其一般会考虑向合法权利享有人实行返还,尤其会特别照顾在民事没收程序中为没收申请提供各种支持与帮助的合法权利享有人。

第三节 腐败资产追回机制运行的效果

从20世纪60年代起,腐败资产流出国就开始积极探索各种途径追回被腐败官员转移境外的资产,如加纳政府向瑞士政府提出申请,要求追回其第一任总统恩克鲁玛非法窃取并转移至瑞士的腐败资产,伊朗政府也向瑞士政府提出申请,请求归还萨赫非法转移至瑞士的部分资产,但由于当时瑞士政府秉承"客户利益至上"理念等原因,腐败资产追回未取得任何效果。近年来,世界各国(地区)依托腐败资产直接与间接追回机制,通过民事诉讼、刑事没收及民事没收等手段,开展腐败资产追回活动,取得了一定的效果。

一、民事诉讼追回腐败资产的运行成效

当前,世界范围内倾向于采取带有民事性质的诉讼手段即民事诉讼解决包括腐败资产追回的刑事犯罪追诉与处罚问题。特别是在腐败资产追回中,民事诉讼具有特别的优势,其中,腐败犯罪被害人或其国家以原告的名义在境外直接提起民事确权诉讼或民事赔偿诉讼,要求确认腐败资产的产权归属或者要求腐败犯罪人赔偿原告因腐败犯罪所造成的经济损失。腐败资产追回中,应当调动腐败犯罪具体被害人以及国家政府在境外提起民事诉讼的积极性和主动性。

菲律宾追回前总统马科斯转移至瑞士的腐败资产及尼日利亚追回阿巴查家族转移至英国等国家的腐败资产过程中,曾采取民

事诉讼的手段。1987年7月1日，瑞士联邦高等法院签发了有利于菲律宾政府的命令，并表示愿意提供法律协助给菲司法机构如菲律宾善政问题总统委员会，1990年9月21日，高等法院签署命令允许瑞士当局把马科斯的银行账户资料移交给菲律宾政府，但附加了三个条件。善政问题总统委员会对附加条件表示强烈不满，提出一项民事诉讼，试图追回马科斯夫妇为掩藏他们在瑞士银行的秘密存款而成立的基金会名下的资产。1995年8月21日，瑞士方面作出先期返还的命令，要求立即将马科斯夫妇拥有受益所有权的部分资产先期转移至菲律宾国家银行中的契约账户中，马科斯家族、基金会及瑞士银行提出上诉。1998年，苏黎世最高法院支持上诉请求，撤销先期返还的命令。经过菲律宾政府的努力，苏黎世最高法院最终认可菲律宾政府的立场。在阿交库塔钢厂诉讼案中，2001年，瑞士商人奈西姆·高在英国伦敦商事法院起诉阿巴查家族和尼日利亚政府，尼日利亚政府转而起诉阿巴查家族，请求追回购买债权所支付的现金。经过6个月的审理，英国伦敦法院判决尼日利亚政府获得阿巴查家族10亿美元的补偿。对于阿巴查家族转移到英国的腐败资产，2001年5月，尼日利亚政府决定在伦敦提起民事诉讼作为刑事司法协助请求的补充，该诉讼涉及100余名被告。在英国的民事诉讼中，有5000万美元的资金被冻结，但自从2002年以后，民事诉讼进程逐渐缓慢，腐败资产追回所取得的成效不大。

在我国，北京城乡建设集团原副总经理李化学贪污赃款追回以及中国银行开平支行特大贪腐案资产追回是被害人在境外直接提起民事诉讼追回腐败资产的成功范例。李化学利用分管集团海外项目投资权的机会，1995年7月，将城乡建设集团的2700万元汇到其在澳大利亚开办的金色领地公司，2000年年初在获知北京市纪委对其进行审查时，潜逃至澳大利亚。北京市纪委、检察院和北京城乡建设集团组成联合调查小组，赴澳大利亚开展调查。调查组雇佣了澳大利亚律师协助调查，律师在调查中证实，城乡建设集团的 2700 万元汇往澳大利亚后，李化学以"空壳"公司的名义，用其中部分资金在悉尼购买了地皮和房产，然后又用这些地皮和房产作抵押，在澳大利亚的银行申请贷款继续开发地产，在澳大利亚的伊里邦，用城乡建设集团的资金、担保贷款和建筑材料建设起来 12 套高档别墅，有 5 套产权已经过户到李化学名下，一套正在清算，其余 6 套在其二哥李化民手里。李化学手里已经有准备好他签名的产权证明书，随时可以出售。调查小组以被害人城乡建设集团的名义，在澳大利亚悉尼聘请当地律师起诉李化民的公司，要求收回李化民在澳大利亚投资的别墅等资产。澳大利亚法院随即冻结了李化学的公司资产。李化学聘请的律师指出，李化学和情妇高某共同购买的房产不属于北京城乡建设集团所有，因为购买房产的钱是高某个人支付的。调查小组聘请的律师经过取证，获取大量的证据材料证明房产属于被害人城乡建设集团所有。经过民事确权诉讼，澳大利亚法院判决城乡建设集团胜诉，李化学 5 套价值 887 万多澳元的高档住宅等被追回，但李化学一直没敢露面。2000 年 8 月，我国警方在国际刑警组织的协助下，终于在悉尼将李化学抓捕归案并引渡回国。为追回被犯罪嫌疑人余振东等非法转移到境外的巨额资金，中国银行在 2001 年 10 月 12 日案发后，就立即分别在中国香港、美国加利福尼亚、加拿大不列颠哥伦比亚省、瑞士等地提起民事诉讼，并且首先针对被发现的涉案腐败资产向当地司法机关申请民事禁制令或者冻结令，冻结犯罪嫌疑人及其亲属在香港地区的资产约 14 亿港元，在美国和加拿大的资产 1.08 亿港元，随后通过民事诉讼取得关于这些资产归属于中国银行的司法认定，从而获得关于向中国银行返还上述资产的司法裁决，并实际收回上述大部分资产。

二、刑事没收追回腐败资产的运行成效

菲律宾追回前总统马科斯转移至瑞士的腐败资产过程中，运用过刑事没收的手段。在善政问题总统委员会在菲律宾法院提出一项民事诉讼后，瑞士方面作出先期返还的命令。2003年7月15日，菲律宾高等法院就马科斯资产发出刑事没收判决，将Credit Suisse和Swiss Banking Corporation银行向菲律宾国家银行转移的、存放于5家单位控制的契约账户中价值5.67亿美元的现金和证券予以没收。2004年1月4日，菲律宾善政问题总统委员会向财政部移交6.24亿美元的腐败资产。

根据现有资料，我国通过刑事没收国际合作成功追回腐败资产的案例较少，目前主要有吉林通化金马药业股份有限公司原董事长阎永明与中国银行开平支行原行长余振东等人腐败资产的境外追回。2000年12月，阎永明利用职务便利侵吞1000万元人民币并携款潜逃至澳大利亚。2005年8月22日，我国警方通过国际刑警组织发布了对阎永明的红色通缉令，与澳大利亚联邦警察就此案开展合作。2006年11月15日，澳大利亚法院依法没收了阎永明的部分赃款。2007年4月10日，澳大利亚司法与海关部长决定将被没收的赃款337.4万澳元全部返还给我国。①2001年10月，广东省检察机关对余振东等人贪污挪用案依法立案侦查。案发后，余振东等主要犯罪嫌疑人从内地外逃，并且将大量犯罪所得从香港地区向美国和加拿大转移，其中一笔金额为355万美元的资金被余振东于10月15日从香港转移到其弟余振锋在美国旧金山开立的银行账户。我国司法机关发现有关犯罪线索后即于11月5日根据《中美刑事司法协助协定》相关规定，

---

① 《澳大利亚向中国移交外逃嫌犯赃款2159万元》，载《法制日报》2007年6月8日。

向美国提出刑事司法协助的请求，要求对上述资金实行扣押、没收和返还。12月，美方冻结、扣押了余振东转往美国的部分赃款。余振东作出有罪申诉，同时同意将其从中国银行贪污的钱款没收，美国根据辩诉交易中的有罪答辩，由美国在刑事诉讼程序中没收。

三、民事没收追回腐败资产的运行成效

运用民事没收追回腐败资产的案例主要有以下三个。

（一）蒙特西诺斯案资产追回

2000年9月，当蒙特西诺斯从秘鲁逃跑时，纽约Citi银行就提交了两份关于蒙特西诺斯助手沃尼诺的可疑交易报告，沃尼诺要求从银行中提取1000万美元并关闭账户。美国司法部分别在迈阿密和加利福尼亚签发了一份民事没收判决，以没收上述资产。在了解这些资产可能来源于犯罪活动时，美国司法部采取了两种不同的民事没收行动：一是单独对物进行了没收；二是在逮捕了沃尼诺之后又对相关资产进行了没收。根据2004年1月美国与秘鲁签署的具体协议，秘鲁同意将所有追回的资产投入到反腐败工作中，作为对价，美国将没收的全部资产归还给秘鲁。

（二）SIR化学公司案资产追回

2007年7月，美国司法部向迈阿密州联邦法院提出申请，要求对产生于意大利腐败犯罪并且被转移至美国的约1.1亿美元资产实施民事没收。根据美国与意大利主管机关的调查，在十几年前意大利SIR化学公司起诉IMI银行的民事诉讼中，SIR公司老板Rovelli曾经向法院主审法官行贿，致使其公司在民事诉讼中获胜，从而获得IMI银行近4亿美元的民事赔偿。后来，Rovelli去世，这笔巨额赔偿金被其继承人获取。1998年至2007年，Rovelli的继承人聘请金融顾问，采用洗钱等手段，陆续将上述资金转移至美国。后来行贿丑闻暴露，意大利司法机关开始追查犯罪资产的下落，请求美国主管机关提供协助并冻结和没收被转

移至美国的犯罪资产。2007年4月，美国司法部"资产没收与反洗钱处"协助4个州的联邦检察官，将该案中被非法转移至美国境内19家银行和投资机构账户中的约1.1亿美元冻结并予以民事没收。

（三）陈水扁贪腐案资产追回

2010年7月，美国政府对陈水扁家族在美国购买的房产提出民事没收诉讼。美国司法部提供的侦结书表明，2008年陈水扁卸任后不久，其子陈致中以受益人黄睿靓（系陈致中妻子）的名义登记成立"西二十八街公司"，并以"西二十八街公司"的名义，支付160万美元在纽约州曼哈顿购买一套豪华公寓，支付55万美元在弗吉尼亚州购买一套独栋住宅。美国联邦检察机关指出，这些用于购房的资金经反向追寻，都指向台湾元大马家给陈水扁妻子吴淑珍的贿赂款。这些贿赂款汇入美国账户的过程涉及运用"空壳"公司洗钱，"西二十八街公司"登记在英属维尔京群岛的Avallo公司名下，而后者又是由另一个英属维尔京群岛的信托公司持有。目前该案的资产追回正在进行中。

尽管无法确切地弄清非法转移的资金或者资产的整个规模，但毫无疑问，腐败以及非法所得收益的洗钱对世界各地的经济和政治产生了不利的影响。"确保非法行为无收益"是法治的基本要求，遏制腐败及非法转移腐败资产的一个重要步骤，是确保这类犯罪"划不来"。但是现实情况却不容乐观，据有关机构统计，截至目前正在进行和已经进行的具有全球性影响的大规模腐败资产追回案件约有70件，但是真正称得上成功的案件不到十分之一。① 尽管《联合国反腐败公约》已经于2005年12月4日生效，但截至目前，缔约国利用公约规定的制度进行资产追回的成功案例并不多。

---

① Antoine Dulin. Main conclusion of CCFD's working paper on stolen assets, translated by Carol Brience.

第三章 我国腐败资产跨境追回面临的障碍

腐败资产跨境追回作为腐败资产跨境转移的应对性措施，是一种新生事物，历史较短。在世界范围内，各个国家虽有一些腐败资产跨境追回的成功做法，但相对腐败资产跨境转移情况及金额，真正追回的比例较低。就我国而言，腐败资产跨境转移情况日趋严重，而成功追回的案例则屈指可数。笔者认为，产生这种情况的主要原因是腐败资产追回存在利益对立性等一般性障碍，而且，腐败资产直接追回机制与间接追回机制在运行中也存在具体性障碍，最为重要的是，在腐败资产追回配套立法方面我国现有立法存在诸多不完善之处。

第一节 腐败资产跨境追回的一般性障碍

2001年7月24日，联合国经社理事会第2001/13号决议提请联合国秘书长为联合国反腐败公约谈判工作特设委员会编拟了一份有关非法来源资金尤其是腐败行为所得资金问题的全球研究报告（A/AC.261/12），该报告列举了影响追回工作的程序、取证和政治方面的障碍，包括匿名交易有碍于追踪资产和防止进一步转移，缺乏技术专业人才和资源等。虽然妨碍腐败资产跨境追回问题因各国具体情况不同而产生差异，但是，根据《联合国反腐败公约》的描述，结合一些国家和地区追回腐败资产的实践，成功追回腐败资产主要存在以下一般性的障碍。

一、利益的对立性

请求国与被请求国即腐败资产来源国与腐败资产所在国的利益在一定程度上是对立的。对请求国来说，腐败资产跨境转移意味着国民财富的损失，严重时甚至会影响一国的经济发展，对被请求国来说，则有可能意味着外来投资和消费的增加。在某些情形下，资产跨境追回可能影响被请求国引进外资的稳定、金融机构的信誉或者其他经济利益。因此，被请求国可能不情愿满足请求国提出的追缴和返还请求。同时，被请求国一般不愿意采取各种行动反对强大的利益集团，特别是银行持有这笔资产并且在早先就已介入协助转移的行为时，这种情况尤其明显。

被请求国（通常是发达国家）往往从本国的政治利益出发，对于资产请求国的资产追回行动施加人为阻碍。如在东南亚金融危机中，涉嫌腐败犯罪的银行家和金融机构从印度尼西亚中央银行非法盗取了135亿美元，而这些资金原本是印度尼西亚48家陷入困境的银行用于资本重组的基本金。印度尼西亚政府指出，接收这些资金的银行多数是由苏哈托亲戚和同伙拥有，并被用来进行金融投机，借贷给关系密切的商业组织，偿还次级贷款和安全交易。实施上述盗窃行为的腐败官员多数逃往新加坡，并将新加坡作为避难场所，印度尼西亚驻新加坡大使后来证实有200名对印度尼西亚政府负有债务甚至面临监禁的印度尼西亚人躲避在新加坡。新加坡前总理李光耀宣称，新加坡控制的各类外来资金约为7200亿美元，来自印度尼西亚的仅占2%~3%，但印度尼西亚委托的咨询公司Merrill Lynch和Capagemini评估认为，印度尼西亚的资金应该占12%，即870亿美元，二者提供的数额差别较大。为追逃外逃腐败人员及追回上述资金，印度尼西亚与新加坡进行了长达15年的谈判，最终也未获得成功。新加坡方面对此进行政治干预，因为一旦这些资产被抽走，将对新加坡的经济产生严重的影响。①

更有甚者，为扶持维护自己利益的地方势力，发达国家政府和公司与发展中国家的腐败官员相互勾结。如为确保地理和经济利益，美国、英国、法国等国家还曾支持过亚洲、非洲和拉丁美洲的独裁者和腐败者，如苏哈托、马科斯、皮诺切特、阿巴查等。1982年，国际货币基金组织地方代表曾提交一份报告，指出一些国家在使用国际货币基金组织资金中存在严重的腐败和转移资金行为，但西方国家对此报告不予理睬，仍从自己的利益出发，积极对这些国家的腐败官员予以财政支持。1997年至1998年，法国和其所属 ELF 公司由于垂涎刚果的石油资源，向其认为最容易被控制的执政者丹尼斯·萨索·孥盖叟提供资助，以使其重执政权。有些腐败资产追回的不顺畅甚至是发达国家故意不作为所致。如尼日利亚追回阿巴查腐败资产案中，法国拒绝帮助的理由是尼日利亚的请求不是用法语书写，英国则要求尼日利亚必须提交证据以证明资产确实存在于英国境内，否则将拒绝合作，瑞士根据国内法有关规定拒绝确定匿名账户的真实情况，这些情况极大地延长了请求国的请求过程。

二、高级官员的司法豁免权

当腐败官员属于高级官员如高层次政府官员或国家元首时，在腐败资产追回过程中这些高级官员往往声称其应享受各种特权或者豁免权并拒绝接受民事或者刑事指控。《联合国反腐败公约》第30条第2款规定："各缔约国均应当根据本国法律制度和宪法原则采取必要措施以建立或者保持这样一种适当的平衡：

---

① Yunus Hussein. Chairrman Financial transaction Report. Jakarta: Analysis center.

既照顾到为公职人员履行其职能所给予的豁免或者司法特权,又照顾到在必要时对根据本公约确立的犯罪进行有效侦查、起诉和审判的可能性。"但是,实践中许多国家为政府首脑、高级官员以及议会成员提供过多的豁免权,甚至有些国家赋予前政府首脑离任后不受追诉的特权,如哥伦比亚宪法规定:"共和国总统按照宪法第81条规定所实施的任何行为在其停止行使权力后不受任何质问、搜查、追捕和审判。"除了国内法外,国际法也为国家元首提供了豁免特权,如按照国际习惯法,国家元首及其家属享受刑事司法绝对豁免权,这意味着国家元首在其他国家不受调查和刑事控诉。

在菲律宾追回马科斯腐败资产案中,美国指出马科斯及其妻子伊梅尔达利用公共职位的便利盗窃包括美国政府提供援助的国家公共资金并通过购买艺术品、投资美国纽约房地产进行洗钱,违反菲律宾《腐败组织敲诈法》,并对其进行刑事指控,同时要求瑞士政府提供马科斯在瑞士有关银行账户中资产的资料。马科斯夫妇则辩称其享有刑事管辖的豁免权,瑞士高等法院同意了马科斯夫妇的请求,指出,"国家元首行使公职权力的行为无论其在世界上的任何地方都享受绝对豁免,相较于民事管辖豁免,国家元首的刑事管辖豁免是绝对、排他的,且将毫无保留地适用于私人行为"。

高级官员的司法豁免权涉及国家元首民事案件上的豁免特权。目前,关于民事程序中国家元首管辖豁免权有两种观点:一是在民事程序中,国家元首的职务行为和私人行为都享有管辖权豁免;二是国家元首的管辖豁免权仅限于职务行为。笔者认为,国家元首豁免权应该与国家行为豁免原则相一致,规定国家元首的司法豁免权是为了保护国家元首所管理国家的利益而非保护私人的利益,国家元首纯粹的私人或商业行为不享有民事司法管辖豁免权。但各个国家在司法实践中做法不一,有时构成民事诉讼程序的障碍，如在一些国家元首仍在位或者只有请求国是受害人的案件中，诉讼程序也将受到影响。

三、时间和金钱的大量耗费

腐败资产追回的启动需要耗费大量的时间和金钱。追查被转移境外的腐败资产，特别是在涉及大规模贪污腐败所产生的资产时，一般需要进行长期、复杂、昂贵的调查、追踪、冻结、没收或者其他程序。在有据可查的追回腐败资产的成功案例中，有人统计，尼日利亚和秘鲁平均耗费5年的时间追回部分腐败犯罪资产，而菲律宾则耗费近20年的时间才追回部分属于其国家所有的腐败犯罪资产。1986年，菲律宾向瑞士政府发出司法协助请求，请求追回前总统马科斯存储于瑞士银行的资产，1998年将这些资产移送至菲律宾国家银行中的一个账户，2004年瑞士当局才将6亿多美元的相关财产移交给菲律宾财政部门。在20世纪80年代和90年代储蓄贷款社危机犯罪活动所涉60亿美元犯罪资产的追回中，美国共耗费了15年时间。因此，有些国家为避免资产追回劳而无功，往往选择不启动资产追回程序。

资产追回通常需要支付大量的金钱。资产来源国必须非常谨慎小心地对各种情况加以考虑，因为取得的证据一般必须达到较高标准，才能确保成功地实施调查、冻结、没收甚至提起民事或者刑事诉讼，这需要律师、会计师、翻译等专业性人才，资产来源国往往缺乏此种专业性人才，如在国际市场上聘用，需要支付大量的金钱费用。在菲律宾追回马科斯腐败资产和尼日利亚追回阿巴查腐败资产案件中，法律等专业人才在跟踪和追回境外资产方面起到一定作用，但是，这类机构收费昂贵，通常每小时达数百美元。为追回储蓄贷款社危机犯罪活动所涉犯罪资产60亿美元，美国总共耗费15亿美元。现实中，对逃亡海外的腐败官员追逃成本高昂，2006年"两会"期间，公安部公布的追逃成本显示，在国内普遍的追逃费在万元左右，最高可以达到百万元，国内追逃成本尚高如此，何况海外追逃涉及双方谈判、公务往返、调查取证等众多程序。①

四、资产追回经验的缺乏

一方面，腐败官员一般拥有大量资源，而且还能运用金钱手段，支付高昂的费用，雇佣专业人士为其"清洗"腐败资产提供服务。前菲律宾总统马科斯甚至是一名金融交易的操纵专家，能通过瑞士和其他离岸地区的银行等广泛而复杂的金融工具对所窃资产进行清洗。马科斯一般不使用自己的姓名从事非法交易，通常以朋友、同伙、基金会和公司律师的名义进行交易。另一方面，资产请求国的相关人员可能缺乏金融和法律尤其是涉外金融和法律的必要培训，导致资产追回行动屡屡受阻。资产追回需要应对大规模诉讼的考验，而由于资产追回是一个较为新颖的事物，资产追回请求国的执法人员往往缺乏这方面的经验，而且可供借鉴的经验较少，因此无法完成在资产追回国际合作过程中必需的司法协助请求书的撰写、递交等任务，无法详细了解被请求国国内刑事、民事实体和程序法律规定，无法合理选择合作机构和管辖法院。因此，追回腐败资产的行动常常因请求国缺乏资源和专业知识而受到影响。

五、腐败资产洗钱技术的复杂性

迅速发展的网络、信息技术以及封闭、不透明的全球金融系统使腐败官员能够迅速地以各种复杂手段转移和隐匿犯罪所得资产并最大限度地避免被追踪。大量先进的洗钱技术被开发出来，

---

① 李光敏：《内地省级协作防贪官外逃》，载《凤凰周刊》2011年第30期，第42页。

贪污受贿所得到的巨额收益使腐败官员有足够的经济实力雇佣洗钱高手帮他们隐匿资产。腐败犯罪官员往往通过虚假的贸易和金融交易或者通过地下钱庄甚至赌场等手段秘密转移资金，搞断或者搞乱资金转移的链条，同时还通过在境外的经营或买卖活动改变资产的形态并赋予其合法形式，大大增加甄别和证明资产非法来源的难度。

腐败官员通过洗钱转移资产到境外，以防止被发现和跟踪，造成对这些资产的跟踪和扣押更加困难。盗窃并享用公共财产一般涉及两个关键步骤，即盗窃资产，然后在国内外进行洗钱从而使这些资产看起来合法。洗钱活动涉及放置、培育和融合三个阶段，而其中培育阶段，是指利用金融交易工具把犯罪所得与其原犯罪活动相分离从而隐藏真实所有者姓名的过程；融合阶段，是指把经过清洗的资金重新投入合法的经济活动中以使其具有合法外衣的过程。培育和融合阶段的目的在于隐藏腐败实施主体、腐败资产的来源及运行轨迹，从而切断腐败主体及腐败资产的联系，避免腐败资产被发现。因此，资产追回是一个复杂的过程，并随着金融中介机构发明新规定而变得越来越复杂。一旦被窃资产离开受害国，它们就会被巧妙地分割，藏在众多的金融工具之中，难以发现和获取。

当前，国际金融系统存在税收和法律天堂、代理账户以及私人银行，导致金融体系的透明度低。① 税收和法律天堂以较低的税率和复杂的法律程序，允许保密银行和信托、基金、特殊用途机构等众多的法律实体隐瞒资产的真实所有人，许可任何资金迅速转移至资产来源国司法权力无法或难以企及的法域，并鼓励对所盗窃的资产进行洗钱并投入到合法的经济活动之中。有些金融机构向外国银行提供代理账户，该账户是国际金融透明度的一个

---

① 金融行动特别工作组：《年度报告》，2003年。

缺口,其通过提供匿名交易等,使腐败官员可以通过复杂的洗钱活动在世界各地自由地转移资金。私人银行业务是有些金融机构向交易净值很高的个人提供的一种优惠服务,对腐败资产的洗钱有特殊的意义,其可能会因为腐败官员系大客户而不对这些账户进行彻底的审慎调查,甚至可能会协助腐败官员将存放的资金用于投资。[①] 上述因素一定程度上导致腐败资产追回难度的加大。

第二节 腐败资产跨境追回机制运行的具体性障碍

一、腐败资产直接追回机制运行的障碍

对我国而言,腐败资产直接追回机制主要通过在境外提起民事诉讼,包括民事确权诉讼和民事侵权诉讼等手段,这些手段涉及我国与被请求国两个国家的法律,而这些国家间可能存在法律上的差异,从而给我国追回腐败资产的努力造成障碍。我国腐败资产直接追回机制在运行中面临的具体性障碍主要体现在以下几个方面。

(一)诉讼主体资格难以确认

在采用民事诉讼追回腐败资产的案件中,采用调查、追踪和冻结等补救方法时,请求方可能是我国政府,也可能是我国自然人或者法人。当我国政府向被请求国法院提起追回腐败资产的诉请时,必然遇到的难题是,如何确定我国政府在被请求国法院的法律地位即诉讼主体资格。

---

① 联合国反腐败公约谈判工作特设委员会第四届会议文件:《转移非法来源资金,尤其是腐败行为所得资金问题全球研究报告》(A/AC. 261/12)。

作为提起民事诉讼的一方，在诉讼中请求国居于原告地位，享有原告的诉讼权利并承担相应的诉讼义务。如在民事诉讼中，诉讼费用通常由败诉一方承担，或者被告方提起反诉，作为原告的请求国败诉，但是这种判决往往无法对一个主权国家强制执行。我国严格遵循主权平等原则，主张国家及其财产享有豁免权，除非我国同意，国家不受外国法院管辖，也不得接受强制执行措施。在司法上，国家及其财产未经其同意，外国法院不得对我国进行管辖，或对我国财产采取扣押、强制执行等其他强制措施。即使我国同意在外国法院作为被告或者主动作为原告参加民事诉讼，未经我国同意，仍不得根据法院决定对我国采取强制执行措施。这必然导致我国在运行直接追回机制追回腐败资产过程中，作为一方当事人虽在外国法院提起民事诉讼，但诉讼主体资格很难被外国法院所确认。

(二) 管辖法院难以选择

民事诉讼追回资产通常要求证明腐败资产与拟进行民事诉讼的国家的法院有一定的联系，即资产位于该国法院管辖范围内或曾经经过该国法院管辖区域。但是，目前尚没有关于民事诉讼管辖权的统一国际标准。并且，当有关资产被指称来源于外国的腐败犯罪时，法院囿于惰性或回避责任，更多审查和判断现有证据，不愿积极地查明超越便利条件范围外的诉讼问题，甚至援引"不方便法院"原则拒绝行使管辖权。因此，在民事诉讼中，最适宜的管辖法院难以选择，原告不仅应当考虑起诉地法院采取财产措施及执行司法裁决的便利性，还需要考虑诉讼地当事人与有关诉求之间的关联度。

(三) 举证困难

民事诉讼一般适用"谁主张，谁举证"原则。腐败犯罪人往往利用职权转移、转换犯罪所得，造成与腐败资产及其资产所有权相关资料的缺失。在举证方面，请求国不仅要证明腐败犯罪人通过犯罪获取了相当数额的资产，而且还应当证明在犯罪所得资产与位于被请求国的资产间存在连续和不间断的转移链条，这一链条在任何环节上的中断或衔接不严密，都可能导致民事诉讼追回腐败资产活动的失败。腐败犯罪人也不甘心将获取的腐败资产退还，会运用各种法律手段对资产提出自己的权利主张并出示相关证据。

民事诉讼中，证人作证至关重要，因为证人证言通常能直接证明犯罪构成要件。证人一般应当直接在有管辖权法院出庭，接受法官询问及其他当事人质证。在境外出庭作证的证人，在法律常识、心理素质及表达能力等方面，需符合一定的条件。证人跨国跨境作证，需要办理烦琐的手续，耗费的时间与金钱也较多。同时，一些证人特别是传统意义上的污点证人还担心出境作证会给自己带来麻烦或者牵涉相关的法律责任，导致其作证积极性不高。

（四）诉讼成本高

在境外提起民事诉讼，需要聘请熟悉境外法律的律师或法律顾问，而这需要支付一定的诉讼费用。如果申请诉前财产保全措施，法院还会要求申请人支付一定数额的保证金，用于在败诉情况下向遭受诉前财产保全措施损害的当事人支付赔偿。有些国家的民事诉讼法没有明确规定审理期限，同时被告人可能会采取一些措施和手段来延长审理时间，这将造成一些民事诉讼旷日持久，而这可能大大增加诉讼的成本。

直接追回机制的诉讼成本较高，主要包括：（1）律师费或法律顾问费，有时采取风险代理，律师费用会达到诉讼标的额的三分之一。（2）裁判费用，指当事人为进行民事诉讼而需向法院交纳的起诉费、上诉费、申请执行费和申请财产保全费等程序性费用。（3）其他费用，指民事诉讼过程发生的勘验费、翻译费、鉴定费等裁判外费用。

(五) 法律分歧大

我国与其他国家之间存在法律制度的分歧，这也不利于腐败资产的追回。如不同的法律程序、证明标准要求会导致请求国很难按照被请求国对证据的要求收集并提供证据。具体而言，我国在运用直接追回机制追回腐败资产中存在的法律分歧主要包括如下几个方面：

1. 法系的不同

我国运用直接追回机制追回腐败资产过程中，民事诉讼涉及多个国家，其中腐败资产流入国多为英国、美国、加拿大、澳大利亚、瑞士等国家，而这些国家的法律一般属于大陆法系或者英美法系，与我国处于不同的法系。不同法系国家间所涉及法律协调的难度加大，即使法律文化较相似，法律规定也不尽一致。实体法界定腐败的具体内容标准不一影响了在资产追回方面的国际合作，因为在请求国属于腐败犯罪的行为可能在被请求国并不违反法律。程序法上的不一致也会导致一种诉讼程序在此国合法彼国非法，从而降低追回腐败资产的效率。如诉讼资料和证据收集的原则与程序，不同国家的法律规定可能完全不同。有些证据在一个国家是通过合法搜查和扣押措施而获取的，在另一个国家却可能没有法律上的效力。因此，法系的不同一定程度上影响了腐败资产追回的效率。

2. 案件性质认定的不同

各国对于民事诉讼与刑事诉讼的划分有可能不同。例如，目前在美国等国家允许"对物诉讼"即民事没收，举证责任较轻，程序上的保障要求也较少，但是，许多国家法律制度不承认民事没收。采取民事没收的国家提出的司法协助请求往往会遭到只允许刑事没收的国家的拒绝。民事诉讼追回资产案件往往界于民事诉讼与刑事诉讼之间，即属于民刑交叉性质的案件。同一案件，在一个国家具有民事性质，在另一个国家则可能具有刑事性质。

民事诉讼涉及纯粹的私人利益尤其是财物利益,可仅考虑处于冲突各方当事人的利益以及他们提出的证据。刑事诉讼的出发点在于通过对犯罪人宣告某种刑罚或者保安处分措施,维护良好的社会秩序与公民个人自由,即刑事诉讼非单纯抽象地谴责、审判犯罪,而是"考虑个人特征的一般方式"并在此基础上适用刑罚。

3. 公民权利保护和义务限定的差异

公民权利保护和义务限定的差异可能对不同国家执行法律任务的人员和组织间的合作造成妨碍,因为有时遵守一个国家的法律规则或司法命令,就会违反另一个国家的规则或命令。在资产追回案件中出现较多的问题是,一个国家规定公民有披露资料的义务,而另一个国家有关保护隐私或者保密的规则则对此予以禁止。特别是当前,电信和网络的发展普及拉近了国家法律体制运作的距离,导致上述法律冲突日益严重。在有些情况下,一些金融机构主张凡存放在规定严格保密规则的管辖区内的资料或者记录,都不能让别人查看,有时可能连有关资料具体存放在何处都难以确定。同时,有些国家格外注重对犯罪嫌疑人权利的保护,如马科斯腐败资产追回案中,1990年11月20日,高等法院认为马科斯在瑞士的资产应该归还给菲律宾政府,但从保护犯罪嫌疑人权利的角度,附加了三个条件,其中包括在诉讼程序中按正当法律程序审判马科斯夫人及按瑞士《联邦刑事事项国际互助法》保障马科斯夫人享有《瑞士联邦宪法》和《欧洲人权和基本自由公约》规定的权利。

二、腐败资产间接追回机制运行的障碍

由于腐败犯罪嫌疑人引渡国际合作中面临诸多困境,在联合国的推动下,国际社会已经创设出一套具有较强可操作性的通过国际合作控制腐败犯罪的机制,即对犯罪资产进行"合作—没收—返还",以期通过在犯罪资产没收事宜上展开有效的国际合

作,以打击"物"的方式来促进国际社会对腐败犯罪的有效控制。反洗钱法因其截断、追踪和清洗腐败犯罪资产的优点,同这种"通过打击'物'的国际合作以控制腐败犯罪的政策"紧密地结合在一起。我国借助没收国际司法合作,腐败资产间接追回机制的运行主要存在以下障碍。

(一)没收举证难

在请求外国对其境内的腐败资产进行没收时,被请求国一般都要求请求国提供相应的、充分的证据材料,证明潜在的犯罪活动与具体资产之间存在联系,请求所针对的财产属于腐败犯罪资产或者属于腐败犯罪资产的增值。这种举证要求往往非常严格,如我国请求没收的是银行存款,那么,应证明存放在被请求国账户的资金与腐败犯罪所得资金之间存在连续和不间断的转移链条;这一链条在任何环节上的中断或者衔接不严密,都可能使腐败分子借提供形式上合法的资金来源来推翻对该账户存款的犯罪所得性质的认定,从而导致没收的失败。而另一方面,腐败分子将资产转移至境外,最常使用的手段是洗钱,通过虚假的贸易和金融交易或者通过地下钱庄甚至境外赌场等手段向境外转移腐败资产,人为搞断或者搞乱资金资产转移的链条,同时还通过在境外的经营或买卖活动改变资产的形态并赋予其合法的形式。而且,证据的标准因不同国家的法域不同而存在较大的差异,一些国内法和条约要求具体的资产是与某一腐败犯罪"相关的偿付或者获得的其他给予",或者"直接或间接"来源于或被认为来源于这些资产的所得;一些法律要求包括用于或拟用于某一腐败犯罪的财产;还有一些国家要求这些资产包括与某一犯罪活动"有关联的"财产。

在美国对余振东 355 万美元犯罪所得的民事没收与返还中,美方要求我国提供关于余振东 10 月 15 日从香港渣打银行向旧金山花旗银行和美洲银行转移 355 万美元的证据材料,特别要求证明这355万美元与在中国银行开平支行被非法侵占的资金之间的关系,而要证明这种关系是一件相当困难的事情。余振东及同伙使用洗钱手段,其从开平支行窃取的资金一般不直接进入个人账户,而是先汇入在香港地区预先设立的洗钱公司——潭江实业公司,然后从该公司提现或者转移到其他个人或公司账户上,再经过不同银行之间的反复账户变更,致使账户上资金链条断裂、混乱或模糊。余振东在渣打银行开立了至少9个账户,用来向旧金山转移355万美元的尾号为980的账号从来不直接收取所分得的赃款。

我国为证明这355万美元与在中国银行开平支行被非法侵占的资金之间的关系,不仅需要在内地和香港收集有关的资金往来记录,还需要分析、梳理和筛选堆积如山的各种会计凭证、银行记录和证明材料,理清资金流转的轨迹,整理出一份简明扼要,具有充分说服力,同时还符合美国诉讼程序要求的证据材料。经过不懈的努力,资金转移链条的基本环节终于查清,尾号为980的渣打银行账户中的资金来源于一个尾号为386的渣打银行账户,而后者的资金又分别来自其他5个银行账户,余振东本人通过从潭江公司提取现金或者通过其他转账方式分得的赃款则借助另外几个银行账户划拨到这5个银行账户之中。我国克服极大障碍,最终通过各种凭证基本上证明犯罪嫌疑人转移到旧金山的355万美元是通过一个个环节与其从中国银行开平支行窃取的资金联系在一起。主要犯罪嫌疑人的在逃或主要证人的失踪都可能进一步加大上述举证工作的难度。针对中国银行在旧金山提出的民事扣押请求,余振东藏匿起来,让其弟余振锋出面聘请3名美国律师,向当地民事法官提出异议,抗辩说中国银行提请对355万美元实施民事扣押的诉讼文书尚未送达主要当事人之一余振东,因而缺乏开庭审理的前提条件,当时由于余振东藏匿,无法向他实施文书送达。对此,旧金山民事法官不断允准余振锋律师提出的请求,将开庭审理中国银行民事扣押诉求的时间推延,这在一定程度上影响了举证工作的进一步开展。

(二)"主管机关没收裁决"的认定分歧

在没收腐败资产的司法协助过程中,会遇到承认和执行外国没收裁决的问题。

承认和执行外国没收裁决,是指一个国家的主管机关,根据国际公约、多边条约、双边条约或者互惠原则以及国内法相关规定,承认其他国家对其本国公民或者特定关系人在领土内的犯罪所作出的没收裁决具有法律上的效力,并在本国境内对没收裁决予以执行。解决好外国没收裁决的承认和执行,有助于追回跨境转移的腐败资产,从而挽回国家损失。在国际司法协助条约中很少对承认和执行外国没收裁决的条件和程序予以明文规定,目前还没有为世界上大多数国家普遍接受的关于没收裁决承认和执行的多边条约,一般是由各国以国内立法的形式加以规定。承认和执行外国没收裁决,必须以请求国提交其主管机关正式作出的关于没收的生效裁决为前提条件。但对何为"主管机关裁决",各国法律有不同的解释,司法实践中也存在分歧。有的国家将其严格限定为"具有刑事司法管辖权的法院作出的裁决",如美国在协助没收问题上要求请求国提供由法院作出的没收裁决,加拿大也要求请求国提交由有关国家或实体具有刑事司法管辖权的法院发布的限制令、扣押令或者没收令。有的国家规定得比较笼统,如新西兰要求请求国提供"由法院或其他机关签章"并且"经合法认证"的没收决定,而这里的"其他机关"包括行政执法机关。有的国家如意大利还明确规定承认和执行外国法院针对附带民事诉讼作出的民事返还、赔偿和没收的裁决。"主管机关没收裁决"的界定是我国通过没收的国际合作运行间接追回机制追回腐败资产的关键所在,而有关国家在这个问题上的认定分歧给我国腐败资产追回的顺利开展带来了一定程度的困难。

(三)难以符合"双重犯罪"原则

双重犯罪,是指在国际司法协助中,对科处没收裁决的人已在请求国有关的刑事诉讼中被加以定罪,且有关犯罪行为假如在被请求国实施也需要构成一定程度的犯罪。这一原则的理论基础是罪刑法定原则,即法律没有明文规定为犯罪,就不能请求引渡或不能同意请求国提出的其他司法合作要求。该原则在一些国际条约中得以体现。《欧洲引渡公约》第2条规定:"可引渡罪行在请求国与被请求国均须是可受到最长期限至少1年或者更重处罚的罪行。"《欧盟成员国间引渡条约》第2条规定:"可引渡罪行对于被请求国而言至少6个月以上即应予引渡。"《联合国反腐败公约》第44条第1款规定:"当被请求引渡人在被请求缔约国领域内时,本条应当适用于根据本公约确立的犯罪,条件是引渡请求所依据的是按请求缔约国和被请求缔约国本国法律均应当受到处罚的犯罪。"

一些国家的国内立法也对"双重犯罪"原则作出了具体规定。美国《民事资产没收改革法》中,民事没收可以针对产生于外国犯罪的资产而实行,即使没收国对有关案件并未行使或者不能行使刑事司法管辖权。"外国犯罪"是有一定范围的,包括某些符合"双重犯罪"标准并且根据外国法律和美国法律均可判处1年以上监禁刑的犯罪。澳大利亚《犯罪收益追缴法》也作出了类似的规定,以限制令为基础的没收令可以针对"外国的可公诉罪"签发,"外国的可公诉罪"是指在外国实施的并且受到外国主管机关追诉的、侵犯外国法律的犯罪行为,同时该行为假如发生在澳大利亚,可判处12个月以上监禁刑,不管澳大利亚司法机关对此犯罪是否享有司法管辖权。吉林通化金马药业公司原董事长阎永明非法转移到澳大利亚的犯罪所得,就是根据《犯罪收益追缴法》按照符合"双重犯罪"标准被澳大利亚司法机关扣押和没收的。

在世界范围内，其他国家与我国的法律对腐败犯罪种类及犯罪构成要件的规定不尽相同，因此，在我国运用间接追回机制追回腐败资产的国际司法协助中，很难完全符合"双重犯罪"原则的要求。具体如下：（1）在其他国家构成腐败犯罪而在我国仅仅是一般违法行为甚至不构成违法行为，例如，西方一些国家情节轻微、涉案数额较小的腐败行为构成犯罪，而在我国腐败违法行为必须达到情节严重、数额较大才构成腐败犯罪。（2）在其他国家构成此种腐败犯罪而在我国则构成彼种犯罪，如其他国家刑法不管行贿对象的不同，一般将行贿行为统一规定为行贿罪。我国刑法则根据行贿对象的不同规定了行贿罪，对公司、企业工作人员行贿罪以及对外国公职人员、国际公共组织官员行贿罪。（3）同样的犯罪行为在不同的国家刑法罪名不一致，如利用自身的影响力收受财物的行为，国外一些国家规定为影响力交易罪，我国则规定为斡旋受贿罪。难以符合"双重犯罪"原则，给腐败犯罪国际司法协助带来一定程度的障碍，严重影响腐败资产追回的深入开展。1973年发生震惊香港的总警司葛柏贪污巨款案中，警署下属的反贪污室成立"夏湾拿"专案组展开调查后，葛柏决定逃往英国，因为英国没有与"巨额财产来历不明罪"相关的法律，香港方面无法符合"双重犯罪"原则，用关于"巨额财产来历不明罪"的法律对其进行引渡。

1997年9月17日，经济合作与发展组织通过了《禁止在国际商业贸易中贿赂外国公职人员公约》（2000年11月29日生效），明确关于贿赂外国公职人员刑事定罪和制裁的规定，其第1条规定："任何人，无论是直接还是通过中间方，故意向外国公职人员或者为外国公职人员或者第三方提议给予、承诺给予或事实上给予不当的金钱或其他利益，以期该外国公职人员在履行职责中采取行动或不行动，进而在国际商业贸易活动中获得或保留其业务或其他不当利益的行为，依法定为犯罪。"该规定有利于国际社会和不同国家关于贿赂外国公职人员犯罪的定罪问题上实现统一，避免因不同国家关于贿赂外国公职人员是否构成犯罪的规定的不同，无法在资产追回国际合作上达成一致，从而对于扫除资产追回中的双重犯罪障碍具有重要的意义。

值得一提的是，长期以来，"双重犯罪"原则是请求和提供司法协助及引渡的基本前提和条件。但是，犯罪行为对行为地秩序具有破坏作用，而对于非行为地则没有什么影响，因此，"双重犯罪"原则以被请求国法律衡量引渡请求所指向的行为是否构成犯罪不具有合理性。近年来，随着国际司法协助与合作的日益密切，以及世界各国进行国际合作的政治意愿不断加强，一些国际性公约有降低这一前提条件要求的发展趋势，即在不符合"双重犯罪"原则的条件下，仍可提供司法协助。如《联合国禁止非法贩运麻醉药品和精神药物公约》第3条第10款规定："为了缔约国之间根据本公约进行合作，特别包括根据第五、六、七和九条进行合作，在不影响缔约国的宪法限制和基本的国内法的情况下，凡依照本条确定的犯罪均不得视为经济犯罪或政治犯罪或认为是出于政治动机。"《联合国反腐败公约》则在此方面取得较大突破，其第44条第2款规定："尽管有本条第一款的规定，但缔约国本国法律允许的，可以就本公约所涵盖但依照本国法律不予处罚的任何犯罪准予引渡。"根据《欧盟理事会关于成员国间适用欧洲逮捕令和缉捕制度的框架性决定》（2002年）第2条规定，依据签发欧洲逮捕令的成员国的法律，至少判处3年以上刑罚的32种罪行，不适用"双重犯罪"原则，并且这类不受限制的罪行范围能够在经欧洲委员会讨论并一致通过的情况下逐渐扩大，因此，该框架决定几乎完全摒弃了"双重犯罪"原则。对于国际司法合作而言，这种发展趋势是值得庆幸的，但就目前而言，国际公约内容并未通过具体的双边条约予以落实，"双重犯罪"原则总体上仍构成国际司法合作的一大障碍。

三、腐败资产返还与处分的障碍

对腐败资产的追踪和没收，只是完成资产追回的部分工作，资产追回过程最后也最重要的一步是将没收的资产归还给请求国，即请求国的最终任务是要实现对被没收财产的返还和处分。资产追回过程中，一缔约国应另一缔约国请求，对源于另一缔约国位于境内的腐败犯罪资产没收后，对其如何处置，便涉及资产返还和处分。比如，这些资产是全部还是部分或者一点也不归还给请求国？请求国是否可以扣除资产追回所付出的代价？资产是应该归还给请求国政府，还是归还给被害人？对上述问题，国际刑法理论界、实务界存在较大的争议，各国司法实践、国际及区域性公约也规定不一。就我国而言，腐败资产追回过程中，腐败资产返还与处分的障碍在于我国作为腐败资产主要来源国，与其他国家特别是腐败资产流入国在资产分享方面存在较大的分歧，而《联合国反腐败公约》并没有明确规定资产分享问题，造成腐败资产分享具体操作存在困难。

（一）我国与其他国家在资产分享方面的分歧

《联合国反腐败公约》谈判过程中，由于涉及对公共财产的处分，各代表团曾对资产分享这个问题有过重大的分歧。究竟是提供没收国因没收本身而获得资产所有权等基本权利，还是这些资产属于争取其返还的请求国即受害国？一般司法协助条约往往要规定对司法协助费用的分担，但并不涉及资产分享方面的问题，而这些活动产生的费用也是由请求国另行支付或被请求国自己承担的。资产分享所要解决的是通过国际司法协助活动对予以没收的腐败资产是否要在资产来源国与司法协助提供国之间分享的问题。我国与其他国家特别是腐败资产主要流入国在资产分享方面存在较大的分歧。

作为跨境转移腐败资产的主要来源国,与大部分发展中国家一样,我国认为资产分享违反《联合国反腐败公约》的宗旨和精神,用被追缴的资产补偿犯罪被害人或者将资产返还其合法所有人才是应当优先考虑的事情,提出腐败资产一般是国有资产,主张国家对这些腐败资产有当然、不容否认的所有权,而且设立腐败资产追回制度的本意就是要追回腐败资产,减少国家和公众的经济损失,而资产分享则严重违背这一制度创立的初衷。因此,我国认为资产分享的概念违反《联合国反腐败公约》精神,强调总体原则应是将资产迅速返还资产遭受损失的国家,不附加任何条件,不分享资产。

与此相反,以英国、美国等国为代表的腐败资产主要流入国认为,如果非法转移的资产是由被请求国依据其本国法律程序追缴和没收的,应通过分享方式向请求国实行部分返还,甚至主张在返还时可以用被追回的犯罪资产冲抵资金来源国所欠的债务。美国在特设委员会非正式筹备会议上提出的《联合国反腐败公约》草案规定,收回的非法资产应当依照国内的法律处理,当应另一缔约国请求时,缔约国应在本国法律的许可范围内:一是优先考虑转移收回的犯罪资产,以便补偿犯罪被害人或者将资产归还其合法所有人;二是酌情考虑将收回的犯罪资产全部或者部分用于支持打击腐败的行动和方案;三是酌情考虑与协助进行调查、起诉或者司法程序并最终导致没收的外国当局按一定比例分享所没收的资产;四是被请求国可以酌情在转移或者分享所收回的非法所得资产之前,合理扣除在调查、起诉或者司法程序并最终导致没收这种资产中所发生的费用。缔约国应当采取必要的措施,根据本国法律原则建立考虑另一缔约国对非法所得资产提出的、涉及成功没收的追偿要求的机制。德国的国内法甚至禁止把没收的犯罪所得移交给其他国家,如德国《国际刑事事项协助法》第56条第4款规定,如果德国同意给予执行上的协助,被没收财产的所有权一般会转归德国而非来源国。第 66 条规定，有待移交的资产必须是在外国诉讼中作为证据的资产，涉案人或参与者由于请求所根据的犯罪行为而获得的资产，或该人以这种资产交换所得的资产，符合以下条件才准许移交资产：请求所依据的犯罪构成一项刑事定罪或违章行为表现；保证不影响第三方的权利并遵守有关保留的规定，按要求毫不迟延地退还已移交的资产。根据德国《刑法典》，作出终局判决后，资产或被没收权利的所有权通过没收命令转归国有。

在腐败资产返还与处分中，一些腐败资产主要流入国以为我国提供大量的国际司法协助、支付相关的费用为由，要求与我国分享通过没收等措施所获得的腐败资产，而我国则从保护腐败资产、防止腐败资产流失的角度出发，坚决反对与提供国际司法协助的国家分享资产。这种分歧导致在腐败资产追回中，一些国家清楚我国对于资产分享的立场，因此在国际司法协助中不愿提前垫付相关费用，提供必要的司法协助，或者在对腐败资产采取没收措施后，不愿就返还资产与我国开展更进一步的合作，从而影响资产追回的顺利开展。

（二）资产分享具体操作中的困难

在腐败资产分享问题方面各国立场的差异太大，虽然有些国家在特委会会议上综合美国等国家提出的草案，起草了具有折中性质的草案文本，主要是主张对一部分腐败资产进行分享，并增加捐献该类犯罪资产，用以公益事业或者减少外债的建议，但《联合国反腐败公约》的最后文本并没有对资产分享问题作出规定，而是将其留由各国自行解决。由于各国情况不同，很难找出能被共同接受的办法来解决这个问题。

随着腐败资产追回的进一步开展，我国也逐渐意识到资产分享的重要性，在实践中也给予提供司法协助国家一定的费用补偿，如承担扣押、保管、登记、储藏、没收、处分和移交中所发生的费用。但是,资产分享本身是一个新事物,《联合国反腐败公约》也没有明确对其予以规定,这必将造成具体操作中的一系列困难。如(1)资产分享的范围难以明确。通过没收司法协助追缴回来的资产,在资产分享前是否要优先补偿腐败犯罪被害人及善意第三人。(2)费用补偿与资产分享的区别难以区分,同时对提供司法协助国家予以费用补偿后是否还要再与其分享腐败资产。(3)资产分享所依据的标准、适用的比例不明确。(4)应由什么机关、依什么程序来承诺与实施同外国司法部门分享腐败资产。

第三节　我国腐败资产跨境追回配套立法的不完善

毋庸讳言,我国在腐败资产跨境追回配套立法方面存在不完善之处。在直接资产追回方面,缺乏主权豁免原则的例外制度;在间接资产追回方面,刑事没收与民事没收立法不完善;在没收的国际合作方面,缺乏没收的国际司法协助立法特别是外国没收裁决的承认与执行制度。

一、主权豁免原则例外制度的缺乏

(一)《联合国反腐败公约》与主权豁免原则的冲突

根据《联合国反腐败公约》第53条第1款规定,请求国可向被请求国直接提起民事诉讼,以确立对腐败犯罪资产的产权或所有权。当外国政府依据《联合国反腐败公约》提出诉讼时,其在被请求国法院前的法律地位如何确定呢?笔者认为,作为提起民事诉讼的一方,请求国在民事诉讼中居于原告的地位,依据被请求国法律享有原告的诉讼权利,并承担相应的民事诉讼义务。国家作为国际民商事法律关系的主体与当事人,应当与对方当事人享有同等民事权利,承担同等民事义务。但长期以来,主权豁免即国家及其财产豁免原则已得到国际社会的普遍认可,根据主权豁免原则,除非本国同意,一国免受外国行政、司法管辖,免受强制执行措施,具体而言,未经一国同意,外国法院不得对该国进行司法管辖,或者对其财产采取扣押、强制执行等其他强制性措施。即使一国同意在外国作为被告或主动作为原告参加民事诉讼,未经前者明确同意,仍不得根据法院决定对其采取强制性执行措施。

(二) 我国固守主权豁免原则的弊端

在这个问题上,我国始终坚持主权豁免原则。根据《民事诉讼法(试行)》(1982年)、《民事诉讼法》(1991年)及相关司法解释,对享有司法豁免权的外国自然人、外国组织或国际组织提起的民事诉讼,应当参照我国有关法律和我国缔结或者参加的国际条约的规定办理。《外交特权与豁免条例》(1986年)就与国家豁免相重叠的外交豁免作出具体规定。我国缔结或参加的一些双边或者多边条约也涉及国家及其财产豁免,如《国家油污损害民事责任公约》(我国于1980年参加)第11条的规定。目前,我国立法在主权豁免上的立场和态度主要可归结为以下几点:第一,坚持国家及其财产豁免,反对限制豁免;第二,坚持国家或者以国家名义从事的一切活动享有豁免权,除非国家自愿放弃豁免权;第三,区分国家本身活动和国有公司或者国有企业的活动,认为国有公司或者国有企业是具有独立法律人格的经济实体,不应当享有豁免权;第四,外国无视国际法精神与规定,任意侵犯我国国家及其财产豁免权,我国可对该国采取相应的报复措施;第五,我国到外国法院出庭抗辩该法院的管辖权,不得视为接受该国管辖。

在通过民事诉讼直接追回腐败资产的过程中,一国向资产所在国法院提起民事诉讼以追回腐败资产,首要的任务为确定该国政府在被请求国法院的法律地位。如一味坚持国家及其财产豁免，则可能很难追回腐败资产。虽然我国也主张在相互尊重主权和平等互利的基础上，通过协商达成协议，以消除在国家及其财产豁免问题上的矛盾和分歧，但在立法上固守国家及其财产豁免，没有对主权豁免的例外制度予以规定，造成腐败资产追回过程中以国家的名义在被请求国提起民事诉讼，但其作为民事诉讼的主体地位很难为被请求国法院所认可。因此，如何参照韩国等国家承认国家有权作为民事诉讼主体的法律设计，明确主权豁免的例外情形，确立请求国在民事诉讼中的法律地位以便更好地追回腐败资产，亟待在我国立法中予以明确规定。

二、刑事没收立法的不完善

对犯罪资产进行刑事没收，有利于切断犯罪的经济动力，从而在一定程度上有效预防和控制犯罪，我国刑事实体法与程序法对此都有所规定。在实体法上，我国《刑法》第59条专设"没收财产"作为刑罚附加刑，配套主刑加以共同适用，将犯罪人所有财产的一部或全部，强制无偿收归国有。《刑法》第64条规定："犯罪分子违法所得的一切财物，应当予以追缴或者责令退赔；对被害人的合法财产，应当及时返还；违禁品和供犯罪所用的本人财物，应当予以没收。没收的财物和罚金，一律上缴国库，不得挪用和自行处理。"在程序法上，《刑事诉讼法》第198条规定："公安机关、人民检察院和人民法院对于扣押、冻结犯罪嫌疑人、被告人的财物及其孳息，应当妥善保管，以供核查。任何单位和个人不得挪用或者自行处理。对被害人的合法财产，应当及时返还。对违禁品或者不宜长期保存的物品，应当依照国家有关规定处理。对作为证据使用的实物应当随案移送，对不宜移送的，应当将其清单、照片或者其他证明文件随案移送。人民法院作出的判决生效以后，对被扣押、冻结的赃款赃物及其孳息，除依法返还被害人的以外，一律没收，上缴国库。司法工作人员贪污、挪用或者私自处理被扣押、冻结的赃款赃物及其孳息的,依法追究刑事责任;不构成犯罪的,给予处分。"因此,在实体上,我国有两种性质的刑事没收,一种是《刑法》第59条规定的刑罚没收,属于一般没收。另一种是《刑法》第64条规定的刑事司法没收,属于特别没收。笔者认为,腐败资产追回中适用的刑事没收主要指特别没收而非一般没收,且其立法上存在以下不完善之处。

(一)没收范围不够完备

我国法律对刑事没收范围规定得不够完备,主要表现在:(1)《刑法》第64条规定了没收对象是违禁品和供犯罪所得、所用的本人财物。《人民检察院冻结、扣押款物工作规定》第2条规定,人民检察院在依法行使检察院职权过程中对可能与犯罪有关的款物、作案工具、非法持有的违禁品等可以予以冻结、扣押。犯罪嫌疑人、被告人实施违法犯罪行为所取得财物及其孳息属于违法所得。可见,在我国可没收的只是直接来源于犯罪的收益或者与犯罪直接相关的资金、物品、作案工具、违禁品,将通过犯罪间接获得的财产、替代财产、混合财产及相关收益排除在外。(2)联合国《禁止非法贩运麻醉药品和精神药物公约》等国际性公约规定了要没收"价值相当于犯罪所得的财产",德国《刑法典》规定了"价值替代的没收",日本《刑法典》也规定了"等价物没收",我国法律没有将与犯罪所得价值相当的财产明确列入没收的范围。(3)没有将用于或者意图用于犯罪的财产、设备或者其他工具但又不属于罪犯个人的财产明确规定于没收的范围之列。根据《刑法》第59条及第64条规定,没收的财产仅限于本人所有财产,与《联合国反腐败公约》的规定相比,我国没收财产的范围存在疏漏,不利于彻底根除腐败犯罪的物质基础。

(二)没收前保全措施的条件不完善

没收的一个重要前提是能够确定没收对象的基本情况,要求必须有充分的程序来保障没收对象能够被确认并予以固定。但是，腐败官员在意识到自己或者财产正在被或者将要被追控时并可能被没收时，一般都会选择隐藏财产，使其不受执法行动的影响。因此，没收犯罪所得必须首先采取各种预防措施将其固定，以防止再次转移。这要求资产所在国必须能够及时采取措施对已知的可能构成没收对象的资产予以保全，而没收前保全措施主要指冻结与扣押，"冻结"或者"扣押"系指依照法院或者其他主管机关的命令暂时禁止财产转移、处分、移动或者对财产实行暂时性扣留，是一种程序意义上的保全措施。在刑事程序中，由于冻结或者扣押措施是对个人或者法人财产权的一种限制，必将影响到财产权的占有、使用、收益、处分等权能的行使，各国一般都要求有合理的根据证明有充足理由必须采取此种措施，并将其作为提供司法协助的基础。

在《联合国反腐败公约》中，冻结与扣押两者未作区分，而是并列在一起予以定义。冻结、扣押适用条件的缺位将导致我国的搜查令和扣押令在国外很难得到执行。在我国，针对财产的冻结和扣押措施作为一种侦查行为，有关规定仅见于《刑事诉讼法》第114条第1款和第117条的规定。《刑事诉讼法》第114条规定，在勘验、搜查中发现的可用以证明犯罪嫌疑人有罪或者无罪的各种物品和文件，应当扣押；与案件无关的物品、文件，不得扣押。第117条第1款规定，人民检察院、公安机关根据侦查犯罪的需要，可以依照规定查询、冻结犯罪嫌疑人的存款、汇款。实践中冻结和扣押措施的适用非常混乱，无法避免一系列侵犯公民财产权益的违法行为出现。同时，冻结和扣押的条件依附于逮捕甚至是立案的条件，司法机关在没有合理根据的情况下也可以随意签发冻结令和扣押令，这种状况的存在导致我国法院和有关主管机关签发的冻结令和扣押令因无法达到公约规定的有"合理的根据"要求而被请求缔约国拒绝执行，从而给我国犯罪资产追回带来困难。

(三) 善意第三人权利保护的缺位

我国《刑法》第 64 条规定: "犯罪分子违法所得的一切财物, 应当予以追缴或者责令退赔; 对被害人的合法财产, 应当及时返还……"《刑事诉讼法》第 198 条第 1 款规定: "……对被害人的合法财产, 应当及时返还。" 据此, 除需要作为证据或需要对其性质或归属作出正式司法认定的财产应随案移送审判机关处理外, 对在诉讼过程中已查明为被害人所有的财物通常可由司法机关当即予以发还。1998 年《公安机关办理刑事案件程序规定》第 220 条规定: "对犯罪嫌疑人违法所得的财物及其孳息, 应当依法追缴。对被害人的合法财产及其孳息, 应当在登记、拍照或者录像、估价后及时返还, 并在案卷中注明返还的理由, 将原物照片、清单和被害人的领取手续存卷备查。" 此规定虽然明确了资产归还给合法所有人的程序, 但未规定确认被害人合法财产及其孳息的程序。这种简易财产处理办法在国际刑事司法协助中, 可能会造成对被请求方或与被返还财物有关的善意第三人权利的损害, 被请求国则可以此为理由拒绝提供司法协助, 从而影响正常的资产追回行动。

司法实践中, 对于腐败犯罪所涉赃物, 不论几次转手, 不论是否存在善意第三人, 所有权人都有权利向善意第三人要求返还。赃款追回后对善意第三人不予返还价金或赔偿损失, 执法部门常以赃物不能交易为由进行实物追缴。这种对赃款赃物的处理程序较为简易, 虽然有助于维护犯罪被害人财产权利, 方便于司法机关对刑事案件附带事项的处置, 但这种做法具体应用到国际刑事司法协助则会导致负面的效果, 尤其是可能损害善意第三人权利。这主要是因为: (1) 在国际刑事司法协助中, 被请求国司法机关只是依据国际司法协助协定或者互惠原则承担协助义务, 一般不会对案件事实及相关证据材料进行实质性审查, 故难以或不可能根据自己的直接调查证明有关财物的权利归属情况。（2）通常情况下被请求国对刑事司法协助请求负有保密义务，有关没收和返还的请求难以为社会公众所了解，现行法律也未针对此种没收和返还设置特别的公示程序。这不利于善意第三人或者潜在权利人知晓有关情况并及时提出权利主张。（3）腐败资产没收和返还一旦完成，在发现司法错误或者随后在被请求国查明真正财物权利人的情况下，将难以纠正有关错误，被请求国难以将已移交的财物索还回来。①

三、民事没收立法的缺位

犯罪嫌疑人、被告人死亡、潜逃或者失踪等情形下，司法机关无法启动审判程序，也就无法对犯罪嫌疑人或被告人予以刑事上的定罪，在这种情形下采取的没收即为未定罪的民事没收。我国的没收财产主要依托于刑事追诉或定罪，在犯罪嫌疑人、被告人未被予以刑事追诉或定罪情形下，缺乏相关的民事没收立法。

（一）未追诉、定罪情形下民事没收的立法缺位

1. 犯罪嫌疑人、被告人死亡情形下

根据最高人民检察院《关于检察机关受理后被告人死亡的经济犯罪案件赃款赃物如何处理的批复》（1990年），人民检察院直接受理侦查的贪污、贿赂等经济犯罪案件，受理后，被告人死亡的，不予立案，已经立案的，应当撤销案件。但应对已经死亡的被告人贪污、挪用的公共财物一律追缴；贿赂财物及其他违法所得一律没收。追缴的贪污、挪用财物，退回原单位；依法不应退回原单位的和没收的财物收入，一律上缴国库。《刑事诉讼法》第15条规定，"犯罪嫌疑人、被告人死亡的，不追究刑事

---

① 黄风：《关于追缴犯罪所得的国际司法合作问题研究》，载《政治与法律》2002年第5期，第11—21页。

责任,已经追究的,应当撤销案件,或者不起诉,或者终止审理,或者宣告无罪"。六部委《关于刑事诉讼法实施中若干问题的规定》第19条规定,"……对于在侦查、审查起诉中犯罪嫌疑人死亡,对犯罪嫌疑人的存款、汇款应当依法予以没收或者返还被害人的,可以申请人民法院裁定……"《人民检察院刑事诉讼规则》第239条规定:"……因犯罪嫌疑人死亡而撤销案件的,如果被冻结的犯罪嫌疑人的存款、汇款应当予以没收或者返还被害人,可以申请人民法院裁定……"

综合上述规定,在犯罪嫌疑人、被告人死亡情形下,关于没收的立法存在以下不完善之处:(1)一旦犯罪嫌疑人或被告人死亡,刑事程序将被终止,也将不可能获得对该犯罪嫌疑人或被告人的刑事定罪判决和没收判决,特别是不能像国外一样对所涉及财产以民事没收的形式加以处置。(2)作出追缴、没收的决定机关不一致,最高人民检察院批复将追缴、没收及发还犯罪资产的权力赋予检察机关,六部委规定及《人民检察院刑事诉讼规则》则将没收犯罪资产的权力赋予人民法院,而国外民事没收的权力一般赋予法院。(3)六部委规定及《人民检察院刑事诉讼规则》均表述为"可以"而非"应当"申请人民法院裁定,实际上把申请裁定的决定权交由侦查、起诉部门,因为申请裁定不是法定强制义务,自行处理涉案款物则简单、有效的多。

2. 犯罪嫌疑人、被告人潜逃或失踪情形下

《人民检察院刑事诉讼规则》第241条规定,"侦查过程中,犯罪嫌疑人长期潜逃,采取有效追捕措施仍不能缉拿归案的……经检察长决定,中止侦查……"《人民检察院刑事诉讼规则》第246条规定,"……犯罪嫌疑人在逃的,应当要求公安机关在采取必要措施保证犯罪嫌疑人到案后移送审查起诉。"如果不能保证犯罪嫌疑人到案,则不能移送审查起诉,更不能举行缺席审判。最高人民法院《关于执行〈中华人民共和国刑事诉讼

法〉若干问题的解释》第 181 条规定:"……案件起诉到人民法院后被告人脱逃,致使案件在较长的时间内无法继续审理的,人民法院应当裁定中止审理。"

根据上述规定,犯罪嫌疑人或被告人潜逃或者失踪往往导致针对刑事案件的刑事诉讼停留在侦查或审理阶段。由于法律规定"附带民事诉讼应当同刑事案件一并审判",不能缺席审判,也不能对涉案财产提出独立诉讼,使得法院不可能针对在逃者或失踪者的财产作出民事没收的裁决。

(二) 立法缺位对腐败资产跨境追回的不利影响

在犯罪嫌疑人、被告人死亡、潜逃或失踪情形下,根据我国现行的法律制度,不可能对其提起公诉,更不可能对其进行缺席审判,也就不能产生有效判决。在此情况下,请求外国司法机关追缴和返还转移到该国的犯罪资产可能会遇到如下问题:被请求国有关法律要求我国提供司法机关作出的没收财产的生效裁决,并且将这种生效裁决的存在作为提供追缴和返还协助的前提条件。

实践中,除人民法院外某些行政执法机关如税务、海关等机关有权针对特定的财物作出没收决定,但是这种没收决定是行政性的处分,不具有终局性,与签发没收令时普遍适用的"令状主义"和司法审查原则不相符,难以得到被请求国司法机关的认可。具体而言,凭借这类没收决定请求外国提供协助可能会因下列的理由而被认为不符合法定的条件,即:第一,有关没收资产的决定不是由刑事司法审判机关作出;第二,由行政执法机关作出的没收资产决定不具有终局性,有可能受到司法审查并在该司法审查中被法院推翻。

四、没收国际司法合作的立法缺陷

(一) 没收国际合作条约的缺陷

截至 2007 年 1 月,我国已与 51 个国家签订了 82 项刑事司法协助条约或包括刑事司法协助条款的互助条约。① 从时间分布上看,大致分为三个阶段:第一阶段(1987~1993年),主要与波兰、蒙古、哈萨克斯坦等国家签订条约,这些国家或者是地理位置与我国邻近,或者是与我国在意识形态方面相近。第二阶段(1994~1999年),主要与乌兹别克斯坦等中亚国家及越南、老挝等传统友好国家签订条约,同时将合作领域扩展到加拿大、希腊等国家。第三阶段(2000~2007年),为刑事合作全面推进的阶段,与美国、法国、南非、西班牙等国家签订了互助条约。在早期我国与其他国家签订的司法协助条约中,很少涉及没收合作内容的条款,司法协助也主要限于送达文书、询问证人、被害人以及搜集证据材料等。有些只是泛泛提及"移交赃款赃物",而对赃款赃物的具体范围、移交的依据及程序都没有作出明确的规定。在我国与加拿大签订的《关于刑事司法协助的条约》(1994年)第17条中,第一次明确提出,被请求国可以按照请求国的要求,扣押、冻结与没收赃款赃物,这也是我国刑事司法协助条约中首次出现"没收"字眼。此后,明确没收国际合作的条约逐渐增多,其具体表述主要有"采取措施查找、冻结、扣押和没收犯罪所得"、"追查、限制、追缴和没收犯罪活动收益和工具"、"没收犯罪所得和犯罪工具"及"在没收程序中提供协助"等。

通过梳理我国关于没收国际司法合作的国际条约,可以发现尽管没收合作已成为近年来我国所签订司法协助条约的重要内容,但相关规定仍存在诸多不完善之处,具体表现在:(1)法律术语表述不统一。如对于没收措施,有的直接称为"没收",有的笼统称为"赃款赃物的移交",有的概括称为"采取措施在

---

① 中央政法委:《关于建立健全境外追赃机制问题的研究报告》,2007年,第2页。

赃款赃物方面提供协助"。法律术语的不统一往往给实际操作带来困惑,如"移交赃款赃物"是指移交没收的犯罪收益,还是诉讼意义上的调查取证,很难界定。(2)没收依据不明确。在我国与美国、加拿大签订的条约中,规定了没收司法协助的程序流程,要求请求国证明没收对象位于被请求国境内,经被请求国主管机关同意即可采取没收措施,对于请求国的没收请求所依据的法律法规、犯罪行为事实及证据材料等没有进一步予以规定。(3)没收对象模糊不清。我国与外国签订的国际条约中,一般将没收对象表述为"赃款赃物",而"赃款赃物"本身不是一个规范的法律术语,不宜用来称谓法院未判决情形下的涉案财产,否则有违"无罪推定原则"之嫌。同时,即使存在没收判决,"赃款赃物"本身指向也并不明确。现有条约中,也有将没收对象规定为"犯罪所得"的,但具体指什么形态,是仅指直接所得,还是包含间接所得,尚缺乏明晰的界定。

(二)承认与执行外国没收裁决的立法缺陷

司法管辖权是国家主权的重要组成部分,未经当事国同意,任何国家不得在其他国家行使司法权。但是,要想对腐败犯罪进行充分打击,切断腐败犯罪的经济命脉,必须有一种机制可以确保犯罪人不能利用国境和法律制度上的差异来保存他们的非法收益,特别是腐败犯罪所得已经被转移至境外,作出没收判决的国家必须寻求在资产所在国承认和执行该没收判决,才能最终追回腐败资产。目前,在腐败资产追回国际法律合作领域缺乏专门的关于承诺和执行外国没收判决的国际文书,只有一些关于民事判决执行的公约可以作为参考。《国际油污损害民事责任公约》规定了承认与执行外国法院判决的内容,其第10条指出,根据该公约具有管辖权的法院所作的任何判决,"如可在原判决国实施而不再需要通常的复审手续时,除下列情况外,应为各缔约国所承认:(1)判决是以欺骗取得;(2)没有给被告人以适当的通知陈述其立场的公正机会"。关于执行判决的条件，该公约规定，"一经履行各缔约国所规定的各项手续之后，便应在各该国立即实施。在各项手续中不允许重提该案的是非"，即不对判决进行实质审查，而由缔约国按照本国法律规定的条件和程序保证予以执行。《承认与执行外国仲裁裁决的公约》是迄今为止在仲裁机构裁决的承认和执行方面影响最大并得到普遍适用的公约，其对承认和执行外国仲裁机构裁决条件等方面作出详细规定。欧洲联盟《关于民商事司法管辖和判决执行公约》列举了"不应承认"外国判决的五项理由：判决违背承认国的公共政策；在没有充分发布通知的情况下作出的缺席判决；判决与承认国当事各方之间的判决不相容；判决超出在必须确定因婚姻、遗嘱或继承而产生的地位问题的民事纠纷范围；判决与非缔约国已经成为定案的先前判决不相容。欧洲共同体理事会第44/2001号条例同样规定可以以公共政策和缺乏适当通知为理由不承认外国的民事判决。因此，对于追回腐败资产的判决，在执行上可能仍然会引起争议。例如，英国上诉法院指出，以欺诈方式获取的外国判决将不予执行，即使最初的法院已对欺诈指控进行过调查，然而美国等其他国家则认为，如果最初的法院已对欺诈问题进行过审议并作出认定，在寻求执行外国判决时将不对有关问题的事实加以重新审查。

我国已先后加入《联合国打击跨国有组织犯罪公约》和《联合国反腐败公约》，上述两个公约在没收犯罪所得问题上，都包含关于"没收事宜的国际合作"条款，要求被请求缔约国将请求缔约国法院签发的没收令提交主管当局，以便按请求的范围予以执行。当前，一些外国已经开始依据公约规定向我国提出刑事司法协助的请求，如一些国家的主管机关依据公约规定请求我国承认和执行由该外国司法机关作出的、针对我国境内的犯罪资产发出的没收裁决。现行《民事诉讼法》在第29章"司法协助"中包含有关于承认与执行外国民事裁决的条款，但是，在我国基本的刑事诉讼制度中不存在承认与执行外国刑事判决的规定,这一法律空白不利于我国追回腐败犯罪资产。

2001年7月21日我国与乌克兰缔结的《被判刑人条约》开创了我国与外国开展相互承认与执行刑事裁决的先例。随后,我国与俄罗斯缔结了《移管被判刑人条约》,相互承认和执行关于剥夺人身自由刑的司法裁决,其中包括追回犯罪资产。这些国际条约为我国刑事法制引进了大量国际社会普遍接受的原则、规则和概念,但是国际条约的功能和调整范围毕竟有限,一个国家在开展国际合作中所应遵循的内部职责分工以及内部审查和运作程序则是国际条约无法规范的,国际条约确立的一些原则也需要通过国内立法加以细化并使之具有可操作性。同时,从关注程度来看,是否承认和执行外国刑事判决,多是从被判刑人的权益角度考虑,对附随于判决的财产刑之执行,一般被放在次要位置。因此,我国司法机关很难通过承认和执行外国"没收令"或者没收判决的方式,协助外国主管机关追缴在我国境内发现的犯罪资产并且向请求方实行返还。

司法实践中,如果某一外国依据《联合国反腐败公约》向我国提出执行该国没收令的请求,我国应当由哪一机关负责审查该请求并作出相关决定?应当遵循怎样的审查标准和程序?哪些人员可以在这种审查中针对外国的没收令提出异议或权利主张?我国司法协助的中央机关与主管机关应当如何分工处置并且在多长的期限内处理外国提出的调查取证请求?这些问题的解决目前仍然没有具体的国内法依据,从而使我国无法切实履行《联合国反腐败公约》为"资产的追回"所确立的主要国际合作义务,导致合作在实践中难以有效开展,甚至可能使国际条约中的相关条款成为一纸空文。在我国无法切实承认和执行没收令的情况下,我国主管机关签发的没收令也将因对等原则与互惠原则的适用而在有关外国受到拒绝。

第四章　我国腐败资产跨境追回的立法对策

前文提到，我国与有关国家在开展腐败资产追回国际合作方面有着迫切而现实的需要，但我国腐败资产跨境追回面临一系列障碍，特别是在腐败资产追回配套立法方面存在不完善之处。我国对外司法协助制度的一个突出特点是，个案合作先于对外缔约，对外缔约先于国内立法，即在对外缔结双边、多边条约之前，我国已与一些国家开展了个案合作，而在国内立法之前，我国已与一些国家缔结了双边条约，并成为一些含有司法协助内容的多边条约的缔约国。因此，经过一段时间的条约实践再进行国内立法，可以使国内立法更好、更协调地与条约相衔接，使国内立法规范国际合作的相关机制在实践中运转顺畅。相关部门也意识到了这一点，并认真研究腐败资产追回相应的对策特别是立法对策的支撑。如中央纪委会同有关部门讨论通过《关于实施〈联合国反腐败公约〉第二阶段工作方案》，对腐败资产追回需要制定完善的相关法律制度，包括调整诉讼制度，统筹协调犯罪资产的没收、追缴、收缴、返还，建立防范官员外逃工作协调机制，起草司法协助法，通过民事诉讼直接追回腐败资产，通过国际合作追回腐败资产，建立腐败资产返还中的分享机制等都作了部署，而且一一落实了承办单位。笔者认为，当前我国应当结合实际，在腐败资产直接追回、间接追回及腐败资产返还与处分等方面提供立法对策的支撑，制定实用的、具有可操作性的立法规定。

第一节 腐败资产直接追回的立法对策

在腐败资产追回中,如果具有比较有利、适当的诉讼理由,容易得到起诉地司法机关的认同,能够以比较快捷的方式对腐败资产实行冻结、扣押或其他保全性措施,能够在诉讼举证中提供原告对有关财物享有合法所有权或因腐败行为受到损害的充分证据,且起诉方具有一定的财力、物力和人力基础,能够支付必需的费用,一般应当选择直接腐败追回,在境外提起民事诉讼。腐败资产直接追回需要我国在相关立法对策上予以支撑,如建立运用民事诉讼追回腐败资产的制度及建立简易返还制度等。

一、建立运用民事诉讼追回腐败资产的制度

笔者认为,根据《联合国反腐败公约》相关规定,结合国际国内腐败资产追回的实践经验做法,我国要在立法上通过规定腐败犯罪具体被害人与我国政府在境外提起民事诉讼两种途径,建立运用民事诉讼追回腐败资产的制度。

(一)腐败犯罪具体被害人在境外提起民事诉讼

1. 腐败犯罪具体被害人的确定

犯罪被害人,是指人身权、财产权等权利受到犯罪行为侵害的单位或者人员。传统刑法观念认为,腐败犯罪属于无被害人犯罪,即腐败犯罪没有具体的受害人。但笔者认为,腐败犯罪除了有笼统的被害人即国家之外,许多情况下也都会有具体的被害人,即《联合国反腐败公约》第35条规定的"受到损害的实体或者人员"。贪污、挪用及私分国有资产犯罪中,犯罪主体所在单位属于具体被害人,如国有企业管理层实施贪污犯罪,该国有企业就是具体受害人。贿赂犯罪中,如存在索贿行为,被索贿者

属于索贿行为的具体被害人。通过行贿犯罪排挤竞争对手而获得项目,其他因行贿犯罪行为而丧失机会和资格的实体或人员即为腐败犯罪的具体被害人。

2. 程序的启动

在境外提起的民事诉讼主要包括民事确权诉讼与民事侵权诉讼。在腐败资产流向清楚,该犯罪资产有明确合法所有人或者具体犯罪被害人,且债权债务关系十分清晰的情形下,按国际惯例做法,可以在境外提起民事确权诉讼,即由被害人在腐败资产所在国委托当地律师按照法律规定的程序向有管辖权法院提起民事确权诉讼,从而达到追回腐败资产的目的。在满足以下三个前提性条件下,腐败犯罪被害人可在境外提起民事侵权诉讼,获得补偿或赔偿,(1)被告实施或命令实施腐败行为,或者应该制止腐败行为但未对其加以制止;(2)原告或其经济利益由于腐败行为受到某种程度的损害;(3)腐败行为和损害之间存在逻辑上的联系。

至于民事诉讼程序的启动主体,当腐败犯罪的具体被害人是公民个人时,由该公民本人或者其法定代理人或者诉讼代理人提起诉讼;当具体被害人是集体或者企事业单位时,由该单位的法定代表人提起。由于大量腐败犯罪的直接被害人是企业或事业单位,为追回转移至境外的腐败资产,在境外提起民事诉讼的主体一般是具体的法人,即便是国有企业资产遭受腐败犯罪侵害,一般也应当让企业自己作为独立的诉讼当事人提起民事诉讼,而不宜由国家出面起诉,以避免复杂的国家主权豁免问题。值得一提的是,在腐败犯罪被害人未提出请求的情况下,一个缔约国的法院发现并且认定某人实施公约确定的腐败犯罪行为时,能否自行启动诉讼程序,命令犯罪人向被害人作出赔偿或补偿呢?笔者认为,在这种情况下,基于以下理由,可以命令犯罪人向受害人作出赔偿或补偿。第一,就《联合国反腐败公约》字面而言,并没有提出一定要先经过受害人请求，被请求国法院才可作出指令犯罪人向被害人赔偿或补偿的命令。因此，更为恰当的解释应该是，无论被害人是否提出赔偿或补偿请求，缔约国法院都应根据法院认定的事实，命令腐败犯罪主体向被害人作出赔偿或补偿。第二，这符合《联合国反腐败公约》的宗旨，即"促进和加强各项措施，以更高效而有力地预防和打击腐败"、"促进和支持预防和打击腐败方面国际合作和技术援助"。

3. 程序运行中政府角色的定位

腐败犯罪具体被害人在境外提起民事诉讼的程序运行中，政府机关既要尊重和保障犯罪被害人在诉讼中的独立性和自主性，也要协助腐败犯罪被害人，在职责范围内给予一切必要和适当的指导帮助，具体而言，要做好以下四个方面的工作：一是帮助被害人选择富有经验的律师。被害人在境外提起民事诉讼，一般不了解资产所在国家（或者地区）相关法律规定及诉讼程序，需聘请当地具有民事诉讼经验的律师代理诉讼。政府机关要利用自身优势，为被害人聘请具有良好专业素质、能够胜任有关诉讼工作的律师提供参谋。二是密切配合律师，准备民事诉讼的相关法律文书。政府机关应根据工作的需要制作有关法律文书，将法律文书和认定的犯罪事实等内容充实到民事诉讼文书中，从而使民事诉讼文书具有更大的说服力和更强的可信性。三是关注和参与民事诉讼活动。拟订并调整在境外提起民事诉讼的策略和方案，指导和协助取证。根据有关国家（或者地区）规定，在庭审调查期间，除司法机关办案人员出具书面声明外，还要求办案人员和证人出庭作证。因此，政府机关要做好充分的准备，事先与律师蹉商，并在回答问题时遵从律师提示。四是为犯罪被害人及时接收、调回或处置通过境外民事诉讼而追回的资产、赔偿或补偿提供便利或者帮助。

（二）我国政府在境外提起民事诉讼

《联合国反腐败公约》第 53 条第 1 款指出，请求国可向被请求国提起民事诉讼以追回腐败资产。上述公约规定为缔约国开展这方面合作，由请求国在境外提起民事诉讼提供了宏观性的法律框架。但在这种途径下，如何确定请求国的法律地位是一个难题。一般而言，请求国处于原告地位，受国家及其财产豁免原则限制，请求国无法以原告的身份切实地进行民事诉讼，这无疑不利于腐败资产的追回。就我国而言，按照《物权法》规定，国有资产属于国家所有，由国务院代表国家行使所有权。但《物权法》未就所有权的表现形式、行使主体等作出规定。按照《国有资产产权界定和产权纠纷处理暂行办法》和《行政单位国有资产管理暂行办法》等规定，国务院代表国家行使国有资产的所有权，国家对国有资产实行分级分工管理。从上述规定可以看出，我国关于国有资产所有权的管理存在一定程度的缺陷，国务院是国有资产的主体，但并不持有所有权证，也不实际占有和使用国有资产，各级行政事业单位和国有企业占有并使用国有资产，但不是国有资产的实际主体。而且，相对于腐败犯罪侵害对象而言，我国关于国有资产的界定不够全面。因此，如何确立我国在民事诉讼中的法律地位以便更好地追回腐败资产，须予以明确。

笔者认为，就当前而言，可采取两种方法解决上述问题。一是创设"法人手段"，由其代理国家在境外提起民事诉讼；二是采用公益诉讼模式，由检察机关代理国家在境外提起民事诉讼。同时，要加快外国主权豁免的立法进程，明确规定主权豁免例外和放弃制度，为涉及外国政府的民事诉讼活动规定程序性规范。

1. 创设"法人手段"

"法人手段"是联合国《防止和打击腐败行径及非法转移资金的活动：秘书长的报告》（A/56/403）第 136 段中使用的一个

概念。在民事诉讼中，"法人手段"是诉请人或者原告，其有责任向被请求国的法院提供证据证明自己的诉讼主张，是司法命令的主体和判决的接受人。按照现代国家理论，国家权利的行使、处罚或放弃，必须有明确的授权。"法人手段"取得被请求国的民事诉权应当经请求国的授权。

我国在境外提起民事诉讼追回腐败犯罪资产，须根据案件的性质和欲追回资产的数额来确定具体的"法人手段"。鉴于这类案件涉及国际性诉讼，甚至有时会影响国与国之间的外交关系，所以确定"法人手段"必须严格谨慎。一般而言，在现行体制下，当前"法人手段"可由国有资产管理部门充任。在中央层面由国务院国有资产管理委员会以国家名义，代表国家进行活动，在地方层面则由各省级国有资产管理委员会从事各种活动，地级市（包括以下）国有资产管理委员会则不宜直接充任"法人手段"。各级国有资产管理委员会代表国家在腐败资产所在国提起民事诉讼，处于原告的法律地位，享有原告权利和承担原告义务。

鉴于腐败资产追回的专业性，从长远来说，有必要设立专门的实体性机构或基金会作为"法人手段"，以跨境转移的腐败资产为对象，在境外提起民事诉讼。有学者建议在中央和省一级地方政府两个层面建立专门负责海外资产追回工作的协调性机构。① 也有学者建议成立"中国政府返还与追缴国际合作基金管理委员会"，成员包括财政部、外交部、最高人民法院、最高人民检察院、公安部、司法部、国家安全部，其办公室设在司法

---

① 陈雷：《建立独立的境外追赃机制之构想》，载《检察日报》2006年9月11日。

部，由司法协助外事司司长任主任，负责日常事务。① 笔者认为，在建立运用民事诉讼追回腐败资产的制度中，以上学者的建议值得借鉴。

2. 采用公益诉讼模式

公益诉讼，是指特定国家机关及社会团体、个人，根据国家法律法规，对违法侵犯国家利益、社会公共利益的行为，向法院提起诉讼，要求对方承担相应法律责任的一种诉讼制度。根据各国的法律，公益诉讼的提起主体不同。如在美国，公益诉讼的原告类型多样，除了司法部长和检察长外，还包括纳税人、消费者、环保组织。英国与美国不同，检察长是唯一在法庭上代表公众进行诉讼的主体，而私人不能直接提起阻止"公众性不正当行为"的诉讼。德国则设置了专门的公益代表人制度，联邦最高检察官、州高等检察官和地方检察官分别作为联邦、州和地方公共利益代表人参加不同层级的行政法院的行政诉讼，而市民团体和集团很难获得原告资格。

我国建立公益诉讼具有一定的法律依据。最高人民法院《关于执行〈中华人民共和国刑事诉讼法〉若干问题的解释》第85条规定，"如果是国家、集体财产遭受损失，受损失的单位未提起附带民事诉讼，人民检察院在提起公诉时提起附带民事诉讼的，人民法院应当受理"。由此可见，《刑事诉讼法》肯定了检察机关代表国家的诉讼地位。根据《民事诉讼法》第15条规定，"机关、社会团体、企业事业单位"可以支持受损害的单位或者个人就损害国家、集体或者个人民事权益的行为向人民法院起诉。2011年10月24日中新网报道，第十一届全国人大常委会第二十三次会议审议民事诉讼法修正案草案，全国人大常委会

---

① 黄风：《国际司法合作境外追逃追赃与国际司法合作》，中国政法大学出版社2008年版，第241页。

法制工作委员会副主任王胜明表示,近年来,环境污染和食品安全事故不断发生,一些全国人大代表和有关方面提出在民事诉讼中增加公益诉讼制度,为此,民事诉讼法修正案草案规定:对环境污染、侵害众多消费者合法权益等损害社会公共利益的行为,有关机关、社会团体可以向人民法院提起诉讼。这说明,我国将在未来逐步建立公益诉讼制度,笔者同时也建议将公益诉讼制度扩展适用于腐败犯罪,并认为,在采用公益诉讼追回腐败资产中,应将检察机关作为适格的公益诉讼提起主体,在腐败犯罪仅有抽象国家被害人,没有具体的犯罪被害人时,或者具体犯罪被害人因各种原因无法行使诉讼权利时,由检察机关在境外直接参与民事诉讼,从而保护国家利益和公共利益。

3. 加快外国主权豁免例外的立法

我国应当加快《外国主权豁免法》的立法进程,以立法形式明确规定关于主权豁免的例外和放弃制度,并且为涉及外国政府的民事诉讼活动规定必要的补充性程序规范。在《外国主权豁免法》出台前,建议以司法解释的方式确认外国政府可以成为在我国进行的民事诉讼中的主体地位,即一旦外国政府以原告身份在我国提起民事诉讼,即意味着自愿放弃自己所享有的国家豁免权,与其他当事人处于同等的司法保护。只要在我国立法中明确了外国主权豁免例外,我们就可以在与其他国家签订司法协助条约中,规定外国主权豁免例外的条款,使我国政府在其他国家以当事人的身份进行民事诉讼时,能够按照条约内容或互惠原则,享有民事主体的权利,承担民事主体的义务,为我国政府在境外运用民事诉讼追回腐败资产奠定基础。

二、建立简易返还制度

在腐败资产追回的国际司法合作中,我国司法机关有权根据国际条约或者按照互惠原则,应请求国的要求对有关的财物实施扣押、冻结或者查封等保全措施。如果请求国提出需要上述财物作为证据在诉讼中使用，或者能够证明财物属于境外被害人合法所有，我国司法机关可以采用简易返还程序应请求国请求及时决定将财物返还。如我国《引渡法》第 24 条第 2 款规定，审理有关引渡请求的法院"根据请求国的请求，在不影响中华人民共和国领域内正在进行的其他诉讼，不侵害中华人民共和国领域内任何第三人的合法权益的情况下，可以在作出符合引渡条件的裁定的同时，作出移交与案件有关财物的裁定。"建立简易返还制度，我国在立法中应明确以下几个问题。

（一）简易返还决定权归属

一般情况下，简易返还由实施扣押、冻结或者查封措施的公安机关和检察机关决定并直接返还给请求国。但在一些特殊情况下，由于被请求返还的财物特殊或存在权属争议，应当由法院对请求国的请求予以审查并作出简易返还的裁决，具体如下：一是被请求返还的财物为资金或者有价证券并且存放在银行、保险公司、证券公司等金融机构，或者属于不动产或者受到特殊物权保护制度保护。二是具有利害关系的第三人对公安机关或检察机关的简易返还决定向人民法院提出异议。

（二）返还前通知制度

为确保简易返还不会对善意第三人的合法权益造成损害，如果主管机关有充足的理由认为被返还财物存在利益关系人或者有其他人提出权利主张，则应当在返还前书面通知上述人员其享有对返还提出异议的权利，并为其提出异议保留一定的时间。异议既可向作出扣押等保全措施的公安机关、检察机关提出，也可以直接向有管辖权的人民法院提出。

（三）返还担保制度

作出简易返还决定的主管机关可根据实际情况，在实际返还前要求请求国提供简易返还担保，以便在简易返还发生错误时能够提供一定的救济措施,请求国能够将被返还的财物退还。返还担保的主要形式有被返还人提供书面保证或者按照被返还物价值的一定比例提供物的担保。

第二节 腐败资产间接追回的立法对策

在腐败资产间接追回中,请求国请求另一缔约国通过没收等手段取得腐败资产控制权,并通过国际司法协助追回腐败资产,其核心在于没收及没收的国际合作。因此,我国要对腐败资产间接追回予以立法对策上的支撑,须克服在没收方面的立法缺陷,借鉴国外先进立法经验,完善刑事没收制度,建立民事没收制度。同时,进一步完善没收国际合作的相关立法,解决好境外没收裁决在我国的承认与执行,积极探索我国没收裁决在外国的实现。

一、完善刑事没收制度

为合理运用间接追回机制追回腐败资产,我国要在明确刑事没收性质的基础上,通过在立法上扩大刑事没收的范围、规范没收前保全措施的适用、规范没收的变更与执行及加强善意第三人合法权利的保护等措施,完善我国的刑事没收制度。

(一)刑事没收的性质确定

如何确定刑事没收之性质,在西方国家一直存在争议。根据刑事没收的不同特点,学界先后出现刑罚说、保安处分说及多义说等观点。刑罚说认为,刑事没收是对犯罪者非法得利的剥夺,体现了对犯罪者行为法律上之否定评价,没收与犯罪相关的物品,是行为人对自己过去的恶行所应承担的一种责任形式。将没收作为刑罚,既是对其夺利性质的确认,也有利于按照"罪刑法定"原则实现对当事人权益的保护。保安处分说认为,对于违禁物，往往不问属于犯人与否，只要其具有损害公共安全与法律秩序之危险，基于社会保安需要，为防患于未然，自应加以没收，这种没收具有保安处分的本质。多义说认为，没收究竟系刑罚或保安处分，应依规定没收各法条的立法主要目的决定，如为报复所犯之可罚行为加以制裁者为刑罚，而以预防可罚行为发生为目的者则为保安处分。

就我国而言，刑事没收指《刑法》第64条所规定的没收，具体包括针对犯罪分子违法所得财物的追缴、责令退赔及针对违禁品与犯罪所用本人财物的狭义没收。笔者认为，上述的刑事没收，在性质上属于刑事强制处理方法而非刑罚。刑事没收作为强制处理方法，对应渐趋复杂、严峻的犯罪形势，满足防卫社会、保障社会安全及打击犯罪的需要，应当赋予其足够的灵活性，使其发挥最大效用，实现打击犯罪并追回犯罪资产的功能。如果将其严格限定为一种刑罚，则会将其适用范围限制在对犯罪嫌疑人人身处理及相关程序上，更无法很好地解释对第三人财产之没收的理由。

（二）扩大刑事没收的范围

一般而言，刑事没收的范围主要指犯罪所得及其收益，即通过犯罪行为获取的财产及其孳息等。由于我国法律对没收范围规定得不够完备，建议参照《联合国禁止非法贩运麻醉药品和精神药物公约》、《联合国打击跨国有组织犯罪公约》及《联合国反腐败公约》，秉承上述公约"非法行为不可能获得任何收益"的精神，在刑法和刑事诉讼法中将犯罪所得、价值相当于犯罪所得的财产、犯罪工具、替代财产、混合财产及利益收益等都包含在没收的范围内。

1. 犯罪所得财产

从广义上讲，犯罪所得财产包括犯罪行为产生之物、犯罪行为取得之物及作为犯罪报酬取得之物。犯罪所得包括直接与间接犯罪所得，后者如利用自己职务或者其亲友依靠官员的职务便利在非公务活动中取得的利益，如公司收益、利息、股息、分红等。事先许诺给予，但尚未兑现的利益，如事先预备、待事成之后兑现的行贿资金，也应当纳入没收的范围。有些情况下，被告人为逃避刑事没收将自己的犯罪所得以赠与的名义转让给朋友、亲属或者其他人，这种情况下类似于英国《犯罪收益追缴法》（2002年）规定的"污点赠与"，与我国破产法关于破产人为逃避债务恶意转让资产的情况相似，应当纳入刑事没收的范围。

2. 价值相当于犯罪所得的财产

对这种财产的没收又称为"价值没收"，指在犯罪收益或者所得赃物灭失或无法追查的情况下，没收价值相当于非法收益的合法财产。这主要适用于以下两种情形：（1）法律上的不能没收，即原物虽然存在，但因善意第三人取得其物，出于法定原因不能没收；（2）事实上的不能没收，即原物因消费、毁坏、损失等原因不复存在，或失去同一性，导致事实上不能没收。

3. 用于或者拟用于犯罪的工具

对犯罪工具的没收上，应当以"相当性原则"作为标准，衡量犯罪工具的价值大小、使用频率、与犯罪联系的紧密性，最终使应没收犯罪工具的价值与犯罪行为的危害相当。没收这种财产需注意保护善意第三人的权利，即没收对象不包括善意第三人所有的供犯罪使用的财物。例如，如果这些财物不是犯罪分子本人的，而是借用或者擅自使用的他人财物，财物所有人事前不知是供犯罪使用的应当予以返还。但是，司法机关作为证据扣押的，应当等到案件审理结束后，再发还给财物所有人。

4. 替代财产、混合财产及利益收益

替代财产，是指由犯罪所得部分或全部转化或者转变而来的财产，如用贪污赃款购买的不动产、车辆等。混合财产，是指犯罪所得与合法获得的财产相混合后获得或者产生的新财产,对混合财产的没收,以混合于新财产的犯罪所得的估计价值为最高数额。如将受贿款 5 万元与工资、薪金 10 万元相混合,用于购买小轿车,则这辆小轿车的三分之一即 5 万元构成可追缴财产,剩余的资产属于不可追缴的关联资产。所谓利益收益,是指可追缴财产所产生的利益,如挪用公款后投资不动产,不动产升值后从中获得的差价即属于这类相关收益。

5. 具有"犯罪生活方式"被告人的犯罪收益

英国《犯罪收益追缴法》(2002 年)引入"犯罪生活方式"概念,通过对被告人犯罪行为的性质和特点的分析判断该人对犯罪经济效益的依赖性,如推定被告人依赖犯罪收益维持生计,不具有其他合法经济来源,则可将刑事没收范围扩大到被告人可能享用的一切非法收益,无论其是否与现行刑事诉讼中的定罪有关。其第 75 条规定,"可以根据被告人的'犯罪生活方式'标准将有关财产推定为犯罪所得予以没收。'犯罪生活方式'的标准是:(1)某人犯有该法附表所列的某一罪行,例如贩毒罪、洗钱罪、领导恐怖活动罪、伪造罪等;(2)某人在持续 6 个月以上的时间中持续犯有任何罪行,并且从中受益;(3)犯有 3 个或者 3 个以上的罪行并且从中受益。"

笔者认为,我国在规定刑事没收的范围时,可以适当借鉴英国的立法,将没收对象不应当只限定在审判所认定的罪行的犯罪所得,比如规定,被告人多次涉嫌受贿行为,但正在因某一次受贿行为接受审判,法院在考虑没收犯罪收益时可以将该人以前通过受贿获得的财产一并计入犯罪收益的数额,尽管以前的受贿行为不构成法院现行审判的对象。

(三)规范没收前保全措施的适用

《联合国打击跨国有组织犯罪公约》在规定了没收对象之后,又在第 12 条专门就没收前保全措施作出规定,"缔约国应采取必要措施，辨认、追查、冻结或扣押本条第 1 款所述任何物品，以便最终予以没收。"《联合国反腐败公约》第 54 条规定，各缔约国均应当根据其本国法律，"考虑采取补充措施，使本国主管机关能够保全有关财产以便没收……"有些国家刑事法律对没收前保全措施予以详细的规定，如英国《犯罪收益追缴法》(2002 年) 规定，刑事法院如有合理根据相信被告人从犯罪行为中获利，可以对相关财产签发限制令，"禁止特定人对其所持有的可实现财产进行处置"，其功能在于对可能成为没收对象的财产进行冻结。限制令既可以针对被告人或亲属签发，也可以针对财产受托人和"污点赠与"的接受人签发。在美国，刑事没收程序的一个重要方面是在审判之前确保资产能够被没收。联邦法院根据政府的申请可以签发一个针对拟没收资产财产的保全令，保全令通常采取限制令形式，但也可采取扣押令，后者主要针对不动产及其他可能产生资产流转的案件。

在我国，为搜集和保全证据，确保对犯罪所得及收益的没收、对犯罪被害人的赔偿或者财产刑的执行，防止有关资产被转移、隐藏或者挥霍，建议借鉴英国《犯罪收益追缴法》等规定，在刑法、刑事诉讼法原先立法的基础上，明确规范我国没收前财产保全措施的适用条件、种类及程序。

1. 没收前保全措施的适用条件

没收前保全措施的适用条件，指司法机关在冻结、扣押与案件有关的款物时，必须存在合理根据。"合理根据"要求这种证据在一定的形式和逻辑上是充分和确实的，如不出现相反的证据，它足以作为认定某一事实的根据。判断是否存在"合理根据"应当符合三个标准：(1) 拟将冻结、扣押的款物与犯罪有关联性；(2) 拟将冻结、扣押的款物与犯罪之间的关联性有证据予以证明；(3) 上述关联性证据已有查证属实的。同时在扣押证、冻结证中应详细说明所依据的事实，并载明被强制处置财产的具体情况,如财产所有制性质、所在位置、估值等。

2. 没收前保全措施的具体适用

(1) 程序的启动

刑事侦查机关包括公安机关、检察机关、国家安全机关、监狱、军队保卫部门,认为被发现的财物可以用来证明犯罪嫌疑人有罪或无罪,或者认为符合侦查犯罪的需要,即可决定采取冻结、扣押等保全措施。由于刑事侦查以立案为前提条件,因此,对资产的保全措施应当发生在立案程序之后,即发生在刑事诉讼主管机关认为有犯罪事实需要追究刑事责任并启动正式立案程序之后。刑事审判机关在必要的时候,也有权对一切可能构成财产刑执行对象、或者可能用于向犯罪嫌疑人赔偿或返还的财物采取保全措施。笔者认为,在条件成熟的时候,有必要引入西方的"令状主义",对保全措施采取司法审查机制,在采取没收前保全措施时,必须由警察或检察官向法官提出附有条件的申请,经法院或者法官审查后签发令状,只有依据该令状,方能限制或剥夺犯罪嫌疑人的自由和财产。

(2) 适用证明标准

主管机关在作出没收前保全措施时,必须提供确实、充分的证据,证明适用保全措施的合理性,即存在合理根据,指在特定的情况下,根据当时的事实和条件,按照一个基于合理的注意,足以使人相信某一事实可能存在,尽管其不完全符合充分性、严密性和排他性的标准,但在无其他相反证据的情形下,可以作为认定该事实的依据。如可借鉴我国学者起草的《模范刑事诉讼法典》有关规定,证明应保全之物"与犯罪有关",且"对发现案件事实真相十分重要",主要适用于:它是与正在侦查的犯罪或任何其他犯罪有关;或是因为实施犯罪的结果而获得的,并且为预防其被隐匿、丢失、篡改或销毁而有必要保全。这种证明必须是"他向证明",而非"自向证明",即由请求人向主管机关证明欲采取措施的正当性与合理性。

(3) 比例性原则

比例性原则，又称最小损失原则，是以正义为标准，在保护与平衡的意义上，对公共利益与个人利益加以斟酌，以达到合理的结果，避免过分、错误的决定。比例性原则体现在保全措施中，必须遵循适合性、必要性与相称性三个具体要求。适合性要求采取的每一个保全措施都适合于实现其所追求的诉讼目标；必要性要求在采取保全措施实现诉讼目标时都应当尽可能采取对公民权利损害最小的手段；相称性要求在诉讼过程中所采取的任何手段所造成的对公民权利的损害都不得大于该手段所能保护的国家和社会公益。因此，我们应在法律上规定，"扣押、冻结等保全措施涉案财物，应当与涉案金额相当。"

(4) 保全措施的解除

如果保全措施的决定机关认为保全措施所针对的财产不属于可追缴财产或关联财产，则必须解除保全措施。其他人或机关认为保全措施不合法，也可向决定机关提出解除保全措施的申请，决定机关如认为申请理由成立，也必须解除保全措施。所保全财产如属于被害人有证据证明的合法财产，且不是在法庭上作为证据出示的，则决定机关应当解除保全措施，及时将财产返还给被害人，并由被害人在发还款物清单上签名或者盖章。如属于决定机关的过失，财产持有人可以依法在规定的期限内提出赔偿申请。

(四) 刑事没收的变更与执行

1. 刑事没收的变更

刑事没收在性质上不属于刑罚，因此，不能成为上诉的对象。但是，如果有关当事人认为没收财产不属于可追缴财产或关联财产，或者决定没收的财产数额不合理，可以向作出决定的机关提起变更申请，决定机关认为理由成立应当对已签发的刑事没收令予以变更。决定机关也可以自行对刑事没收令予以变更。在可支配财产不足以支付没收令规定数额时，被没收人可以提出申请，请求核减没收财产的数额，在此情况下，决定机关可以按照现时情况对可支配财产的数额重新进行计算，在考量被没收人应用来履行清偿义务财产数量的基础上，对没收财产的数额进行变更。

被告人潜逃时，主管机关在其缺席情况下签发没收令，如被告人重返相关刑事诉讼且认为没收数额不合理，可以申请对没收令进行变更。主管机关如认为该申请合理，必须根据没收令签发时的情况重新确定当时应予以没收的合理数额，并据此对没收令进行变更。如果曾经潜逃的被告人被宣告无罪，没收令缺乏合理依据，则必须撤销没收令。

2. 刑事没收的执行

（1）执行机关

在英国，没收令的执行机关为资产追缴局局长或者治安法院。如果资产追缴局局长申请签发没收令，就没收提出上诉或者在没收令签发前即向刑事法院提出作为没收令执行机关的申请，没收令则由资产追缴局局长负责执行。在其他情况下，执行机关则为治安法院，刑事法院指定一名执行接管人协助执行。笔者认为，在我国，鉴于法院享有执行权，刑事没收令应当由法院执行，在刑事没收执行中，可赋予法院以下三方面的权力：一是对有关场所进行搜查和检查，了解和掌握有关财产的情况；二是对有关财产实行接收、占有并进行管理；三是为执行没收令对有关财产进行处置，如指定对有关财产进行变现。

（2）被执行人破产情况下的执行顺序

如果被执行人处于破产状态，财产处于接管人掌管，应当按以下清偿顺序加以处理：首先清偿破产执行人可能产生的费用；其次清偿没收决定机关指示的支付；最后才能用来支付没收令的追缴款项。若全额支付后仍有剩余,则根据没收决定机关指示的比例在对财产享有利益的人之间进行分配。

(3) 制裁措施

为保障刑事没收的执行,应当对拒不执行没收令的行为规定严厉的制裁措施,如果被告人有可供执行的财产,故意拒绝执行或者因严重疏忽大意而未执行没收令,法院有权签发传唤令,必要时可采取拘留、逮捕等刑事强制措施甚至刑罚措施。

(五) 加强善意第三人合法权利保护

加强善意第三人的保护,既是维护市场交易安全、打击犯罪的需要,也是我国履行《联合国反腐败公约》等国际公约的要求。对此,笔者认为,要明确善意第三人的判断标准,规定善意第三人的异议权,以在刑事没收时保护善意第三人的合法权利。

1. 善意第三人的判断标准

在善意第三人的判断标准上,建议参考《泛美反洗钱示范规则》(1999年)的规定,在下述事实已证明属实时,请求人属于善意第三人:(1) 请求人对所主张的财产、收益或者工具享有法定的合法利益。(2) 请求人没有参与、共谋诈骗、非法贩运或者其他严重犯罪而使之陷入法律程序中。(3) 请求人对财产、收益或者工具的非法使用不知情且不具有敌意的忽视,或他虽然知道但并非自愿同意非法使用上述财物。(4) 请求人没有从被追诉人获得任何权利,以使得该情形下为避免财产、收益或工具最终被没收而进行转移财产、收益或工具。(5) 请求人采取了能够合理预防的防止和非法使用财产、收益或者工具的一切行动。

2. 规定善意第三人异议权

在对拟没收的财产采取扣押、冻结等保全措施后,没收或返还的物品有直接利益关系人的或有可能存在潜在善意第三人权利的,应在没收或返还前向上述人员发出书面通知或者提前在媒体上发出公告，要求他们在一定期限内提出权利主张并且提供证据加以证明，同时规定一定的异议期。异议既可以向处置有关物品的司法行政机关提出，也可以向有管辖权的人民法院提出。提出异议的理由主要包括：第一，缺乏认定有关财产属于犯罪收益的合理根据，其标准相当灵活，某种程度上依赖于直觉，但它远远低于在法庭上证明的必要标准。第二，财产所有权属于无辜所有者，无辜所有者指不知道且没有参与违法活动，并且尽可能被合法期待以最大努力去阻止违法行为的的人。

二、建立民事没收制度

《联合国反腐败公约》第54条第1款第3项要求："各缔约国均应当根据其本国法律考虑采取必要的措施，以便在因为犯罪嫌疑人死亡、潜逃或者缺席而无法对其起诉的情形或者其他有关情形下，能够不经过刑事定罪而没收这类财产"。作为《联合国反腐败公约》的缔约国，我国应当履行公约义务，在立法上规定不经过刑事定罪的民事没收则属于履行《联合国反腐败公约》义务的一个重要部分。国外相关民事没收的立法为我国提供了素材。如美国《民事资产没收改革法》（2000年）、英国《犯罪收益追缴法》（2002年）及澳大利亚《犯罪收益追缴法》（2002年）对民事没收的性质、适用条件、适用程序、举证责任及证明标准等予以明确规定，值得我国在民事没收立法上予以借鉴。

（一）建立民事没收制度的合理性

目前，几乎所有的国家都建立了对某人进行刑事定罪没收其犯罪所得的刑事没收体系。但是，在腐败犯罪嫌疑人、被告人死亡、潜逃或者失踪等情形下，司法机关难以进一步启动诉讼程序，无法对犯罪嫌疑人、被告人予以追诉或定罪，也就无法作出相应的司法没收裁决。另外，在腐败资产跨境追回中，被请求国往往要求请求国提供司法机关生效的、终局的财产没收裁决，并以此为前提提供进一步的国际司法协助。为此，有的国家对参与腐败犯罪的个人或机构进行洗钱犯罪控诉，并以此为依据对资产进行没收，也有的国家进行缺席判决，并以此为基础进行没收，但鉴于保障人权的考虑，多数国家对使用缺席判决都有十分严格的限制，所有上述方法不能完全解决腐败犯罪嫌疑人、被告人死亡、潜逃或者失踪等引发的问题。为此，我国需要一些创造性的措施来解决这个问题。即有必要通过立法，在刑事没收无法奏效的情况下，建立民事没收制度，规定在犯罪嫌疑人、被告人死亡、潜逃或者失踪等情形下，对其财产适用民事证明标准，证明没收对象属于犯罪所得或工具，并作出民事没收的裁决。

2012年3月14日，全国人大颁布修改后的《刑事诉讼法》，在第280条专门新增"犯罪嫌疑人、被告人逃匿、死亡案件违法所得的没收程序"，指出，"对于贪污贿赂犯罪、恐怖活动犯罪等重大犯罪案件，犯罪嫌疑人、被告人逃匿，在通缉一年后不能到案，或者犯罪嫌疑人、被告人死亡，依照刑法规定应当追缴其违法所得及其他涉案财产的，人民检察院可以向人民法院提出没收违法所得的申请。"该程序的设立是对现行刑事诉讼制度漏洞的弥补，对我国刑事诉讼制度以及反腐败体系的完善具有重要意义。可以在无法对腐败官员等进行刑事追责时，部分实现对其惩罚，即追缴其犯罪所得。这种不定罪的财产没收程序，在一定程度上含有民事没收的成分。笔者认为，上述没收程序与英国《犯罪收益法》（2002年）的规定有相似之处，"即使被告人未被认定为有罪，但只要针对其的诉讼仍在进行，并且其潜逃期限已满2年的，仍然可以作出没收犯罪收益的决定"。

（二）民事没收的性质确定

1. 国外关于民事没收性质的分歧

自诞生之日起，人们对于民事没收的性质就存在较大争论。有人认为民事没收是一种刑事性质的措施。欧洲人权法院根据确定刑事条款本质属性的国内法中的分类程序、本质属性以及类别和严重性三个标准，认为民事没收只是一种预防措施，不具有刑事处罚的严重性。欧洲人权法院在多个案例中肯定民事没收被归入民事性质的范畴。如在巴特勒案中，申请人指出对其现金的民事没收代表了缺乏第 6 条提供的程序保障情况下的严厉刑事制裁，法官则提出了不同的观点，认为民事没收是一种预防性措施，而不能被用做刑事制裁，因此，它不涉及一项刑事指控的判决。在美国诉厄瑟利案中，美国最高法院也肯定民事没收是一种具有民事性质的措施，而非刑罚处罚。美国最高法院认为，民事没收是一种对物诉讼，其通过法律拟制，好像财产具有意识而非无生命、无知觉，且财产本身被认为是有罪和应受谴责的。而在刑事诉讼中，犯罪嫌疑人或被告本人是被追诉的对象。从以上两个案例可以看出，欧美刑法学界的主流意见认为，民事没收在性质上不是刑事的，而是民事的。正因为民事没收具有民事性质，在举证责任方面才采用优势证据原则而非采用"排除合理怀疑"标准。没收财产之后，也不会对财产所有人加以刑事制裁和定罪，否则会造成逻辑上的混乱。同时，主流观点也认为，民事没收是一种非典型民事性质的制度，其在基本保持民事性质的同时，也糅合了一些刑事方面的因素。

2. 我国民事没收的性质

笔者认为，在我国，民事没收在性质上属于刑事强制性措施。民事没收发生在刑事环节内，其目的在于更为灵活地打击犯罪、剥夺犯罪工具及收益，因此，其属于带有刑事意味的一种惩罚，而非真正意义上的民事补偿措施。这种刑事措施建立在财产人格化法律拟制的基础上，诉讼标的不是人，而是属于犯罪收益的财物，物被赋予人格化，在某种程度上获得了虚拟的人格，成为诉讼上的被告，并被认为是有罪的，由政府作为原告来证明它是犯罪收益或者犯罪工具等。民事没收的独特性在于借"民事"

之名行"刑事"之实,其不同于刑事没收之处在于民事没收的实施独立于对人的刑事追诉,只要证明有关财物构成、起源或者来自于犯罪收益,即可对其进行扣押、冻结或者没收,即使犯罪嫌疑人、被告人在逃、失踪或者死亡。民事没收是对物诉讼的一种,在这种诉讼中被告人不是人,而是物,即民事没收的裁决不是针对犯罪人,而是针对财物,且这种判决会影响所有在该财物上有利益的人。

之所以称为"民事的",主要基于以下理由:(1)民事没收只针对物,不针对人,即只针对违法所得的财产,不针对违法行为,也不针对违法行为人或违法财产持有人。(2)民事没收适用民事程序,与刑事诉讼无直接联系,其实施独立于对有关人员的刑事追诉程序和追诉结果,实现了犯罪人与犯罪所涉及财产的分离,对犯罪所得的追缴不再受对犯罪人的司法管辖权和审判的影响。(3)在民事没收中,政府的举证标准只要达到民事证据要求上的优势证明标准即可,无须达到刑事诉讼所要求的排除合理怀疑标准。只要证明有关财物构成、起源或者来自于直接或者间接通过犯罪所取得的收益,即可对之实行扣押、冻结和没收。

(三)民事没收的适用前提

在犯罪行为人死亡、潜逃或缺席情况下,由于世界各国一般禁止或严格限制刑事缺席审判,依存于刑事裁判的没收财产刑种就无所依存,追缴犯罪所得就存在障碍。为此,《联合国反腐败公约》第 54 条第 1 款第 3 项创设了一个独立于对人的审判程序之外的对犯罪资产进行没收的制度,这被认为是所谓对民事没收制度的倡导。我国要引入民事没收制度,须明确民事没收的以下适用前提。

1. 主管机关享有对物管辖权

美国民事没收不考虑是否对该行为有管辖权,也不考虑该行为人是否可以在美国被追诉和刑事定罪，只强调资产在美国控制之下，即该财产位于美国且与某犯罪有关。在我国，民事没收的适用前提应是主管机关对于被提起诉讼之物具有对物管辖权，即该物在主管机关的实际控制或推定控制之下。要采取民事没收措施，须具备以下两个实质性条件：第一，被没收财产属性要求，即要求被没收的财产是犯罪所得，或者是用来犯罪的工具或者被犯罪分子用以提供便利或者涉及犯罪。同时，该财产并不限于犯罪人所有的财产，如果犯罪人利用别人的财产实施犯罪，该财产也属于民事没收的对象。当然，该财产的这种属性应当由主管机关加以证明，即主管机关应当证明该财产与犯罪活动存在实质性联系。第二，该财产须在主管机关管辖权范围内，主管机关对该财物享有英美法意义上的对物管辖权，即对该财产具有实际控制或拟制控制。

2. 当事人死亡、潜逃或者缺席

在我国，没收的对象只能是所谓"赃款赃物"，而特定对象是否为赃款赃物，只能等待法院作出生效判决后才能予以确定。但是，在当事人死亡、潜逃或者缺席情形下，法院不可能未经审判就作出有罪判决。为此，笔者建议，我国应按《联合国反腐败公约》的规定，将民事没收这种未定罪没收的适用情形规定为：有关犯罪嫌疑人死亡、潜逃或缺席等，对相关人员尚未提起刑事诉讼，但主管机关掌握足够证据材料。

3. 针对特定犯罪

民事没收适用发生在我国境内的犯罪，也适用在外国实施、并且正由外国司法机关调查、起诉或者审判的犯罪，即使我国司法机关对于有关犯罪案件并不享有或者并未行使对人的司法管辖权。"在外国实施的犯罪"有一定的范围，我国可适当借鉴美国的法律，将其适用范围规定为："一切与毒品有关的犯罪，一切与洗钱有关的犯罪如抢劫罪、杀人罪、绑架罪、贿赂罪、贪污或者侵占公共财产罪、走私罪等,一切与恐怖主义活动有关的、特别是资助恐怖主义活动的犯罪,某些符合双重犯罪标准并且根据外国法律和我国法律均可判处1年以上监禁刑的犯罪,一切根据国际公约我国对之负有或引渡或起诉义务的犯罪。"

(四)民事没收的适用程序

1. 通知利益关系人

在对拟没收的财产采取扣押、冻结等保全措施后,主管机关应当在一定期限内(如60天)向与该财产有利益关系的人发出书面通知或公告,要求他们在一定期限内提出有关权利主张或者异议并提供足够的证据材料加以证明。利益关系人可据以对抗民事没收的理由主要包括:缺乏认定有关财产属于犯罪收益的"合理根据";财产所有人属于善意第三人;民事没收决定机关不享有管辖权;有关的没收决定过分严厉。

2. 民事没收决定的作出

在美国,民事没收可分为简易民事没收与司法民事没收。我国民事没收的建构,也要借鉴美国的民事没收,即民事没收的决定可以在非司法程序中作出,也可以在司法程序中作出。如果在一定期限内没有任何人对被扣押或冻结的财产提出权利主张或异议,或者权利主张或异议被驳回,行政主管机关如海关等可以采用简易程序立即作出有关的没收决定,这就是所谓的非司法程序。如果有人对可能构成民事没收对象的财物提出权利主张或者对民事没收提出异议,案件将被提交法院、检察机关等司法机关,并由司法机关通过司法程序作出民事没收的裁决。行政机关也可以主动提请司法机关就民事没收问题进行审理和裁决。如果司法机关认为具备"合理根据",即作出民事没收的裁决。在民事没收中要引入比例性条款,使没收的力度与犯罪行为的严重程度相对应,如果犯罪行为轻微而民事没收力度失衡,决定机关有权减少没收数量或取消没收决定。2012年修改后的刑事诉讼法

"犯罪嫌疑人、被告人逃匿、死亡案件违法所得的没收程序"中,也规定了相应的补救措施,如犯罪嫌疑人自己不在或者不能到庭,可以委托利害关系人参加诉讼。

(五) 民事没收的举证责任和证明标准

1. 举证责任

民事没收中,决定机关应当审查是否具备合理根据认定有关的财物直接或间接地产生于犯罪行为或者衍生于犯罪所得。民事没收应适用民事诉讼"谁主张,谁举证"原则,一方面,决定机关应当对有关财产应予没收应当承担举证责任,证明有关财产与犯罪之间存在某种实质性联系;另一方面,如果其他任何人认为对有关财物享有权利或者认为民事没收的范围与相关犯罪的严重性不成比例,其同样负有举证责任。在一定情况下可以实行举证责任的倒置,当存在合理根据认定有关财物属于犯罪所得或者犯罪收益时,主管机关可对有关财产采取强制措施,对该财物提出权利主张的人应当向主管机关证明自己的合法权利,否则,上述合理根据将可能成为认定有关财物来源或者性质的基本依据,即有关当事人不能提出推翻上述"合理根据"的相反证据,被扣押财产将被裁决予以没收。在这方面,《美国法典》第19章第1615条的规定值得我国立法予以借鉴,"当针对某些财物提起没收法律程序时,如果某人宣称对该财物享有所有权,相关证明责任将由其承担。"

2. 证明标准

民事没收针对的虽然是犯罪所得和收益,但在证明标准上,基本上适用类似于民事诉讼程序的程序规则。

(1) 优势证据标准

在民事没收证据审查中,决定机关并不要求证据的证明力必须达到排除合理怀疑的程度,达到"初步怀疑"即可。其采取优势证据标准证明民事没收的合法性和正当性,即根据双方提供的证据分量轻重权衡有关事实的或然性程度,只要当事人一方所提供的证据表现出较高的或然性,其证据标准的证明力就占有优势,也就会获得采信。在双方举证几乎势均力敌的情况下,决定机关也可依据优势证据标准和自己的内心确信及公正信念作出裁决。

(2) 传闻证据规则

在民事没收中可以采纳传闻证据,使用传闻证据的一方必须将所要使用的传闻证据送达另一方。如果传闻证据中包括证人证言,而该人未到场作证,则意图使用该证据的一方必须对上述证据事实作出说明且指出该证人未到场作证的理由。如果这类证据在民事没收程序中遭受挑战,则其证明力将会被大大削弱甚至完全不被采纳。

(3) 可替代物非同一性证明

对可替代物可以不要求严格的同一性证明。在这方面,《美国法典》第18章第984条的规定值得我们借鉴。该条款规定:如果被追缴财物是现金、货币票证、金融机构中的存款或者其他可替代财产,"①政府将不必证明该财物与作为没收根据的犯罪相关联特定财物是同一的;并且②与上述犯罪相关的财物曾经被相同财物所替换不应当构成辩解的理由。"可替代物又称种类物,其可以由相同数量的同种物品所代替,包括现金、黄金、银行存款、同种类有价证券等。在腐败犯罪案件中,犯罪官员往往通过洗钱等手段人为掩盖可替代物的本源,因此,为确定被转移至境外的可替代物属于犯罪所得收益,要证明该财物的最初转移人通过犯罪取得同种类和同数量的可替代物并且对其实施特定的转移,但可以不要求证明被接受的可替代物与直接来源于犯罪的财物是完全同一的。

三、完善没收国际合作的相关立法

《联合国反腐败公约》第 55 条对没收事宜的国际合作作出了规定。根据该条规定，被请求国在接到外国提出的没收请求后，可以采用两种方式提供没收的国际合作。第一种方式是将外国的没收请求提交本国的主管机关，以便由该主管机关依照本国法律规定的程序作出没收裁决。第二种方式是将外国主管机关作出的没收裁决提交本国主管机关，在通过法定程序并依照法定标准审查后予以承认和执行。我国目前缔结的双边刑事协助条约一般包含没收的国际合作，如《中美刑事司法协助协定》第 16 条第 2 款规定："双方在各自法律许可的范围内，应在没收犯罪所得和犯罪工具的程序中相互协助。其中可包括在等候进一步程序前为冻结、扣押犯罪所得或犯罪工具所采取的行动。"笔者认为，为履行《联合国反腐败公约》及双边司法协助协定的义务，要完善没收国际合作的相关立法。具体而言，要明确界定没收措施的表述，明确没收依据与没收对象，在此基础上建立承认与执行外国没收裁决的司法审查机制，同时还要在国际公约及双边协助条约的框架下，积极在立法上探索我国没收裁决在外国的实现。

（一）明确国际合作中的没收措施、依据及没收对象

1. 明确没收措施的表述

要明确没收措施的表述，在签订刑事司法协助条约及国内立法中，注重法律用语的规范性，避免使用"赃款赃物"之类不规范的用词，将没收措施明确为"追查、限制、没收犯罪收益和犯罪工具"。

2. 明确没收的依据

要明确没收的依据，要求请求方提出请求时，应提供证据材料证明犯罪收益或犯罪工具正处于被请求国司法管辖区，且没收

对象与腐败犯罪存在一定程度的因果关系。

3. 明确没收对象的范围

要明确没收对象的范围，可借鉴我国香港特区的规定，将其界定为："（1）因犯罪而直接或间接获得的任何类型资产，包括有体资产、无体资产、可动资产、不可动资产、有形资产、无形资产，以及证明具有该等资产的享有权或权益的法律文件或工具，或与这些资产相对应的价值；（2）用以或意图用以犯罪的财物、器材或其他工具。"

（二）建立承认与执行外国没收裁决的司法审查机制

为履行公约义务，有效地开展腐败资产追回的国际合作，我国应当承认和执行外国主管机关作出的没收裁决，并建立对外国没收裁决的相关司法审查机制。

1. 没收裁决的界定

考虑到各国不同的司法体制与没收制度，为符合我国的司法现状，没收裁决应当作广义的理解，其包括一切以追缴犯罪收益与犯罪工具为目的的司法裁决，例如，针对犯罪收益与犯罪工具的刑事没收、民事没收或者行政没收裁决、法院作出的罚金（罚款）裁决，在刑事附带民事诉讼中作出的返还财物或者赔偿损失的司法裁决等。

2. 立法模式

关于承认与执行外国刑事判决的制度，各国一般采用以下三种不同立法模式加以调整。（1）法典式，即在本国刑事诉讼法典中调整，如意大利1988年《刑事诉讼法典》设有第十一编"与外国的司法关系"第四章"外国刑事判决的效力"，对承认与执行外国刑事判决的原则、程序、条件以及一些具体的规则作出了规定。（2）专门立法式，即在国际刑事司法合作的专门法律中调整，如德国关于承认与执行外国刑事判决的条款不在《刑事诉讼法典》而在《刑事司法协助法》"为执行外国判决而提供的协助"中予以规定。(3) 结合式,体现为对"法典式"与"专门立法式"的综合运用,如《加拿大刑法典》第十二章包含根据外国请求没收和处置有关犯罪收益的一系列规定,同时,《刑事司法协助法》(1999 年修订)允许在加拿大境内执行由外国司法机关宣告的关于罚金或者没收财产的判决,并为此规定相应的程序和条件。

笔者认为,我国关于承认与执行外国判决的立法模式应当采用"结合式",即在修改我国《刑事诉讼法》时增加关于国际刑事司法协助规则和程序的条款,并且在条件成熟时,把该内容作为推进《联合国反腐败公约》实施的重大法律问题衔接问题加以研究,制定专门的《国际刑事司法协助法》,对包括文书送达、引渡、调查取证、相互承认与执行刑事判决、判刑人移管等合作事项的适用条件、审查和执行程序等作出详细的规定。在这方面,司法部根据相关委托于 2008 年起草了我国《国际刑事司法协助法草案》,全国人大专门委员会已将此议题列入近年立法规划。

3. 承认与执行外国没收裁决的条件

为承认与执行外国的没收裁决,我国《刑事诉讼法》与《国际刑事司法协助法》应当确定相应的条件,具体如下:

(1) 前提条件

可借鉴美国 2001 年"爱国者法案"的相关规定,要求我国与提出承认和执行没收裁决的外国都加入相关国际公约或者双方缔结含有关于追缴犯罪所得合作条款的双边司法协助条约。

(2) 其他条件

①承认与执行有关没收裁决不损害我国主权、安全、公共利益或者国家其他重大利益,并且不违反我国法律基本原则。执行外国没收判决对于被请求国而言本身就是一种"损害",因为执行所需要的司法资源皆来自被请求国。国家主权和安全原则是国

际法中最基本的原则。《联合国宪章》在其基本原则中明确规定，本组织系基于各会员国主权平等之原则。而国家其他社会公共利益也是各国极力维护的事项。《联合国反腐败公约》第 4 条还规定："缔约国在履行其根据本公约所承担的义务时，应当恪守各国主权平等和领土完整原则以及不干涉他国内政原则。"

②没收判决不得出于种族、宗教、民族、性别、国籍、年龄、政治偏见、人身或社会地位等原因对某人进行惩罚而提出。这个条件主要基于人权保障。国际公约与国内司法协助法也对此作出类似规定。1970 年欧洲理事会《关于刑事判决国际效力的欧洲公约》第 6 条规定："被请求国认为有足够的理由相信判例或附加刑是基本种族、宗教、民族或政治观点考虑作出的，可以拒绝执行。"《加拿大刑事司法协助法》第 9 条和《意大利刑事司法协助法》第 733 条也对此作出了类似的规定。

③请求国取得没收判决的过程不得违反正当程序要求，特别是请求国有关司法审判活动充分尊重并保障当事人的各项诉讼权利。正当刑事程序要求司法审判活动必须以符合正当程序的标准对待被告人，而且明确赋予被告人各种权利，如获得公平、公开和迅速审判，不被强迫作证或认罪，在开庭前或庭审过程中有权获得充足时间来准备答辩等。

④外国没收裁决为终局裁决并且已经发生法律效力，并且在请求国属于不可上诉的。例如，根据 1970 年欧洲理事会《关于刑事判决效力的欧洲公约》第 1 条的规定，欧洲刑事判决系指作为刑事诉讼的结果，由一个缔约国的刑事法院作出的任何终审判决。

⑤外国没收裁决不损害我国境内任何对被罚没财物享有正当权利的善意第三人的利益，并且该没收裁决所针对的行为主体在我国境内无尚未清偿的债务或尚未终结的诉讼。没收裁决强制且

彻底地剥夺个人的财产权,但不得损害其他因不知情或无过错而持有没收对象的人的合法权利。多数国际性公约不仅要求在国际合作中不得损害善意第三人的权利,而且要求发出没收判决的缔约国应当向被请求国提交"关于请求缔约国为善意第三人提供充分通知并确保正当程序而采取的措施的具体陈述"。①

⑥请求国没收判决的依据和数额应符合被请求国关于没收依据和数额的规定。1990年欧盟《关于洗钱、收查、扣押和没收犯罪收益的公约》第18条第4款规定:"如果根据被请求国的请求,未规定对请求所涉及的犯罪类型适用没收的",可拒绝执行有关的没收判决。1970年欧洲理事会《关于刑事判决的国际效力的欧洲公约》规定,没收的数额不得超过被请求国法律为同样犯罪规定的判处的没收的最高限额,如果被请求国法律没有关于最高限额的规定,则不得超过被请求国通常对同样犯罪科处的罚金或没收财产的最高数额,除非根据被请求国的法律,对同样的犯罪可以判处更为严厉的刑罚。

⑦外国没收裁决所认定的犯罪符合"双重犯罪"原则,即没收裁决所认定的有关行为根据我国法律也构成犯罪。对外国没收裁决所针对的同一行为及同一行为主体,我国司法机关未提起刑事诉讼,也未作出给予处罚、免除处罚或其他终止有关诉讼程序的裁决;外国没收裁决不与任何已获得我国承认的外国司法裁决相冲突。

4. 承认与执行外国没收裁决的基本程序

在我国境内承认与执行外国的没收裁决,应当适用我国法律规定的程序规则。具体而言,对于承认与执行外国没收裁决的请求,我国一般需要经过三个基本的程序,即启动程序、审查程序以及裁决程序。

---

① 参见《联合国反腐败公约》第55条第3款。

(1) 启动程序

启动程序主要涉及有关请求应当向哪个机关，通过何种途径提出并且应随请求提交哪些文件等。《联合国打击跨国有组织犯罪公约》第13条第1款规定，"……将此种请求提交其主管当局……"对承认与执行外国没收裁决的请求的审查牵涉我国多个主管机关的职能。我国应当参照与俄罗斯、乌克兰和西班牙分别缔结的移管被判刑人双边条约，采取"中央机关"机制，指定我国司法部作为中方的"中央机关"，负责接受外国裁决承认与执行的请求，这种机制既有利于国际联系，也有助于快捷地协调和集中国内各主管机关的意见。鉴于我国缺乏关于承认与执行外国没收裁决的常设性机制，司法实践中，较多地会通过外交途径联系，采取个案合作的方式处理此类问题。

向我国提出的关于承认与执行没收裁决的请求应当附有经过认证、发生法律效力的判决书或者裁定书副本及其经证明无误的中文译本；一份陈述书，以证明有关的没收裁决是终局和可执行的，同时证明被告人在合理时间内收到有关的诉讼程序通知，并且能够有充分的时间为自己辩护；应当对需在我国执行的财产具体描述，即说明需要在我国境内没收的财产范围或者具体的标的物，如果没收的对象是资金，应提供存放资金的银行及账户。

(2) 审查程序

有关请求的审查程序涉及我国多个主管机关，如由法院审查外国请求是否符合"双重犯罪"原则，检察机关或者公安机关审查在我国是否存在针对有关人员的刑事追诉。我国可考虑建立一种"征求各主管机关意见"的审查机制，即由负责联系的司法部向负责作出有关裁决的法院或者其他主管机关通报有关外国请求并且征求意见，各主管机关应当在规定期限内提出自己的意见，否则即视为同意。

美国主管机关一般不对外国没收判决中的有关案件事实进行

实质性审查，但当主管机关认为存在请求国开展的没收程序不符合正当程序的标准、请求国司法机关对被告人不拥有属人司法管辖权等情形时，则有权拒绝有关请求。澳大利亚《刑事事项互助法》（1987年）规定，外国没收判决正式执行请求将被移交给司法部长，司法部长在认为被告人已构成与没收相关的犯罪，并且有关刑事判决或没收判决是终局裁决时，可以申请检察机关登记该没收判决。检察机关根据已登记的没收判决向法院提出申请，由法院对该没收判决进行登记，并向任何与拟没收的财产有合法权益的人发出提醒通知。

笔者认为，在我国，对请求国的没收判决进行司法审查时，应以程序性审查为主，实质性审查为辅，特别要注意审查没收裁决是否符合上文所列的具体条件。如果审查机关认为存在以下情形之一，则有权拒绝有关请求：执行有关没收裁决有可能损害我国主权、安全、国家或者公共利益；在我国开展的没收程序不符合正当程序标准；请求国主管机关对于有关案件或当事人不享有管辖权；被没收人没有在合理的时间内接到关于请求国诉讼程序的通知，以致使其不能有充分时间为自己辩护；有关裁决是采用欺诈方式获得的。同时，如果审查机关为法院，考虑到审查对司法者法律和政策水平的要求较高，而且要求从较为宏观的角度审视国家利益，因此可参照我国《引渡法》及《民事诉讼法》涉及"外国判决承认与执行"部分的规定，将审查权集中在没收财产所在地的高级人民法院。

（3）裁决程序

根据《联合国反腐败公约》第55条第1款的规定，有两种可供缔约国选择适用的承认与执行外国没收判决方式：一是被请求国执行资产来源国的没收判决，即所谓的直接执行；二是被请求国作出没收判决，即所谓的间接执行。对外国法院判决的承认与执行，各国一般采用以下三种裁决方式：①执行令方式，即被请求国法院审查外国法院的判决，认为符合本国法律或相关国际条约规定条件的，发给执行令，并按被请求国法律的程序执行。采用此方式的主要有德国、法国、荷兰等。②重新审理方式，即被请求国不直接承认或执行外国法院判决，而要求申请人以该外国判决为依据，在被请求国法院重新提起诉讼，如被请求国法院审理后认为该判决与本国法律不相抵触，则作出一个内容与该外国判决相同或相似的判决，然后根据国内法程序交付执行。采用此方式的主要有英国与美国。③登记执行方式，即被请求国法院在收到执行申请后，只要查明该外国判决符合被请求国法律规定条件，就予以登记，并像执行其国内法院判决一样执行该外国法院的判决。采取此方式的主要有澳大利亚、新西兰、加拿大。澳大利亚《刑事事项互助法》（1987年）指出，外国没收判决一旦被登记，具有和澳大利亚本国法院签发的没收判决同等的执行效力。

笔者认为，在我国，对于外国承认与执行没收裁决的请求，应当由我国法院以司法裁定的方式作出相应的决定。同时，我国法院的司法裁定应当受外国没收裁决所认定事实的约束，但我国法院的司法裁定一般不涉及案件实体问题，仅是针对是否承认与执行外国没收裁决以及如何执行作出决定。当前，没收犯罪所得和收益的裁决有时具有相对独立性，可以不以刑事定罪或刑事审判为前提条件，因此，对于承认与执行外国没收犯罪收益的裁决，可以采取相对简化的程序，不需要进行行政审查，也无须征求各主管机关的一致意见，可以直接由我国相关人民法院根据我国法律或者国际条约规定的条件进行司法审查，并作出最终裁定。

5. 信息自发共享

《联合国反腐败公约》在《打击跨国有组织犯罪公约》相关规定的基础上，明确规定了承认与执行外国没收判决中的信息共享原则,"在不影响本国法律的情况下,各缔约国均应当努力采取措施,以便在认为披露根据本公约确立的犯罪的所得的资料可以有助于接收资料的缔约国启动或者实行侦查、起诉或者审判程序时,或者在认为可能会使该缔约国根据本章提出请求时,能够在不影响本国侦查、起诉或者审判程序的情况下,无须事先请求而向该另一缔约国转发这类资料。"这属于资产跨境追回国际合作中具有创新性、实用性的制度安排,因为腐败犯罪极少将犯罪证据留在犯罪行为地,而且腐败官员往往掌控国家机器,一方面作案隐蔽,另一方面能够运用政府赋予的公权力为自己提供保护。因此,我国在没收国际合作的立法中,要明确规定信息自发共享原则,以促进能够在国内启动刑事程序。

(三) 完善向外国请求协助没收财产的立法

2001 年 3 月 8 日,《中美刑事司法协助协定》生效,其第 16 条专门调整"没收程序中的协助",为向美国请求协助没收产生于我国境内实施的犯罪资产及向我国返还资产奠定了法律基础。中国银行开平支行特大贪污挪用案中的国际合作中,根据我国的司法协助请求,美国主管机关扣押了余振东从香港地区转移到旧金山的 355 万美元,并在没收后全额返还我国。笔者认为,我国应当在总结该案成功经验的基础上,进一步完善向外国请求协助没收财产的具体立法规定。

1. 没收协助请求的载体

向外国请求没收财产,应当通过没收协助请求书。为保障我国签发的没收裁决能够在被请求国执行,必须就没收的基本内容信息,包括没收对象、取得没收裁决的事实基础和请求被请求国采取的行动进行描述。这不仅是对被请求国的尊重,也是有效执行没收裁决的重要信息基础。《联合国反腐败公约》第 55 条第 3 款根据没收裁决不同的执行方式针对没收协助请求书的内容提出了不同要求。当请求间接执行时,请求书的内容除要满足一般司法协助必须提供的资料外，还应当有关于没收对象的说明，尽可能包括所没收腐败资产的地理位置及财产估计价值，以及关于请求国所依据的事实的充分陈述，以便被请求国能够根据本国法律取得没收裁决。当请求直接执行时，请求书内容应当有请求国发出的据以提出请求的法律上可采信的没收裁决副本、关于事实和对没收裁决所请求执行范围的说明、关于请求国向善意第三人提供充分通知并确保正当程序而采取措施的具体陈述，以及关于该没收裁决已经生效的陈述。同时，《联合国反腐败公约》还就请求协助执行辨认、追查和冻结或扣押犯罪所得或财产或者用于或拟用于犯罪的工具问题作出规定："应当有请求缔约国所依据事实的陈述和对请求所采取行动的说明；如有据以提出请求的法律上可采信的没收判决副本，应一并附上。"

2. 向外国请求协助没收财产的程序

请求外国没收财产的，我国主管机关应当逐层上报，通过外交途径或者中央机关途径向被请求国提出书面请求。外交途径是一种传统的途径，表现为通过请求国和被请求国的外交部或代表机构传递协助没收财产的请求，该请求需要接受被请求国政府的行政审查，审查的主要内容是协助请求是否符合互惠原则。外交途径一般适用于我国与被请求国之间没有建立司法协助条约关系的情形。如双方存在司法协助条约，则应当采取"中央机关"途径，即由我国指定一个中央机关，负责和接收司法协助请求，在收到司法协助请求后，中央机关在合理时间内将协助请求迅速而妥善地转交外国司法机关，向外国司法机关通报有关犯罪所得或犯罪工具的信息，就执行司法协助请求的进度及其他问题进行相互磋商，并向请求的国内主管机关转递材料、通报情况、征询意见等。

3. 证据的收集

在向外国请求协助没收财产时，外国主管机关一般会要求我国提供相关的证明材料,特别是关于跨境转移资产与犯罪事实之间联系的证据材料,在外国采取没收财产措施时,这些证据材料至关紧要,决定着没收是否具备合理的根据。为此,我国要认真研究国外关于追缴没收犯罪所得的证据规则及国外司法机关审查的证据和标准,搜集、制作和提供内容充分翔实的证据材料,且证据材料在形式上符合外国法律及双边司法协助条约的要求,以保证在外国执行的扣押、冻结和没收活动具有足够的事实根据并获得成功。

4. 协助没收请求可能遭拒绝的情形

《联合国反腐败公约》详细规定了拒绝提供司法协助的情形,据此,在我国向被请求国请求协助没收时,如果被请求国未收到充分、及时的证据,或所涉及没收财产的价值极其轻微,可以拒绝我国的请求。但是,《联合国反腐败公约》未具体界定"充分、及时的证据"、"价值极为轻微"的特定范围,也未明确规定提供证据的期限,而是留由被请求国与请求国进行协商确定。①

第三节 腐败资产返还与处分的立法对策

当跨国犯罪尤其是跨国腐败犯罪日趋严重,涉案赃款日益巨大,合作调查十分频繁时,出于国际合作的公平和对等考虑,为加强相互间的合作,资产返还逐步走向国际执法合作的前台。在国际刑事司法协助领域,返还腐败资产既是通例,又是制度,并逐渐受到各国立法及国际公约的认可。提供国际刑事司法协助的

---

① 《反腐败公约谈判工作特设委员会第一至第七届会议工作报告增编:联合国反腐败公约谈判工作正式记录(准备工作文件)注释》(A/58/422)。

国家，不论是美国、加拿大、欧盟国家，还是日本、新加坡，都主张将没收的腐败资产返还资产来源国。腐败资产返还与处分的核心问题是提供国际司法协助的国家在返还资产时要按一定的比例分享通过没收等措施所获得的资产。在《联合国反腐败公约》拟定与签署过程中，就资产分享，我国与腐败资产主要流入国存在较大的分歧，我国明确表示反对资产分享，在双边司法协助条约中，一般都要求双方相互免费提供司法协助。1999年，加拿大皇家警察一名高官专程来到北京，就中加双方签订《赃款分割协议》进行协商，但囿于我国"防止国有资产流失"规定，该协议最终没有签成。我国开始意识到，过分强调把没收的犯罪所得全部归还给资产来源国往往忽略了"公平和正义"之后的现实刺激因素，不利于促进资产所在国积极提供协助，这样没收将无法实现，资产追回成为空话，而且按照国际法上的"缔约国支配原则"，被请求国即使拒绝将没收的任何犯罪所得归还给请求国也不违背法理。因此，近年来，我国以更务实的态度审视腐败资产分享，认为与其因坚持全额归还而无法追回任何资产，还不如与被请求国协商，通过资产分享追回部分资产，签订的条约也逐渐作出例外规定，要求对额外支出的高昂费用加以偿付，这些关于费用补偿的例外规定，为作出"资产分享"安排打下基础。2005年4月，外交部副部长武大伟表示将选择一些适当的国家，逐步开展缔结分享协议工作，最大限度地追回属于国家和人民所有的涉案财产。[①] 2009年12月初，加拿大总理哈珀访华，中加就加强打击跨国犯罪和遣返逃犯方面的合作达成一致，并同意早日签署《打击犯罪合作谅解备忘录》，同意就签署分享罪犯资产协定进行谈判，这表明我国对"资产分享"措施已经

[①] 武大伟：《建立更为有效的反腐败执法合作国际机制》，载《中国纪检监察报》2005年4月5日。

不再持抵触态度。笔者认为,我国应当以此为契机,采取务实的态度,在腐败资产返还与处分问题上,积极构建我国资产分享制度。

一、腐败资产分享的法律依据

《联合国反腐败公约》等国际性公约对资产分享作出了原则性的规定。《联合国反腐败公约》第51条把返还资产作为一项基本原则,而且不考虑返还的基础是国际法还是国内法,突破了没收国对于没收财产具有绝对的权威,即"谁没收,谁处置"原则;第57条第5款规定,"在适当的情况下,缔约国还可以特别考虑就所没收财产的最后处分逐案订立协定或可以共同接受的安排。"这种"协定"和"安排",实际上包含了"犯罪资产返还"的意思。《美洲国家组织反腐败公约》没有直接规定资产返还事项,但是鼓励成员国在冻结来源于腐败犯罪和资产非法增加犯罪所得的国际司法合作方面提供便利,要求将犯罪所得部分或全部返还给在调查和刑事程序中提供帮助的国家。《秘书长的报告:关于贪污行径及非法来源资金的转移》指出,犯罪资产返还为各国共同努力成功追回资产提供了经济刺激,而不论资产在何处或最终由哪一法域执行没收令。作为一条一般性准则,分摊的资金可以根据各国与其他执法参与国所提供的援助与贡献大小,按比例确定。

我国签订的一些双边司法协助条约或协定规定了返还犯罪资产的条款。在这些条款中,所用措词有所不同,有些用"赃款赃物",有些用"犯罪收益和犯罪工具"。作为犯罪收益的赃款赃物可能处于两种法律地位,一种是作为证据材料,另一种则是作为纯粹的犯罪收益。前者往往在转交给请求国之后,还要返还给被请求国。后者则在转移至请求国后,不再返还。就纯粹犯罪收益的返还,这些条约或协定的条款可分为以下三类:第一类是全部返还。如《中华人民共和国与老挝人民民主共和国关于民事和刑事司法协助的条约》第 30 条规定,"缔约一方应根据另一方的请求,将在缔约一方境内发现、罪犯在缔约另一方境内犯罪所获得的赃款赃物移交给缔约另一方。"第二类是返还要根据被请求国的法律进行。犯罪收益能否全部返还,取决于相关国家的国内法规定。如《中韩刑事司法协助条约》第 18 条规定,"管制被没收赃款赃物的被请求方应根据其国内法律处理这些赃款赃物。在其法律允许的范围内,被请求方可将上述被没收赃款赃物移交给请求方。"第三类是返还根据被请求国法律以及缔约双方的商定来处理。如《中美刑事司法协助协定》规定,"收管犯罪所得或犯罪工具的一方应当依照其本国法律,处置这些犯罪所得或犯罪工具。在法律允许的范围及双方商定条件下,一方可将上述犯罪所得或犯罪工具或全部或部分出售资产的所得移交给另一方。"

在我国签订的双边引渡条约中,对犯罪收益的返还也作出规定,就返还或者移交的财物而言,一般包括作为犯罪所得的财物、犯罪工具、作为证据的财物,有的引渡条约如《中华人民共和国和泰王国引渡条约》第 14 条第 1 款第 2 项中还包括在逮捕被请求引渡人时或者之后发现该人占有的财物。对于应予移交的财物,被请求方可以因其境内刑事诉讼未决而临时保留该项财物,或者以返还为条件移交。

二、腐败资产分享制度的构建方式

成功开展资产追回合作这一事实本身就将构成对有关犯罪以及跨境转移腐败资产行为的沉重打击和威慑。为充分调动有关各方国际合作的积极性,同时使这种合作能够获得必要的物质保障,笔者认为,可以考虑在国内立法、缔结的双边司法互助协议中增加关于相互分享被追缴犯罪资产的条款,在必要时与有关外国加强个案合作,针对具体的案件达成分享协议。

(一) 完善国内立法

《联合国禁止非法贩运麻醉药品和精神药物公约》(1988年)首先倡议"资产分享"概念,在第5条第5款明确指出要"按照本国法律、行政程序或者专门缔结的双边协定,定期地或者逐案地与其他缔约国分享这类收益或变卖这类收益所得的款项"。《联合国打击跨国有组织犯罪公约》(2000年)在第14条第3款中延续使用这一概念,指出"根据本国法律或行政程序,经常地或逐案地与其他缔约国分享这类犯罪所得或财产或变卖这类犯罪所得或财产所获款项。"《联合国反腐败公约》第57条第5款实际上包含了"资产分享"的意思。

上述三个国际性公约分别自1989年9月4日、2003年12月23日、2006年2月12日起对我国生效,根据"条约必须信守"原则,我国应当履行公约规定的义务,同时,公约的内容在法律效力上优先于我国国内立法的规定。为更好地履行公约关于"资产分享"的规定,我国必须通过立法程序将公约的有关内容转换为国内法规,以使公约的相关内容具有真正的法律效力和可执行力。条件成熟时制定统一的《司法协助法》,建立开放而有弹性的刑事司法合作制度,使我国与相关外国执法机关相互承认和执行对方有关没收犯罪资产判决、分享犯罪所得资产成为可能。

(二) 缔结双边资产分享协议

在资产返还方面,有些国家坚持"无协议不分享",如加拿大。加拿大是我国腐败资产跨境转移的主要目的地,加拿大联邦与各省签署含有赃款分享的协议,而且,加拿大联邦政府与30多个国家签署赃款分享协议(包括多边协议)。在国际司法协助中,加拿大只有在双方国家之间具有分享协议的情况下才会进行分享谈判。可见,对于加拿大这种恪守"分享协议前置主义"

的国家来说,与其缔结双边资产分享协议,借此解决腐败资产分享,是一种明智而务实的选择。

因此,我国应在不断丰富执法实践的基础上,主动与有关国家,特别是加拿大、澳大利亚等腐败资产跨境转移主要目的地国家签订双边资产分享协议,使得对外开展资产分享的合作更具法律基础,以便克服国际合作过程中无法回避的法律障碍,推动与有关国家在没收、返还腐败资产方面的国际合作。在签订资产分享协议时,要有务实的态度及双向的考虑,不能仅仅强调在数量上最大额地追回,还要综合考虑司法管辖多重性以及刑事诉讼独立性,照顾到双方合作的持续性,以及对方的司法态度和执法合作的实际需求。

(三)个案合作

有些国家采取较为务实和灵活的方式,对资产分享不以双方存在协议为前提,如美国,具体案件分享并不以协议为前提,也可采取通过个案特例进行分享。在与这些国家进行的资产追回的国际合作中,无论是根据外国的请求在境内协助开展追缴犯罪资产,还是在请求外国在该外国境内追缴犯罪资产,我国要积极推动个案合作,通过个案合作,具体灵活地加以处理。对于外国主管机关提出的分享犯罪资产的建议和要求,均应本着互惠互利和着眼长远的精神予以妥善处理。

在资产分享的个案合作中,合作成例非常重要。这种合作成例虽不能形成固定的义务,但可以有效地指导具体的"分享"实践,并逐步达成共识、最终签订分享协议。特别是对于腐败犯罪资产跨境转移的主要目的地国家,可以先就一些具体腐败犯罪签署分享协议,结合个案的合作经验,等时机成熟,再进一步签订有关协议。

三、腐败资产分享制度的具体内容

2004年7月21日,联合国经社理事会在其第2004/24号决议中,由联合国秘书长召集一个不限成员名额政府间专家组,拟定一项有关犯罪资产没收后的分享的双边示范协定草案。① 专家组于2005年1月26日至28日在维也纳共举行了五次会议,代表们就分享没收的犯罪资产的相关制度作了专题介绍。由于美国在"资产分享"方面立法比较完备且拥有成熟的经验,此次会议讨论的双边示范协定草案,由美国专门提交。5月23日至27日,在维也纳举行的预防犯罪和刑事司法委员会第十四届会议上,该协定草案被正式提交,定名为《关于分享没收的犯罪所得或财产的示范协定》,并获得通过。笔者认为,鉴于上述示范协定对包括腐败资产在内的犯罪资产分享予以详尽的规定,因此,我国要积极吸收示范规定的有关内容,同时借鉴美国、英国等关于资产分享的经验做法,从以下几个方面具体构建我国腐败资产分享制度的内容。

(一)分享资产的范围

腐败资产分享制度中,分享资产的范围最为关键,在《联合国反腐败公约》谈判之初,墨西哥代表团提出:对产生于侵害某个国家或者合法所有者的腐败犯罪的所得,"不得列入请求缔约国与被请求缔约国之间分享的犯罪所得资产范围。"而英美等西方国家则认为:如果被非法转移的资产是由被请求国依据其本国法律程序追缴和没收的,应当通过分享方式向请求国实行部

---

① 联合国经济及社会理事会:《设立一个政府间专家组,以拟定一项关于〈联合国打击跨国有组织犯罪公约〉和1988年〈联合国禁止非法贩运麻醉药品和精神药物公约〉所涵盖的犯罪所得没收后处分问题的双边示范协定草案》,2004年7月。

分返还,甚至主张在返还时可以用被追回资金冲抵资金来源国所欠的债务。我国代表团在这一问题上的基本立场是:如果被追回的非法所得资产属于提出请求的缔约国或者该国其他合法所有人,则应当将该资产全部归还提出请求的缔约国,无论这些资产是采用何种手段追缴的,无论是根据请求国法院的裁决没收的还是根据被请求国法院的裁决没收的。在特定情况下例如在无资产被害人情况下,不排斥分享问题,以便鼓励该国通过国际合作和其他一切有效方式积极追缴被转移的犯罪资产。

在腐败资产追回中,并非所有没收的腐败资产都可以被分享。首先,要优先补偿被害人的损失。保护被害人并提供恢复性司法救济,是国际刑事司法的重要准则。联合国大会《为罪行和滥用权力行为受害者取得公理的基本原则宣言》(1985年)第8条规定,罪犯或应对其行为负责的第三人应视情况向受害者、他们的家属或者受养人作出公平的赔偿。这种赔偿应包括归还财产、赔偿伤害或者损失、偿还因受害情况产生的费用、提供服务和恢复权利等。《联合国打击跨国有组织犯罪公约》与《联合国反腐败公约》要求在处置没收的犯罪所得和财产时,应优先补偿被害人损失。《联合国反腐败公约》第57条规定了资产处置的层次和先后次序,其中公共资金应优先归还资产来源国,其他资金应优先归还资产来源国或合法所有人或赔偿犯罪被害人。其次,不得分享善意第三人合法资产。腐败犯罪活动具有隐蔽性,不知情的第三人在与犯罪人进行交易过程中有时会取得相应财产,此时,取得财产的善意第三人本身也可能是被害人,在没收和移交没收资产过程中,必须充分保护善意第三人的合法权益。在资产返还的过程中,不能轻易认定交易无效,也不能将资产一并没收和移交,否则将对善意第三人造成第二次损害。《联合国禁止非法贩运麻醉药品和精神药物公约》、《联合国打击跨国有组织犯罪公约》以及《联合国反腐败公约》都对善意第三人合法权益保障予以规定。对此,我国应在上述公约及《中美关于刑事事项司法协助的协定》第16条规定"在跨国犯罪资产的没收和移交方面,被请求方和任何第三人对这些财物的合法权利应依被请求方法律受到尊重"的基础上,进一步保护善意第三人的合法资产。最后,要考虑扣除合理费用。免费提供司法协助一直是国际司法合作领域的重要原则,但是,随着国际司法协助事项内容复杂程度的增加,扣除合理费用逐渐成为各国国内法要求,并得到国际公约的认可和确认。我国应严格遵循《联合国反腐败公约》第57条规定,对被请求国扣除为侦查、起诉或者审判程序而发生的合理费用予以考虑。

(二)资产分享的适用情形

资产分享的适用情形包括酌定分享或者法定分享的情形,即"可以"或者"应当"予以资产分享的情形,应借鉴《联合国禁止非法贩运麻醉药品和精神药物公约》第5条第5款第2项,规定如一方占有所没收的犯罪资产,并与另一方进行了合作,或获得了另一方的合作,则该方"可以"或"应当"根据协定,与另一方分享这类犯罪资产。所谓"合作",主要指有关国家直接或者间接参加了扣押、冻结或者没收犯罪资产的活动,如在提供证据材料、协助执行判决等方面给予协助。而且,双方国家通过双边刑事司法协助协定或者有关的个案协定就分享问题达成协议,此种协议应当对参加分享的主体、对象及比例作出安排。资产分享一般适用于毒品、恐怖主义、贿赂犯罪等不存在向被害人返还财产的司法协助,对于贪污、挪用、职务侵占等存在被害人合法财产的犯罪司法协助,主管机关必须事先取得被害人的确认,应优先考虑保证被害人的财产能够顺利返还。

(三)资产分享的具体程序

应当规定分享没收犯罪资产的具体程序。资产分享的请求应当在双方商定的时间期限内提出,并说明与资产请求有关的合作情况，列入充分的详细信息以确认案件、没收的犯罪资产以及所涉及的机构或双方可能商定的其他信息。被请求国在收到关于分享没收的犯罪资产的请求后，没收的犯罪资产所在的一方应当与另一方协商，考虑是否分享这类犯罪资产。

（四）资产分享比例与方式

1. 资产分享比例

在美国，其他国家分享被追缴资产的比例主要取决于该国在有关国际司法协助中作出的贡献，这种贡献分为三个档次：重大协助、较大协助及提供便利，分享比例分别为 50%～80%、40%～50%、40%以下。根据伊利诺伊州法律，被没收资产 65%在参与案件调查和办理的执法部门之间进行分配，10%分配给州警察局，12.5%分配给州检察官办公室，12.5%划入反毒品基金。在资产分享方式方面，我国要积极借鉴美国的经验做法。首先，参照美国区分"重大协助"、"较大协助"和"提供便利"确定分享比例的方法，按照合作的相称程度，即提供合作方所作出的贡献来确定分享比例的原则。其次，具体比例可规定为"合理金额"或由双方在"合理基础"上确定。这两种方式都强调在确定转让金额时，可以纳入所没收的犯罪资产的利息和升值，并扣减促成没收犯罪资产的侦查、起诉或审判程序所产生的合理费用。对于价值很小的犯罪资产，经双方商定与事前协商，不宜分享。

2. 资产分享的方式

在我国，资产分享除采取协助请求国与被协助请求国之间直接按特定或协商比例分得犯罪资产方式外，还可以采取以下方式作为一种替代：（1）指定独立保管人以解决求偿权问题，可以考虑设立占有并分配这类资产的独立保管人，就相互冲突的、针对追回资产的各种索偿要求作出鉴别。（2）将某些资产指定专门的发展。为确保适当使用被追回的资产，我国可考虑将这些资产用于偿还国债、用于国家廉政建设等。此外，可指定将部分被追回资产专门用于制止腐败和援助款的转移。（3）确定被追回资产的优先分配次序。考虑对犯罪被害人提供赔偿及被请求国可能负担的开支等因素，制定适用于分配被追回资产的明确具体且前后一致的规则。

（五）设立被没收资产基金

针对金融行动工作组《四十条建议》第38条的解释性说明指出："各国应考虑：在各自国家建立一个资产没收基金，将全部或部分没收资产存入其中，以用于执法、卫生、教育或其他适当目的……"美国司法部设立了一个"资产没收基金"，由联邦检察机关没收的资金一般均划入此基金的账户。

我国可借鉴美国的资产没收基金，在条件成熟的时候设立专门的"被没收资产基金"，用以接受根据没收令或者其他形式的追缴决定而被罚没的财物，并根据资产分享的协定，向参与有关案件办理工作或提供合作的外国进行资金分配。具体而言，该基金的职责主要有：第一，管理正处于冻结、扣押或者托管状态的资产，用于支付资产保全所需要的费用和开支；第二，为有关执法机关开展没收犯罪所得的国际司法合作提供资助，补充与资产没收相关的执法经费，如办案人员差旅费等；第三，为遭受某些犯罪侵害的被害人诉诸法律程序要求挽回损失提供援助，必要时也可以给予一定补偿；第四，奖励在没收犯罪资产活动中的有功个人或集体，对促进和宣传关于没收犯罪资产的国际司法合作的行为予以资助。关于资产没收基金管理模式的运作，建议设立"资产没收基金管理委员会"，其成员包括财政部、外交部、最高人民检察院、最高人民法院、公安部、司法部、国家安全部等，其办公室设在司法部，由司法协助外事司司长任主任，负责日常事务。

第五章　腐败资产跨境追回中多种措施配合的价值

　　针对腐败资产跨境追回中存在的障碍，我国应当完善相关配套法律予以立法上的支撑。但是，徒法不足以自行，法的生命在于执行，法律制定后，更需要有人对其合理运用并加以实施，否则再好的法律一旦被虚置也容易成为废纸。正如我国著名历史学家钱穆先生在《中国历代政治得失》"前言"中所指出的，政治应该分为两方面来讲，一是讲制度，二是讲人事，要讲一代的制度，必先精熟一代的人事。[①] 所以笔者认为，如离开人事单看制度，则制度只是一条条的条文，而且，任何一项制度，不仅应重视其时代性，还应重视其地域性。因此，我们应当积极追求制度与人事的有机结合，具体体现在腐败资产跨境追回中，应当重视法律规则的时代性与地域性，并且在此基础上积极探求法律规则背后的人事，追求法律规则与人的主观能动性相联结，并最大化地实现联结所产生的价值。要积极、充分发挥主观能动性，须注重基础性措施、灵活性措施、策略性措施以及保障性措施的配合使用并最大化追求上述多种措施配合使用后所产生的价值。

[①] 钱穆：《中国历代政治得失》，三联书店 2011 年版，第 1 页。

第一节　重视基础性措施

腐败资产跨境追回作为国际司法合作领域的新生事物，主要存在以下困难：一是对有效开展境外资产追回重视不够，办案机关缺乏统一的境外办案机制，上下级部门、同级部门之间协调工作不够得力；二是各国的证据规则不一致，导致调查取证困难；三是缺乏相关知识，对国际法律制度和相关国家的法律不熟悉；四是涉及大量的追赃经费，仅靠地方某个司法机关的办案经费难以承担；五是周期长，耗费人力多。因此，司法机关在面临腐败资产追回时，由于缺乏足够的经验和信心，主动性、积极性不高，甚至一筹莫展，抱有一遇到困难就予以放弃的消极心理，不再下大气力去搜集有关的犯罪证据，不去尝试各种追回腐败资产的措施。对此，在腐败资产追回中，要保持良好的心理态度，首先要克服畏难情绪，"世间事无绝对难易，努力为之，难者亦易；却步苟安，易者亦难"，①要认识到当前国际反腐败合作的总体氛围是比较乐观的，以提高成功追回的信心、增强主动性与积极性。同时在此基础上，尽力做好资产追回中难度较小的基础性工作如信息收集与法律手续办理，并用好、用足现有多边国际性公约、双边司法协助条约的规定。

一、信息收集与法律手续办理

（一）全面收集犯罪嫌疑人基本信息

全面了解和掌握腐败犯罪嫌疑人的基本信息，是办理跨境资产追回的基础。最高人民检察院反贪总局《人民检察院反贪污

---

① 星云大师：《厚道——星云大师的人生成功课》，江苏文艺出版社 2010 年版，第 163 页。

贿赂部门开展境外缉捕、追赃及取证程序概述》（2005年6月）指出，在境外追赃过程中，办案部门应当迅速查明犯罪嫌疑人的个人基本情况、主要犯罪事实、出逃时间、所持出入境证件号码等情况。通常而言，需要查明犯罪嫌疑人如下基本信息：（1）个人信息，如户籍信息、工作经历、教育背景、出入境证件信息及出入境记录信息。（2）家庭信息，如犯罪嫌疑人直系亲属及来往密切亲友的信息，包括户籍信息、职业身份、联系方式、居住地址等，特别是查清楚他们是否已经出境或在境外定居。（3）财产信息，包括工资收入信息、银行存款信息、证券保险信息、房产信息等。

（二）办妥法律手续

完备的法律手续，是办理腐败资产追回案件的前提。对资产跨境转移的腐败犯罪案件，为迅速查明犯罪事实、获取相关证据，依法向境外提出司法协助请求，应当及时办理相关法律手续。（1）采取立案措施。对已潜逃或者潜逃可能性大的腐败犯罪嫌疑人要及时采取立案措施，否则将使案件缉捕、查证工作难以开展，客观上使犯罪嫌疑人逍遥法外，加大腐败资产追回的难度。（2）采取逮捕强制措施。各国司法机关在开展国际合作中，对其他国家司法机关作出的逮捕决定的法律效力是普遍认可的，特别是在对潜逃境外的犯罪嫌疑人办理国际刑警红色通报手续和向外国提出引渡请求时，必须提供逮捕证。因此，侦查部门在对潜逃境外的犯罪嫌疑人立案后，应当全面收集、查证犯罪嫌疑人犯罪的有关证据，并对其适用逮捕措施。（3）办理其他强制措施。要准确适用查询、冻结、扣押等强制措施，特别是对查证清楚的犯罪嫌疑人的犯罪所得，要及时予以冻结、扣押，以防止犯罪嫌疑人向境外转移犯罪资产。（4）办理缉捕、查控等措施。2000年2月，最高人民检察院专门下发《关于进一步规范人民检察院直接立案侦查案件的通缉、上网追逃和边控工作的通知》,以指导各级检察机关及时、有效地采取缉控措施,如通过侦查机关系统内部网络的上网追逃、边控(即口岸出入境控制,包括扣留人员和阻止出境)、技术侦查等。

二、充分利用多边、双边司法协助条约

要充分利用国际性法律文件规定,特别是利用好、利用足现有我国参与签订的多边国际性公约、与其他国家(地区)签订的双边司法协助条约中有关冻结、扣押、没收、移交腐败资产的条款,积极开展腐败资产跨境追回活动。

(一)充分利用多边司法协助公约

《联合国打击跨国有组织犯罪公约》与《联合国反腐败公约》是目前为止关于腐败资产追回规定得较为详细的多边国际性公约。特别是《联合国反腐败公约》,在第五章用9个条款的篇幅创设了腐败犯罪资产追回的法律机制,对腐败资产追回、处置和返还的依据、条件、程序、方式作了较为完整的规定,为腐败资产跨境追回提供了具有可操作性的规则。作为我国腐败资产跨境转移的主要目的地国家,美国、加拿大与我国皆是上述两个国际性公约的签约国,都应当积极履行公约规定的义务。因此,在腐败资产跨境转移到美国、加拿大的情况下,我国应当充分利用上述两个国际性公约,在公约的框架下积极开展国际刑事司法协助,以达到最大限度追回腐败资产的效果。

(二)利用双边司法协助条约

近年来,我国与多个国家签订了双边司法协助条约,如与澳大利亚(2006年10月)、葡萄牙(2006年12月)、日本(2008年8月)等国家签订了关于刑事司法协助的条约、协定。澳大利亚是我国腐败资产跨境转移主要目的地国家之一,且《中澳关于刑事司法协助的条约》对双方在犯罪资产追回司法合作方面作出详细的规定,"被请求方应当根据请求,调查犯罪工具或

者犯罪所得,包括银行账户,是否位于其管辖区内,并且应当将调查结果通知请求方。""被请求方应当根据请求方的请求,在本国法律允许的范围内采取措施,防止对犯罪工具或者犯罪所得进行交易、转移或者处置,这些措施包括但不限于执行请求方法院的命令。""在本国法律允许的范围内及双方商定的条件下,被请求方可以根据请求方的请求,将上述犯罪工具或者犯罪所得的全部或者部分,或者出售有关资产的所得,移交给请求方。"因此,在腐败资产跨境转移到澳大利亚的情况下,我国可以按上述条约的规定,向澳大利亚司法机关提出协助请求,要求调查犯罪资产,澳大利亚也有义务对资产采取保全等措施,并将其全部或部分移交我国。

在利用双边司法协助条约时,主要要做好以下两项工作:一是请求查找和辨认犯罪嫌疑人。在这方面,相关部门要提供尽可能详细的线索,包括犯罪嫌疑人最后一次出境的时间、交通工具的班次、目的地国家或地区、所持出入境证件号码等信息,必要时要提供犯罪嫌疑人的逮捕证等法律文书。二是请求查找、冻结和扣押赃款赃物。在这方面,相关部门要提供犯罪嫌疑人跨境转移腐败资产所使用的银行账户、转账记录等信息,以及能够证明该资产属于犯罪嫌疑人犯罪所得的证据。

第二节 注重灵活性措施

注重灵活性,体现在国际司法合作过程中,要求在坚持国家主权原则、维护国家利益的前提下,针对不同问题灵活地加以分析处理。在腐败资产跨境追回的国际合作中,请求国与被请求国需要一定的时间,不断地进行磋商谈判、消除分歧,逐步达成具体程序环节、具体步骤、人员联络及时间安排等方面的合作共识。它是多元法律框架下运作的复杂过程,需要反复地磋商,在对等、互惠的基础上，最终以共同的妥协完成合作的过程。合作双方在经历一次次的交流、磋商、妥协的曲折过程之后，都希望将达成的共识加以固定，以稳定双方合作的局面，因此更需要根据不同的形势，分清政治与司法两类不同性质的行为，灵活地处理各项事宜，具体体现在以下几个方面。

一、灵活处理资产分享

在国际司法合作中，最常见的现象就是"实际需要决定合作渠道"，当客观上需要开展国际合作时，当事国就会从具体实际情况出发，克服障碍、消弭冲突，达到国际合作的目的。开展腐败资产分享一般是按照双边条约或协议，如美国对外开展返还与分享合作，主要是依据缔结的双边条约或者犯罪所得分享协议。但在当前情况下，我国一般不可能与所有涉及腐败犯罪资产处理的国家都签订资产分享协议，而有些国家坚持"无协议不分享"。在这种没有双边条约、协议的情况下，笔者认为，应以对等互惠作为合作的依据，特别是在合作双方国家间法律传统密切程度大，共同合作的需要量大，更应该以对等互惠的方式开展合作。如美国，具体案件的分享不以协议为前提，通过个案按对等互惠采取特例进行分享。

在采取资产分享的方式处理涉案资产的国家中，分享的前提通常是在外国发生了查扣犯罪资产的情况，即在外国发现涉案款项、涉案款项必须是被查扣的犯罪资产、犯罪资产涉及两个或两个以上国家、没有直接的受害人。贪污、挪用公款及侵占财产罪等有明确的受害人，所涉资产可以返还，通常不发生分享，但是如果上述犯罪涉及资产数额较大，出于鼓励被请求国协助的考虑，也可以适当采取实际"分享"以达到犯罪资产返还的目的，如果不坚持以灵活方式处理资产归属问题，将难以达到追缴目的。同时，也要灵活地采取资产分享的替代措施，包括与被请求国达成协议,承诺将追回的腐败资产用于特定的目的,如改善我国法治、加大惩治腐败犯罪的力度以及加强反腐败的国际合作。

二、不判处死刑承诺的有效运用

当前,越来越多的国家在立法上废除了死刑或在司法实践实际不执行死刑。这些国家在外国向其提出引渡甚至调查取证等司法协助请求时要求请求国承诺对涉及人员不判处死刑。实践中,即使缔约双方已在条约中就死刑问题作出相关规定或在条约以外的文件中作出安排,一些国家仍会以本国法律已废除死刑为由要求修改与我国已缔结的引渡条约。如俄罗斯曾以此为由向我国提出修改《中俄引渡条约》,要求在条约中明确写明:如被请求国法律不允许对可能被判处死刑的人进行引渡,则应当拒绝引渡。一些保留死刑的国家如美国、泰国等也在国际司法协助中坚持死刑不引渡原则。因此,不论是个案合作,还是缔结条约,都存在如何处理被请求国要求将请求国不判处死刑或者不执行死刑作为提供司法协助前提条件的问题。一些国际司法协助条约为此规定了"不判处死刑承诺"条款,如《意大利与美国引渡条约》第9条规定,"如果按照请求国法律,引渡请求所针对的犯罪可受到死刑处罚,并且被请求国法律未就该项犯罪规定死刑,则应当拒绝引渡,除非请求国作出使被请求国认为足够的不判处死刑或即使死刑亦不执行死刑的保证。"我国在对外提出引渡请求时,也经常遇到外国以我国仍保留死刑并且所请求协助的犯罪可能被判处死刑为由拒绝向我国提供司法协助。除引渡外,一些国家在我国请求协助调查取证、没收合作时也要求我国承诺不判处死刑或不执行死刑。如王璐璐案中,我国公民王璐璐在法国杀害我国台湾地区居民后潜逃回国,我国在立案后请求法国协助调查取证时,法国要求我国承诺不判处王璐璐死刑。

鉴于我国法定刑中死刑数量过多,特别是对腐败犯罪予以死刑，严重阻碍我国在腐败犯罪官员追逃、资产追回等方面的国际合作。作为请求国，如何以灵活的方式处理这种情况，在理论界与实务界存在争议。有人认为，量刑问题是一个主权国家的内政问题，强迫请求国在死刑问题上让步属于干预他国的主权。基于主权平等原则，被请求国不应该以此拒绝提供引渡等司法协助，因此，死刑不引渡原则等应该废除。① 笔者认为，完全否定死刑不引渡原则既与引渡制度和死刑在国际社会的变化趋势明显不符，也不利于我国加强引渡等国际司法协助的有效性。根据《引渡法》第 50 条规定，被请求国提出的引渡附加条件不能损害中国国家主权、国家利益、公共利益。但鉴于该条文还包含了追诉限制和量刑限制方面的承诺内容，说明被请求国所附加的死刑适用限制承诺并不属于违背中国国家主权、国家利益、公共利益。我国权威立法专家胡康生也曾指出，"有的被请求国废除了死刑，其对于引渡请求往往会提出要求请求引渡国作出保证被请求引渡人不判处死刑的承诺……考虑到作出一定承诺并将这些罪犯引渡回国追究其刑事责任，有利于打击犯罪，保护国家和人民利益，因此，被请求国就准予引渡附加条件的，可由外交部代表中国政府向被请求国作出承诺。"② 贝卡里亚指出，"对于犯罪最强有力的约束力量不是刑罚的严酷性，而是刑罚的必定性。"③ 黄风教授也曾说过，"有所得必有所失。关键是进行利弊得失孰轻孰重的比较与权衡。在是否以不适用死刑的承诺换取对逃犯的引渡问题上，一个最基本的利弊得失关系就是：能够将逃犯引渡

---

① 赵秉志：《死刑不引渡原则探讨——以中国的有关立法与实务为主要视角》，载《政治与法律》2005 年第 1 期。

② 胡康生：《中华人民共和国引渡法释义》，法律出版社 2001 年版，95 页。

③ ［意］贝卡里亚：《论犯罪与刑罚》，黄风译，中国大百科全书出版社 1993 年版，59 页。

回国总比任其逍遥国外好。"①我国需要务实地作出权衡，借鉴国际司法合作的经验，在与西班牙、法国、澳大利亚等国家缔结引渡条约类似"不判处死刑承诺"规定的基础上，在个案合作上灵活运用"不判处死刑承诺"，消除我国与被请求国在死刑问题上的障碍，最大限度地追回腐败资产。

我国在不判处死刑承诺方面，有较为成功的范例，如遣返厦门远华走私案件犯罪嫌疑人赖昌星。为实现遣返目的，根据加拿大的要求，我国大使馆在给加方的编号为 NOTENO.085/01 的外交照会中明确保证，"中国的有关法官将不会对赖昌星被送回之前犯下的所有罪行判其死刑"。② 中纪委在介绍 2006 年反腐倡廉工作情况时重申了不判处赖昌星死刑的承诺，并指出，"中国已承诺不判处赖昌星死刑，包括不判处他立即执行和缓期执行死刑，这个法律规定是非常明确的。"此后，2006 年 5 月 18 日，加拿大移民部完成风险评估，认为赖昌星被遣返后没有生命危险，不会被判处死刑或面临酷刑危险，并确定了遣返日期。但赖昌星以"被遣返后将面临酷刑"等为由提出上诉，要求暂缓遣返。其律师马科斯辩称，中国"不判处死刑承诺"是不可信的，并且是违反司法独立的。赖昌星与马科斯还指出，赖昌星案件中的一些同案从犯已经被处决，且赖昌星的哥哥赖水强也死于狱中，因此"无法保证赖不会在狱中受到迫害，即使现在不会，10 年、15 年后也未必不会"，并成功令法官采信。

2007 年 4 月 5 日，加拿大联邦法院裁定，加拿大移民部为遣返所作的风险评估结论理由不足，应进行司法复核。法官伊

---

① 黄风：《中国引渡问题研究》，中国政法大学出版社 1997 年版，第 113 页。

② 《〈亚洲周刊〉披露赖昌星三进加拿大监狱内情》，来源于南方网 2002 年 7 月 5 日。

夫·蒙蒂尼裁定认为虽然相信中国不会处死赖昌星,但提出我国监狱系统"存在酷刑和虐囚现象","缺少对赖昌星回国可能遭到虐待的机制上的可信保证",因此要求进行新的风险评估。在赖昌星上诉案判决书第 68 页中,该法官指出,"和死刑不一样,死刑往往是在公开的场合执行,并且能够很容易被公众所知道的;而酷刑却是隐蔽实施的(关上门的),即便是发生,也会被当权部门所否认","中国政府中实施酷刑的官员都有一套娴熟的技巧,他们能够做到,既对行为人实施了酷刑,而又不留下任何可视的表象。比如通过威胁,这样就不会有任何的证据可以进行控告。" 2007 年 5 月 3 日,加拿大移民部已向联邦上诉法院提起上诉,要求重新审理有关联邦法院接受赖昌星对其遣返前风险评估报告进行司法复核案,但 8 月,移民部又撤销了对赖昌星风险评估复核上诉的决定,着手新的风险评估,并要求联邦法院恢复对赖昌星的宵禁规定。2011 年年初,我国同意加拿大官员定期探视赖昌星,以确信他在我国监狱未受虐待,并再次明确表示不判处赖昌星死刑,这在一定程度上得到加拿大移民部和联邦法院的肯定及认可,最终扫除了遣返障碍,使赖昌星最终被成功遣返回国。

三、量刑磋商的价值发挥

一般而言,量刑问题是一国的内政问题,属于一国主权范围内的事情,强迫他国在量刑上作出具体承诺即属于干预他国的主权。基于主权平等原则,被请求国不应该以此拒绝提供司法协助。① 但是,国际司法合作实践中,为节约司法成本,使被请求国更快捷地提供司法协助,我国有必要发挥量刑磋商的价值,与

---

① 张琰妍:《引渡制度重思》,载《中国司法》2006 年第 3 期,第 103—105 页。

被请求国进行量刑磋商，争取在个案中就量刑幅度甚至具体量刑的期限作出承诺。如我国在遣返中国银行广东开平支行特大贪腐案主犯余振东时，就是通过量刑磋商，运用量刑承诺，成功达到将其遣返的目的。

2002年12月余振东在美国被拘捕后，美国司法机关对其提出至少五项刑事指控，皆属于重罪：一是余振东等人从中国银行开平支行非法侵占4.82亿美元资金并通过香港洗钱公司向美国和加拿大转移犯罪所得，涉嫌参与有组织的欺诈活动罪，依照《美国法典》，可判处20年以下监禁甚至终身监禁。二是余振东将非法侵占的355万美元从香港汇至美国旧金山，涉嫌从外国转移欺诈所得罪。三是余振东使用被非法转移到美国境内的资金，涉嫌洗钱罪。四是余振东等人编造虚假个人身份资料获取并使用护照和香港旅行身份证件，涉嫌使用以虚假陈述获取的护照罪，可判处15年以下监禁。五是余振东等人利用虚假的身份证件获取美国签证，涉嫌采用欺骗手段获取签证件，可判处15年以下监禁。根据美国《移民法》，余振东在美国受到的上述五项刑事指控均将可能导致其被驱逐出境的法律后果。

为迫使余振东作出自愿接受遣返的选择，美国刑事检控机关在辩诉交易中要求余振东向我国执法机关提供合作，并且劝告余振东通过上述合作争取获得美国法院的减刑处理，即获刑144个月。与此相呼应，我国司法机关则就余振东自愿回国接受审判后的量刑问题表现出一定的灵活性，同意在法律允许的范围内予以减轻处罚，并在2003年，对美国就余振东回国后涉及的刑罚及权利、待遇问题作出书面承诺，"中华人民共和国审判机关判处余振东不超过12年的有期徒刑"。余振东经过反复权衡，最终选择了自愿接受遣返的道路，并指定中国为其递解出境的接收国。我国最终也履行了量刑承诺，2006年3月31日，广东省江门市中级人民法院就余振东贪污、挪用公款案作出一审判决，判决余振东犯贪污罪,判处有期徒刑 11 年,并处没收个人财产人民币 100 万元,犯挪用公款罪,判处有期徒刑 10 年,最终数罪并罚,执行有期徒刑 12 年,并处没收个人财产人民币 100 万元。

第三节 运用策略性措施

腐败犯罪国际合作中,要运用策略性措施,要根据形势的发展制定与运用相应的行动方针和方法。如策略运用得当,就会产生事半功倍的效果。腐败资产追回属于国际合作的一部分,是一项复杂的系统性工作,更要讲求策略的运用。具体而言,要发挥追逃在腐败资产追回中的作用,注重民事诉讼与刑事诉讼的结合使用,以指控洗钱犯罪为资产追回的切入点。

一、发挥追逃在腐败资产跨境追回中的作用

追逃就是设法采用引渡或者其他替代手段将潜逃或者隐匿境外的犯罪嫌疑人、被告人或者被判刑人遣返回国。资产追回则是采取各种手段,将犯罪嫌疑人转移至境外的犯罪所得及收益予以冻结、扣押或没收,并最终返还至境内,也被称做"物的引渡"。在国际刑事司法合作中,追逃与资产追回分别针对人与物,如运用得当,二者相得益彰。资产追回有助于从根本上铲除犯罪嫌疑人赖以在境外生存的经济基础,使追逃工作变得相对容易。另外,如能成功追逃犯罪嫌疑人,由于其身在国内,可有效地开展刑事诉讼程序及实施强制措施,减少资产追回的障碍。因此,在腐败资产追回过程中,要积极采取引渡、非法移民遣返及劝返等追逃措施,注重发挥追逃的作用。

(一)发挥引渡的作用

引渡,系指一国应另一国请求,将在本国境内发现的被另一国通缉的犯罪嫌疑人或被判刑人移交给另一国,以便对其进行刑

事诉讼或者执行刑罚。在国际刑事司法合作中,引渡是追捕逃犯最为重要、最为有效的形式,世界各国建立的"引渡网"在追捕逃犯、打击跨国刑事犯罪方面发挥了巨大作用。截至2008年10月,我国共与30多个国家缔结了双边引渡条约,使引渡有章可循并不易受某些外交风波或者功利因素的影响。根据双边引渡条约,一些携款潜逃境外的腐败官员被引渡回国。2000年8月22日,被指控犯有贪污罪并携带200万元外逃的北京市房山区河北信用分社会计杨彦军被从蒙古引渡回国。2002年4月30日,潜逃俄罗斯的吉林省辽源市贪污案犯罪嫌疑人王德宝被引渡回国。我国与外国缔结的绝大多数双边引渡条约采取的是"零证据标准",即只要求请求方提供对被请求引渡人签发的逮捕令及有关的案情概要,不要求提供相关的犯罪证据。

遗憾的是,我国与腐败官员携款潜逃主要目的地国家如英国、美国、加拿大、荷兰等尚未建立双边引渡条约关系,而这些国家在引渡合作问题上一般恪守"条约前置主义",即把双方之间存在双边引渡条约作为向请求国提供引渡合作的前提条件。自1997年开始,我国就在不同场合向美国提出缔结双边引渡条约的要求,但引渡条约必须提交美国国会审议和批准,而美国国会存在较为浓厚的不信任我国法律的气氛,因此,美国方面一直没有对此予以积极回应。到目前为止,美国从来没有向中国正式引渡过一名逃犯。浙江省建设厅原副厅长杨秀珠携巨款外逃后,2005年5月在荷兰落网,由于荷兰在引渡问题上严格奉行"条约前置主义",因此无法将其引渡回国。加拿大《引渡法》第2章规定的引渡外国逃犯的程序较为烦琐,主要包括:外国向加拿大司法部长提出引渡请求,司法部长可以授权总检察长向加拿大主管法官提出临时逮捕令申请,主管法官认为必要则可以予以批准。主管法官根据外国的引渡请求举行引渡听证。司法部长有权在被请求引渡人被逮捕之日起90天内命令将此人交付请求引渡方,并要求该方作出任何可能的承诺。被请求引渡人和总检察长都可以向有关地区的上诉法庭提起上诉。上诉法庭对此进行审查,并作出允许或驳回上诉的决定。如果上诉庭允许提出上诉,则将释放被引渡人并举行新的引渡听证。

传统上,腐败犯罪官员的引渡由于受政治犯不引渡、本国国民不引渡及双重犯罪等原则的制约,进展缓慢,但近年来,上述原则日益受到一些国际条约的修正甚至摒弃,如《制止向恐怖主义提供资助的国际公约》第14条指出,"为引渡或司法互助的目的,不得视第2条所述任何罪行为政治犯罪、同政治犯罪有关的罪行或出于政治动机的犯罪。因此,对于就此种罪行提出的引渡或者司法互助请求,不得只以其涉及政治犯罪、同政治犯罪有关的罪行或出于政治动机的罪行为理由而加以拒绝。"特别是本国国民不引渡问题也日益受到或引渡或起诉原则的制约,对此,《联合国禁止非法贩运麻醉药品和精神药物公约》第6条第9款及《联合国打击跨国有组织犯罪公约》第16条第10款作出规定。此外,近年各国的条约及实践均日益强调简化引渡程序及降低证据要求,《联合国反腐败公约》及《欧盟成员国简易引渡程序公约》在此方面则最具代表性。鉴于此,我国应当积极地与美国、加拿大等欧美国家进行磋商,努力在引渡包括腐败官员在内的犯罪分子问题上取得共识,争取在没有双边引渡条约时以互惠原则为基础进行引渡上的合作,并最终签订双边引渡条约。同时,必须积极探寻非法移民遣返、劝返等引渡替代措施,解决在无稳定引渡合作关系下实现对外逃腐败官员的遣返问题。

(二)发挥非法移民遣返的作用

如果外逃犯罪嫌疑人潜逃地国家与我国没有签署双边引渡条约,没有被判刑人移管条约,也没有其他双边刑事司法协助条约,在这种情况下,我们可以提供足够的证据来证明犯罪嫌疑人涉嫌违反了所在国的出入境法或移民法,包括非法办理和使用假证件、非法入境、提供虚假资料用欺诈手段获得签证或移民资格等方面的证据,来促使被请求国相关机关通过非法移民遣返手续使外逃犯罪嫌疑人被遣返回国或第三国。所谓非法移民遣返,是指为对外逃犯罪分子提起诉讼或者执行刑罚,由欲提起诉讼或执行刑罚的国家向外逃犯罪分子所在地国家提供其涉嫌违法犯罪的线索,以使后者在符合本国有关移民法规定的条件下,将该官员强制遣返至第三国或者追逃国。非法移民遣返属于以遣返非法移民的方式达到与引渡相同的结果,因而被称为事实引渡,但是与引渡属于国际刑事司法合作方式不同,非法移民遣返则更多是遣返国为维护本国安全和秩序而单方面作出的决定。世界上没有一个国家希望给一名罪犯永久居留权,也没有一个国家愿意成为犯罪分子的"避风港",所以,如果我国能够将外逃犯罪嫌疑人涉嫌犯罪或违反潜逃地国出入境法或移民法的证据提供给潜逃地国移民部门,就可以达到启动非法移民遣返程序,最终将犯罪嫌疑人遣返回国的目的。2011年7月23日,加拿大主管机关依据《移民和难民保护法》,将厦门远华走私案主犯赖昌星遣返回我国即是非法移民遣返的成功范例。

采用非法移民遣返措施的前提是请求国利用被请求国有关移民身份或资格的相关法律规定来实现遣返外逃犯罪嫌疑人的目的,而被请求国之所以对外逃犯罪嫌疑人予以遣返又是以其行为在该国构成相关违法犯罪为必要条件的。由于潜逃目的地国往往对外逃犯罪嫌疑人的各种犯罪事实知晓甚少,所以,请求国提供的证据材料就成为启动被请求国遣返外逃犯罪嫌疑人等相关程序的重要依据。具体而言,在利用非法移民遣返手段时,我国要从以下方面收集并向被请求国提供犯罪嫌疑人违反潜逃地国出入境法或移民法的相关证据。一是非法办理和使用假证件。而此处的"非法"既指证件本身虚假,如使用假名字办理证件,或者用他人证件结合自己的照片,也指获取证件的途径或程序非法,如提供虚假身份资料办理证件。二是非法入境,即犯罪嫌疑人通过非法的途径和程序进入潜逃地国家,在目的地国家出入境或移民管理部门没有正常的入境记录。三是签证欺诈,指犯罪嫌疑人在申请并获得签证过程中,隐瞒签证意图、提供虚假、不实信息,如犯罪嫌疑人以根本不存在的考察或商务洽谈的名义获得签证。四是非法获得移民资格,如在潜逃境外前,经过精心准备,向目的地国移民部门提出移民申请,甚至还已经获得目的地国移民资格,即永久居留权。由于许多国家对移民申请的审批都有十分严格的程序和条件,外逃犯罪嫌疑人为获得移民资格,往往采取编造虚假事实、伪造虚假材料等方法提出移民申请,如隐瞒公职人员身份,以达到骗取移民资格的签证。有学者主张,上述四种证据材料的标准或者程度,应当满足"表面证据"或"犯罪的重大嫌疑"要求,即在未遇反驳的情况下,该证据构成据以将有关人员提交法院审判的充足根据。①

美国是最擅长采用非法移民遣返外国罪犯的国家,因此,我国在对外逃美国腐败官员进行追逃时,要重视非法移民遣返的应用。美国移民法规定,外国人能否获取美国的合法居留身份,首先要看其是否"品行端正",在外国实施腐败犯罪或者其他严重罪行的人,明显不具备"品行端正"的条件,因而在移民部门拒绝授予其合法居留身份的情况下,美国执法机关能够以其非法滞留美国为由将其驱逐出境。因此,如果潜逃美国的我国腐败官员进入美国后尚未取得合法居留身份,即尚未取得绿卡或永久居留资格,我国可以通过向美国提供有关追诉腐败犯罪的材料和证据,达到阻止其取得合法移民身份的目的。如果进入美国的我国

---

① 李红光:《论引渡的替代措施》,载黄风、赵林娜主编:《境外追逃追赃与国际司法合作》,中国政法大学出版社 2008 年版,第 111 页。

腐败官员已经获得合法居留身份，取得绿卡或永久居留资格，应当想办法吊销其居留身份，即通过证明其在申请合法居留身份时采取了欺诈或者严重欺骗手段，如虚假结婚、伪造或变造身份证件或其他文件、在移民申请文件上作假等，而实践中潜逃境外的腐败官员为成功获取居留身份往往选择造假手段。中国银行开平支行特大贪腐案件中，主犯余振东编造虚假身份证件，以欺诈手段骗取旅行证件和美国签证，余振东外逃美国后，我国执法机关主动向美国提供了上述犯罪的证据材料，根据这些证据材料，美国刑事司法机关对余振东作出违反移民法犯罪的指控，为最终成功遣返余振东奠定了基础。一旦进入美国的我国腐败官员取得美国国籍，移民法的遣返措施就难以适用，因为美国的公民资格一般是不能以文件作假为理由加以撤销，除非隐瞒了纳粹经历。

根据加拿大《移民与难民保护法》（2001 年）C.27 的规定，如果已入境的外国人由于回国后将受种族、宗教、国籍、政见迫害或者因身为某社会组织成员而遭受迫害，可以向加拿大当局申请获取难民身份。加拿大难民制度中有两个重要机构，分别是加拿大移民部（CIC）和移民与难民事务委员会（IBB），前者对移民和难民事务负全面的责任，在加拿大本土与其使、领馆内提出的难民申请都由 CIC 首先进行审查，后者是加拿大最大的独立行政法庭，其责任是对移民和难民事务作出理由充分、高效和公平的裁决。申请人首先向 IBB 提出难民申请，若被驳回，则申请人有权就法律问题或者事实问题或者法律及事实问题向联邦最高法院提出上诉，联邦法院将就案件举行听证。如果申请仍未通过，将对申请人发布遣返令，申请人可以请求进行遣返前风险评估，但须呈交新的证据，证明回国后自己的生命将会受到威胁、伤害或者不正常的惩处等。针对难民申请最终失败的人，移民部发出和执行驱逐令，并将其在 15 天内驱逐出境。移民部认为可能出现不服从驱逐令或者对公众有危险的情形，可以派移民官员和皇家骑警将其押解出境。在赖昌星遣返案中,由于我国和加拿大之间不存在双边引渡条约,也未签署针对个案的特殊引渡协议,对赖昌星的难民地位申请,加拿大是在依据《移民与难民保护法》进行审理,我国也一直为加拿大提供赖昌星在我国境内犯罪的证据,以争取赖昌星的难民申请被驳回后可以将其遣返回国。在证据要求上,这种难民诉讼并不要求证明申请人有罪,只需证明其不符合难民申请的条件,比引渡所需的条件要低得多。加拿大驳回赖昌星难民申请的理由为赖昌星"犯下重大罪行,且犯罪动机与政治无关",未能证明"受到政治迫害",所以不具备获得加拿大难民身份的资格。

(三)发挥劝返的作用

劝返,是指追逃国办案人员在逃犯发现地国家主管机关的配合下,通过对外逃犯罪分子开展说服教育,促使其主动回到追逃国接受刑罚处罚等处理。劝返具有可行性,可以逾越有无双边条约和两国法律制度的截然不同而进行。对于逃犯发现地国家来说,逃犯自愿回国接受审判,既有助于节省开展国际合作或者国内法律程序而需耗费的资源,又有利于本国的秩序和安全。犯罪嫌疑人或被告人逃到境外后,面临各国执法机关的围追堵截,转移到境外的犯罪资产一旦被发现则立即受到扣押和没收,异国他乡的躲藏生活更令他们在心理和生理上备受煎熬,劝返则属于给他们指出一条摆脱煎熬的出路,将对他人是有利与人道的。云南省交通厅原副厅长胡星在聆听专案组成员劝说后,曾抓住专案组负责人的手说:"你是我的救命恩人!我信任你!"[①] 德国著名刑法学家李斯特针对曾提出"黄金桥"的概念,其认为,犯罪行为一旦出现停止形态,不论是犯罪预备、犯罪未遂、犯罪中止还

---

① 《外逃贪官被劝服归案》,载《人民日报》(海外版)2007年4月30日。

是犯罪既遂，对社会所造成的风险或危害就已经存在，并且这一事实不能改变，不能"向后退而撤销之"，不能从这个世界被完全抹掉；倒是立法可以从刑事政策的角度，为已经犯罪的行为人架设一座中止犯罪的黄金桥。① 可见，李斯特所设计的这座"黄金桥"是针对犯罪停止形态而言的，但笔者认为，劝返对于已经完成犯罪并外逃境外的行为人而言也是一座"黄金桥"，因为当外逃人员处于前进或者后退的犹豫之中时，如果我们的刑事政策能够将其自愿回国接受审判行为认定为自首，从而减轻或者从轻处罚，会极大增加外逃人员沿着"黄金桥"回国的信念，从而实现境外追逃的目标。云南省昆明市中级人民法院将胡星接受劝返自愿回国受审的行为认定为自首并依法从轻处罚，这是我国司法机关在境外追逃工作中运用宽严相济刑事政策的典型案例。劝返工作可以在各种不同的情况下开展，在已经启动引渡程序情况下，如果通过劝返使外逃犯罪嫌疑人自愿接受引渡，将构成"同意引渡"，在此情况下，被请求国的引渡审查程序将自动终止，外逃犯罪嫌疑人将立即被遣送到请求国。在根据移民法实行遣返情况下，当事人自愿回国的意愿表示也将加速有关程序的进程或者构成有利条件。

胡星是第一个被劝返回国受审的外逃腐败官员。胡星涉及受贿 4000 余万元，案发后仓皇出逃，沦为公安部 A 级通缉犯，其先是由广州经上海飞往新加坡，后前往英国、香港等地被拒绝入境，无奈之下返回新加坡，新加坡移民局和警方对其护照的合法性产生了怀疑。由于我国与新加坡之间既无双边引渡条约，也无刑事司法协助条约，而且新加坡没有加入国际刑警组织，对胡星实施引渡不可能，而适用非法移民遣返也存在较大的不确定性。

---

① ［德］弗兰克·冯·李斯特：《德国刑法教科书》，徐久生译，法律出版社 2000 年版，第 349 页。

因此，在这种情况下，我国司法机关在取得新加坡警方的理解和支持下，2007年2月17日，组织专案组赶赴新加坡开展工作，并提出警务协助的请求，在胡星居住的酒店与其进行面对面的交谈，分析其在国内国外的法律风险和生活情况，说服其回国投案。经过专案组不懈的努力，胡星最终接受专案组人员的劝说，自愿回国接受司法的审查。

在实施劝返措施中，我们要坚持维护国家刑事法制的尊严，以预防和惩治犯罪为宗旨，并且应当采用符合外国法律的手段和方式。应当特别注意以下几点：一是在国内做好充足准备。要解决好国内主管机关相互间的分工协调，以便为国外的劝返提供足够的支持。在胡星劝返案的过程中，云南省委、公安部调动了大量资源保障追捕行动，公安部及时向新加坡方面通报了相关情况，外交部也充分发挥其外交优势，昆明市检察院40多人参与查办，先后参与追捕组的警官、检察官组成敬业、高素质的合作团队，云南省纪委、公安厅刑侦、经侦、边防、出入境管理、法制等部门协力配合，为劝返提供基础性条件。二是应当了解、熟悉并有效利用潜逃目的地国家的法律制度。劝返的效果如何即能否达到劝返的目的主要取决于潜逃目的地国家的法律是否允许外逃人员自行选择劝返。胡星劝返案中，胡星之所以能够接受专案组人员的劝返建议，主要就是因为其未被新加坡司法部门予以人身上的控制，在行动上享有自由，而且新加坡有关法律并未禁止其接受劝返措施。三是向潜逃目的地国提供符合条件的证据。在胡星劝返案中，追捕组组长蒋平在向新加坡警方提出合作要求时同时提供我国公安部的通缉令、向国际刑警组织申报红色通缉令的文件、案件卷宗，而且上述文件全部都按照国际惯例翻译成英文并经过了公证。追捕组还出示了胡星与其弟胡波在我国的户籍资料，证实胡星使用了胡波的护照，即证明胡星进入新加坡时使用的是伪造的护照。四是应当尊重潜逃目的地国家的主权，尽量争取当地主管机关的合作与配合，否则劝返工作将很难获得进展。当地主管机关既可以采取积极的合作，营造劝返工作的良好环境，如针对外逃人员采取启动引渡程序、拒绝难民或移民地位等排斥性措施，也可以采取措施"消极"的默许方式，对我国的劝返行为不加干预、不予阻止。五是劝返工作中对外逃人员的承诺要严格依照法律，特别是在当前要参照我国《引渡法》第50条的规定，在请求从外国引渡逃犯的情况下，关于追诉问题的承诺，应当由最高人民检察院决定；关于量刑问题的承诺，则应当由最高人民法院决定。

二、注重民事诉讼与刑事诉讼的结合

当前，国际上关于刑事诉讼的立法有一种倾向，即借用民事手段解决刑事犯罪问题，如《反腐败民事公约》就有相关的规定。《禁止在国际商业贸易中贿赂外国公职人员公约》第3条也要求，"缔约方应当采取其认为必要的措施，规定贿赂外国公职人员的贿金及行贿外国公职人员的非法所得或与该行贿非法所得价值相当的财产予以查封和没收充公或规定可采用同等效力的经济制裁，还应当考虑给予民事或行政制裁。"

腐败资产追回主要有直接追回与间接追回两种。直接追回腐败资产主要通过民事诉讼手段，但是，在运用民事诉讼追回腐败资产中，如果能正确处理民事诉讼与刑事诉讼的关系，结合针对犯罪嫌疑人或被告人的刑事诉讼活动，双管齐下，形成合力，则能争取获得最有利的诉讼效果。根据概率平衡的原则，在没收和追回的时候，民事诉讼比刑事诉讼有明显的优势，因为其要求的证明标准要低。同时，民事诉讼的另一项优点就是在追回腐败资产时，可以自由选择司法管辖区，可以选择在很多地方进行起诉，更为重要的一点是可以在几个司法管辖区同时起诉，特别是罪犯将其赃款转移到"不喜欢采取冻结"司法管辖区内时，可

以在不同的管辖区同时起诉则变得尤为重要。反过来，在民事诉讼中，信息获取以及调查权力则非常有限，并且除了某些采取普通法的国家之外，冻结资产是非常困难的。刑事诉讼使调查人员在国内和国际都享有获取信息的特权，起诉机关的调查权力可以使其很容易地克服银行的保密制度并获得冻结资产的命令，有助于加强腐败案件的调查及相关证据材料的获取，也有助于对非法跨境转移腐败资产的行为施加法律压力，营造惩治腐败犯罪的国际合作氛围。特别是在普通法国家，检察机关在辩诉交易中广泛实行裁量权，其目标不是对某一犯罪行为定罪，而是为了追回大量的资产，甚至可以为罪犯提供免予起诉的机会，作为充分进行合作寻找被转移资产的交换条件。

在运用民事诉讼成功追回中国银行开平支行特大贪腐案所涉巨额腐败资产的过程中，我国司法机关同步开展的刑事诉讼活动有力地支持了境外开展的民事诉讼，对民事诉讼当事人形成强大的心理威慑力，甚至迫使他们放弃诉讼请求及抗辩，也使境外承办案件的民事法官意识到案件事实的严重性从而对开展的民事诉讼更加予以重视。中国银行针对余振东非法转移到美国旧金山的355万美元提出民事扣押请求后，旧金山主办民事法官在审理中曾表现出对辩方抗辩理由的同情，不太关心355万美元的来源，关心的是当事人的有关权利和诉讼地位是否受到损害或者不公平的对待，一度打算解除已经采取的临时扣押措施。此时，中国银行意识到实现刑事扣押的关键是证明355万美元属于犯罪所得，只要满足这一条件，余振东所提理由都不能阻止美国司法机关作出刑事扣押的决定，因此，中国银行合理配合运用刑事诉讼，通过我国政府向美国提出以下刑事司法协助请求：查找外逃犯罪嫌疑人在美国的行踪；提供有关人员在美国出入境记录和办理移民手续的情况；调取犯罪嫌疑人和有关人员在美国的金融交易记录；冻结和扣押犯罪嫌疑人转移到美国的资产。同时，我国政府还特别提到,犯罪嫌疑人余振东在案发后从我国香港渣打银行汇往美国旧金山花旗银行和美洲银行的 355 万美元属于犯罪所得收益。美国司法部据此对上述资金采取刑事扣押的措施,花旗银行和美洲银行立即各自开出一张金额为 1552972 美元和一张金额为 1999972 美元的支票,将被扣押的钱款划转给美国旧金山司法执行官 Marshal 保管,后美方启动"民事没收"程序,对上述 355 万美元作出民事没收的决定。

限制腐败资产转移即腐败资产保全措施采用中,也应当重视民事诉讼与刑事诉讼的结合使用。不同国家或地区对于采用民事诉讼还是刑事诉讼来追查、冻结、扣押非法转移腐败资产存在差异。采用刑事诉讼手段,可以有效地追查、冻结、扣押非法来源资金,但刑事程序通常要求高度的举证责任和更为严格的程序性保障,必须满足这些要求后才能适用。高度的举证责任使有关调查无法通过诸如被任命者、控股公司、基金会、律师,以及规定机构保密的管辖区内银行和金融机构等实体找寻证据、追查资产和交易情况。另外,民事诉讼虽然要求遵守较为宽松的举证责任,但在许多国家或地区中,立法和法院认为此种诉讼不足以推翻保密规定。因此,为有效追查、冻结、扣押腐败资产,最好的办法是结合使用民事诉讼和刑事诉讼,通过刑事诉讼得到必需的资料,之后提起民事诉讼,以便更加快捷地对非法腐败资产予以实际的冻结等。

在腐败资产追回中,刑事诉讼主要在境内范围开展,针对特定人员即犯罪嫌疑人或被告人,主要目的是查清犯罪事实并收集证据材料,从而确定有关人员的刑事责任;民事诉讼主要在境外开展,可以针对除犯罪嫌疑人或被告人以外的任何非法持有财物的人员,主要目的是证明原告对财物的合法权利以及被告或其他对方当事人通过非法手段获取、转移和持有财产。笔者认为,应当改变"刑事优于民事"的传统观念,在刑事诉讼遇到障碍或者其效果受到限制的情况下，为维护当事人合法民事权利，可以考虑将民事诉讼放在首要位置。同时，在民事诉讼的开展过程中，也要结合使用刑事诉讼措施，做到二者相得益彰。

三、以指控洗钱犯罪为资产跨境追回的切入点

腐败犯罪与洗钱犯罪密切相关，特别是较多腐败官员实施犯罪获取收益后通过洗钱行为将其转移至境外，洗钱犯罪是腐败犯罪链条中的一个重要环节，目的在于隐藏、模糊资金的来源、所有者、控制和运行轨迹，切断腐败资产与腐败官员之间的联系，降低腐败资产被侦查发现的概率。腐败官员实施洗钱行为需要具备一定的条件和过程，通常通过以下五个阶段：一是实施腐败行为，即进行贪污、贿赂等犯罪。二是聚敛腐败资金，即由小到大、由少到多地攫取腐败所得的财产。三是寻找洗钱共犯，即协助从事转移腐败资产的洗钱人员。四是选择洗钱方式，通过"地下钱庄"，或者通过"空壳公司"，或者走私渠道洗钱。五是确定洗钱目的地，即腐败资产转移至境外的具体地点。香港和澳门特区是腐败官员洗钱的主要中转地区。如成克杰受贿案中，自1994年始，成克杰与情妇李平将受贿所得4109万元交给香港商人张静海，张帮助其存入银行，随后，张又帮助李平在香港成立香港天翔贸易公司，成克杰和李平不断将贿款从广西转入香港。香港浙江兴业银行发现，天翔贸易公司在该行的账户经转入的金额从500万元至1000万元不等，但该公司留存银行的客户身份资料显示其经营规模难以支撑如此大额的贸易活动，遂将其作为可疑支付交易行为，报告给香港负责洗钱情报搜集和分析的机构即联合财富情报组。

2011年10月，适逢《反洗钱法》通过的第五年，中国面临的洗钱局面仍然严峻，但令人尴尬的是，自1997年洗钱罪写入刑法，内地不到50人因此罪获刑，而在香港特区，仅2009年因此罪获刑的就有307人。2011年3月，浙江省杭州市原副市长

许迈永的妻子戚继秋涉嫌受贿、洗钱案（涉嫌洗钱 4131 万余元）在宁波市中级人民法院开庭审理，该案即为洗钱罪写入刑法之后为数不多的案例之一。此外，重庆"打黑"系列案件中，以洗钱罪被追究刑事责任的判例有 7 个，如重庆市公安局原副局长彭长健的妻子刘观英、重庆市北碚区原副区长赵文锐的妹夫邹勇、重庆市巫山县交通局原局长晏大彬的妻子付尚芳等。2011 年年初因卷入铁道部原部长刘志军案被立案审查的北京博宥集团董事长丁书苗及其公司牵涉香港天汇楼盘洗钱，香港警务处商业罪案调查科亦对其予以介入。天汇楼盘位于香港岛西半山干德道 39 号，2009 年 10 月以顶层单位每平方尺 7 万港元、单位售价 4 亿多港元的价格，创下当时全球最贵分层式高档住宅纪录。2010 年 3 月，天汇楼盘首批售出 24 个单位，但根据开发商恒基地产的公告，实际最终完成交易的只有 4 套，另外 20 套交易取消。此后，香港警务处商业罪案调查科介入调查。一名内地买家逐渐浮出水面。2010 年 2 月 10 日，3 家注册于香港的公司峻升企业有限公司、领峰企业有限公司及朗富资源有限公司买下天汇楼盘的 3 套房产，总价 3.5 亿港元，该 3 家公司的董事皆为王惠萍，调查显示，王惠萍在博宥集团担任财务部经理。

如前文所述，世界各国刑事法律中关于腐败犯罪的规定，往往受经济制度、政治制度和社会制度的影响有很大的不同。因此，在资产追回的国际司法协助中，如果我们仅仅提供犯罪嫌疑人在国内涉嫌腐败犯罪的证据，就会遇到很多法律上的障碍。特别是与美国、加拿大、澳大利亚等腐败资产转移主要目的地国家开展司法协助，首先要克服的障碍就是双重犯罪问题。由于刑事法律是一个具有极强地域性的法律问题，带有法律传统的特点，进行合作的国家和工作人员，对双重犯罪中"双重性"的认知程度是大不一样的。《联合国反腐败公约》将腐败犯罪列举为十几种具体的罪名，这些罪名在各国刑法中规定各不相同，有些国家还没有将这些罪名规定在国内刑法中,这严重影响了腐败犯罪的国际合作。而跨国洗钱犯罪作为与腐败犯罪相关的行为,各国均对其予以严厉打击,属于目前国际上业已成熟的双重犯罪。因此,以洗钱犯罪为切入点,加强反洗钱的国际司法协助,属于腐败犯罪资产追回的一条捷径。通过反洗钱国际合作,可以较快地、较有力地达到对腐败资产的跟踪、查扣、起诉及没收,特别是通过情报交流,可以及时发现腐败资产转移的线索,进而加强对其转移的掌握和控制。如在资产所在国启动没收程序时,同时该资产所在国拥有完备的反洗钱法律制度,资产所在国往往以进入本国的外国腐败官员构成洗钱罪为由,通过刑事调查证明资产与洗钱犯罪之间存在一定的联系即可,而无须证明该外国腐败官员的腐败犯罪已经成立,也不需要资产来源国对该腐败官员进行刑事定罪并取得没收判决。特别是当资产来源国没有自己的没收法时,资产所在国可以根据本国法律获得没收判决,以洗钱犯罪对进入其境内的腐败官员进行控诉,然后将这些资产作为洗钱犯罪所得予以没收。如瑞士高等法院的一份判决中所说:"如果依靠外国刑事程序结果来启动洗钱调查,将阻碍打击资金非法转移。"[1] 所以,请求国可以提供腐败官员及其资产的相关信息,以配合资产所在国顺利启动没收程序,即启动独立的调查、发现、确认并没收腐败犯罪资产的程序。在此基础上,资产来源国可在没收时以财产合法所有人身份主张财产所有权,直接取回腐败资产。总结而言,以指控洗钱犯罪为腐败犯罪的切入点,可以解决无法取得生效没收判决的问题,还可以充分打击腐败犯罪。

国际公约和世界各国法律对洗钱犯罪皆有严格的规定,同时在犯罪构成要件方面规定得也较为一致。《联合国反腐败公约》

---

[1] Swiss Supreme Court. Judgement of September 21. 1994. La seaming judiciary (1995) 308.

第三章第 23 条规定的"对犯罪所得的洗钱行为"包括"明知财产为犯罪所得,为隐瞒或者掩饰该财产的非法来源,或者为协助任何参与实施上游犯罪者逃避其行为的法律后果而转换或者转移该财产"。根据美国《加强洗钱控诉法案》(1988 年)规定,在洗钱罪犯罪主观要件上,并不要求违法者必须有意继续掩盖非法活动,或知道被掩盖犯罪的性质,或曾参与该犯罪。因此,只要他们知道其交易的标的资产是或者曾经是犯罪所获取的,接受从我国转移至美国的资产的第三方就有可能成为被告,即使他们并没有参与到最初的犯罪行为中。

所以,加强反洗钱国际合作,可以发现或证实发生于我国境内的洗钱行为,可以及时发现腐败资产转移的线索,进而加强对腐败资产转移的掌握和控制。更为重要的,如果我们能够在境外向司法机关提供证据证明腐败官员将自己的犯罪所得转移到外国,那么这种跨国洗钱行为不仅触犯我国的法律,也同样会触犯犯罪资产转移目的地国家的洗钱犯罪规定,并因此会受到该国司法机关的指控。通过证据指控腐败官员涉嫌洗钱犯罪可以方便地找到中外法律的结合点,取得最佳的司法合作效果,有利于追回其转移境外的腐败资产,即通过反洗钱国际合作,可以较快、有力地达到对腐败资产的跟踪、查扣、起诉,没收乃至返还。从我国刑法规定来看,洗钱犯罪构成要件的关键在于犯罪嫌疑人主观方面"明知是犯罪所得",客观方面实施"提供资金账户、协助将财产转换为现金或者金融票据、通过转账或者其他结算方式协助资金转移等掩饰、隐瞒犯罪的违法所得及其收益的性质和来源的行为"。在向境外司法部门提供证据指控腐败官员涉嫌洗钱犯罪时,要重点证明以下两个方面:一是要提供证据证明腐败犯罪嫌疑人主观上明确知道自己转移、隐匿的财产是犯罪所得及其收益。这方面的证据相对容易获得,因为犯罪嫌疑人既实施了贪污贿赂等腐败犯罪行为,又实施了转移、隐匿腐败资产的行为,主观方面的明知和故意是统一的，所以只需提供证据证明犯罪嫌疑人在国内实施腐败犯罪并且通过该犯罪手段获取到转移至境外的资产。二是要提供证据证明腐败犯罪嫌疑人跨境转移腐败犯罪资产的行为过程，这方面的取证难度较大，主要通过大量的银行转账凭证、财务票据等书证来形成完整的证据链，这需要不同国家、地区司法部门的密切合作。

美国是我国腐败资产跨境转移的主要目的地国家，根据《中美刑事司法协助协定》（2001 年 3 月生效）第 13 条，如果中方认为某一资产被窃取、转移并藏匿于美国，则可根据协定，在国内开展调查、收集证据并准备在国内对犯罪嫌疑人提起公诉的同时，要求美方依照其国内法规定，利用其人力、物力，协助中方查找并冻结上述资产。美国财政部下属的金融犯罪执法网络（FINCEN 系统）对于利用美国国内法以帮助查找潜在的因贪污受贿或者洗钱犯罪而被窃取的资产非常有用，其职责主要包括提供跨政府部门的、多渠道的信息和分析网络，以协助发现、调查并追诉国内外洗钱活动，监督并执行有关政策，以防止和发现洗钱活动。我国从 2001 年开始在《中美刑事司法协助协定》框架下向美方提出请求的几起案件都是 FINCEN 系统发挥的作用。美国在打击跨国洗钱犯罪方面具有严厉的立法，如《洗钱控制法案》（1986 年）规定，任何转移通过参与非法活动而获取的资金的人员均将被认为有罪，据此，美国能够对直接或间接参与将腐败资产跨境转移至美国的人提起公诉，无论其是否为最初贪污犯罪的人士，即便某个罪犯按照美国法律没有被判定有罪，或者根据美国法律将不会被判定有罪，美国检察官仍可以向联邦地区法院提起诉讼，要求追回罪犯所得的钱款，2003 年美方向中方请求调查的潘某某涉嫌非法携带大额美元现金拒不申报且提供虚假证明文件案就是明证。美国《加强洗钱控诉法案》（1988 年）、《爱国者法案》、《反敲诈及腐败组织法案》也作出类似的规定，有助于追诉那些携款潜逃美国的贪污犯罪分子和帮助他们将其资产转入美国或在美国国内进行转移的任何第三方。

澳大利亚联邦及各州立法都规定洗钱或类似活动为犯罪活动，如《犯罪所得法》（2002年）、新南威尔士州《没收犯罪所得法》授权检察官对洗钱活动提起诉讼，以没收犯罪所得。中澳之间尚不具备司法合作的正式法律机制，但中澳两国执法机构之间的非正式合作也取得一定的进展。广东省佛山市南海区置业公司原总经理李继祥腐败资产追回案中，广东省检察机关提供其涉嫌挪用公款罪的证据材料，澳大利亚联邦警察据此以洗钱罪对李继祥立案并展开调查，并根据李继祥挪用公款过程中涉及的境内收款人等16位有关证人的证词，逐一建立起数十笔公款由境内向境外的资金链、证据链，证实了调取的有关银行资料来源的合法性及可靠性。2009年4月22日至5月13日，由澳大利亚联邦检察官指控的李继祥洗钱案在澳大利亚昆士兰州地方法院进行预审听证，以裁定该项指控是否被最高法院接受审理，在预审听证取得成功后，2009年11月，李继祥前妻黄某等人在法律的压力下，自愿放弃其名下财产，为该案的腐败资产成功追回奠定了良好的基础。

第四节　强化保障性措施

腐败资产跨境追回，既需要国际公约性文件与国内相关立法上的支撑，也需要在具体工作开展中克服畏难情绪，秉持务实的灵活态度，注重策略的应用，更要注意加强保障性措施，如在各部门间建立资产追回的工作协调机构，加强资产追回能力建设和经费保障，加强证人培训。

一、建立资产跨境追回工作协调机构

对于官员的腐败犯罪问题，国家纪检监察和司法机关依据各自的权责介入处理，但在很多情况下，权责不清和程序衔接不畅等问题，为有效预防腐败官员外逃带来困难。许多腐败官员就是在知悉纪检监察部门正在查处其本人或与其本人有密切关联的相关人员，尚未进入司法程序之前，潜逃境外，如 2002 年 4 月，河南省烟草专卖局原局长蒋基芳在党校参加厅级干部培训期间，了解到其经济问题被群众举报，已经引起纪检部门的注意，于是突然中断学习返回郑州，在郑州稍作停留后便从上海秘密出境；浙江省建设厅原副厅长杨秀珠外逃则是由于与其经济有密切联系的胞弟和开发商因贿赂犯罪被立案审查，其意识到自己主政温州、任副市长兼金温铁路温州段建设指挥部总指挥期间的经济问题已经暴露，遂于 2003 年 4 月 20 日携家人经新加坡转至美国；2006 年 6 月，福建省工商局原局长周金伙在纪检监察机关找其谈话后，即成功潜逃美国，至今尚未归案。在开展腐败资产追回工作中，相关部门协调沟通不够，信息互通不足，未能形成整体合力。腐败资产跨境转移涉及的金融机构、外汇管理、海关等部门，有条件较早发现资产跨境转移的异常情况，但由于与公安、检察等司法机关之间工作协调和信息沟通机制不紧密、不顺畅，使司法机关有时不能及时掌握资产跨境转移情况。

胡锦涛总书记在中央纪委全会上多次强调，要加大对腐败分子的经济处罚和赃款赃物追缴力度，加大对腐败分子的追逃力度。中央印发的《建立健全惩治和预防腐败体系 2008～2012 年工作规划》中，明确要求"完善跨区域协作办案及防逃、追逃、追赃机制"。当前，中纪委、监察部和中组部、公安部、司法部、外交部等多个部门建立了防范违纪违法公职人员外逃工作协调机制部际联席会议制度，一些省牵头单位和协办单位制定了联系工作的工作规范。针对违纪违法国家工作人员外逃及境外缉捕问题，2011年9月2日，省级防逃追逃协调机制试点工作启动会议在上海召开，按照会议要求，2011年9月至2012年8月，黑龙江、上海、广东、云南、江苏、浙江、福建、江西、山东、河南十省（市）将开展建立省级防逃追逃协调机制试点工作，此举主要针对国家工作人员因私出国（境）登记备案、出国（境）证照审批保管、出入境资金监测等重点环节，以期加强监管、完善制度，标志着防逃追逃工作进入新的发展时期。此次省级协作防逃机制的具体内容，官方未予披露，但有关专家猜测，可能有三方面的基本原则：一是组织机制上，由中纪委来统筹协调和追逃腐败官员有关的国务院各部委，各省的腐败官员，由本省主办，过程中涉及其他部门如使馆、海关等，由中纪委来协调；二是强调事先预防，对举报多，或者关键部门的高风险人物，做事前的监控；三是以协调机制的名义，对外进行合作，改变中纪委不能出面和国外合作的局面。①

因此，笔者认为，有必要在此基础上，建立常设性的资产追回工作协调机构。建议在中央反腐败协调小组境外缉捕工作联络办公室下设立境外资产追回工作组，负责协调境外资产追回工作；同时建议在司法部下设"犯罪资产返还和追缴国际合作办公室"，负责境外资产追回的日常事务，其职能是代表中国政府，依据相关国际公约和双边条约开展资产追回的国际合作。在省级政府部门成立由检察机关牵头，公安、外事、安全、司法行政、人民银行、海关、财政等部门参加的境外资产追回工作协调小组，建立富有成效的数据和情报收集机制，充分利用各部门的数据信息、监管信息、监测分析成果，确保各部门间达成高效完

---

① 李光敏：《内地省级协作防贪官外逃》，载《凤凰周刊》2011年第30期，第43页。

备、广泛共享、灵敏快速的信息共享。在此基础上加强反腐败合作，共同探索建立统一的境外资产追回工作协调机制，及时研究开展境外资产追回工作遇到的问题，制定工作措施，统一指挥协调境外资产追回工作。

二、强化资产跨境追回能力建设和经费保障

腐败资产跨境追回涉及的因素比较复杂，目前我国在这方面的工作还处于起步探索阶段，经验不足。相关司法机关中既精通国内外法律又能熟练运用外语工作的专门人才不多，严重制约腐败资产追回的开展。同时，腐败资产跨境追回成本很高，所需经费在正常经费开支中很难列支，经费保障不足。

我国司法机关应当组织力量，加强对美国、加拿大、澳大利亚等腐败犯罪嫌疑人经常外逃的国家相关法律制度及有关国际性公约的研究，有针对性地提出资产追回的对策措施，切实提高腐败资产跨境追回的能力。在司法人员中加强外语、国际法、外国法和境外侦查等专门知识的培训，培养一批懂法律、懂外语、熟悉资产追回操作规则的专门性人才，必要时支持司法机关从海外引进一批熟悉资产跨境追回业务的专门人才，充实资产追回队伍，提高境外资产追回水平。中央和省级财政部门要将资产跨境追回工作经费纳入预算，同时从成功追回的腐败资产中按一定比例支取，探索建立资产跨境追回基金，以保证资产追回的物质基础。

三、加强证人培训

外国特别是英美国家刑事诉讼程序实行传闻证据规则，即证人如果没有法定的例外情形，需要出庭作证，并且法庭可以根据控辩双方的请求，传唤有关证人出庭作证。近年来，我国在与美国等国家开展腐败资产追回的司法合作中，美国等国家司法机关

往往提出需要我国国内证人赴国外出庭作证或者在国内以远程视频方式作证，否则对外逃犯罪嫌疑人的刑事指控或民事追诉将受影响。如中国银行开平支行特大贪腐案中，经中方批准，2005年2月，根据《中美刑事司法协助协定》，美方就该案向我国司法部提出请求，请求安排我国证人赴美国作证或者派员来我国作视频取证。在中方的协助下，五位我国证人通过视频音频传输设备在广州向美国拉斯维加斯法庭提供了证人证言，并接受相应的质证。广东省佛山市南海区置业公司原总经理李继祥腐败资产追回案也涉及视频作证，2009年4月22日至5月13日，由澳大利亚联邦检察官指控的李继祥洗钱案在澳大利亚昆士兰州地方法院进行预审听证，澳大利亚方请求广东省检察院和南海区检察院组织有关证人就此案在澳大利亚驻广州总领事馆进行远程视频作证，2011年7月20日至8月31日，李继祥案在昆士兰州最高法院开庭审理，广东省检察院和南海区检察院组织检察官等13名证人在广州通过远程视频向法庭作证。国际司法合作过程中经常会涉及专家证人作证，如杨诚教授曾作为专家证人参与赖昌星案件，其指出，赖昌星难民诉讼中加拿大政府与赖昌星双方质证的核心问题不是赖昌星涉嫌犯罪的事实或者加拿大的法律，而是中国的司法制度是否公正，赖昌星被遣返回国后是否会遭遇到不公正待遇。就此方面，杨诚教授作为专家证人对以下三个问题作证：一是中国司法制度的公正性；二是国际社会对中国司法状况的看法；三是中国司法人员的素质。杨诚教授的看法是，"中国改革后的司法制度与日内瓦国际公约标准的距离是大大缩小的。"①

美国等国家的刑事诉讼程序中控辩双方的对抗强度高，对证

---

① 杨诚：《我做赖昌星难民案专家证人》，载《法律与生活》第284期。

人出庭作证的要求严格，国内证人如果不经过专门的系统培训很难适应这种诉讼程序，因此，加强对证人的培训是证人成功作证的重要前提和基础。加强证人培训，关键是要证人能够真实、全面地就自己对案件的知晓情况向法庭作证，要给予明确的答案，除专家证人外，不能使用推测性、判断性等影响证明力的证言。同时，还要使证人熟悉外国法庭的诉讼的基本程序，特别是防止被对方律师引入"询问陷阱"，作出不利于控方的证言。要培训证人熟知两国的文化背景及法律制度，特别是双方制度的差异所在。培训的内容主要包括：取证的大致背景，取证的基本程序，两国相关法律和法庭规则，控辩双方的地位、作用等。培训的重点也因证人的不同种类即一般证人、污点证人、专家证人与侦查人员而有所不同。对于未参与犯罪过程的一般证人，培训的重点是要使其对自己了解和知道的有关事实提供证言。对于证言证明力强的污点证人，要使其能够证实和指证犯罪嫌疑人与自己共同进行犯罪活动的全部过程。对于具有专业知识、专业技能的专家证人，要使其能够基于自己的专业知识和对案件证据的鉴别，根据其感知的事实提出推测性、判断性的判断意见。如赖昌星遣返案件中的专家证人赵秉志教授提供证人证言，得出中国不存在酷刑情况的结论。对于侦查人员，要使其客观公正地提供证言，不要表现出对犯罪嫌疑人的歧视和偏见，以免被辩方抓住把柄，攻击侦查人员"有罪推定"，从而造成控方的被动局面。

结　论

近年来，党中央、国务院坚持把党风廉政建设和反腐败斗争纳入党和国家工作大局来谋划和部署，坚持标本兼治、综合治理、惩防并举、注重预防的方针，扎实推进惩治和预防腐败体系建设。反腐倡廉建设取得明显成效的同时，党风廉政建设和反腐败斗争面临不少新情况新问题，特别是腐败官员跨境转移犯罪资产现象层出不穷，影响恶劣，为广大干部群众所诟病。

腐败资产跨境转移，是世界范围内反腐败过程中面临的共性问题，远如20世纪80年代菲律宾前总统马科斯家族向瑞士等国家转移非法窃取的腐败资产，近如2011年埃及前总统穆巴拉克、利比亚前最高政治领导人卡扎菲倒台后暴露出来的其家族向海外转移巨额资产的问题。据外界估计，穆巴拉克家族向瑞士、英国、美国等国家转移的资产约400亿至700亿美元，而卡扎菲家族转移至海外的资产，仅英美两国就冻结500亿美元，意大利冻结60多亿美元。就我国大陆而言，腐败资产跨境转移则是社会转型、经济全球化及腐败犯罪国际化等多种因素交互作用的产物，随着时间推移，该现象越发猖獗，所涉及官员级别越来越高，转移数额越来越大，持续时间越来越长。随着科技的进步以及大众媒体开放度的提高，腐败资产跨境转移给社会所带来的危害势必超出人们的想象，而更为可怕的是，其作为权力异化即腐败的伴生物，如不加以遏制，政治上的危害会被成倍放大，可能远远超出本身经济上的损失，甚至于摧毁执政党的合法性基础。

鉴于此，笔者选择"腐败资产跨境追回问题研究"为本书的题目，试图从理论上探究腐败资产跨境转移及其产生的危害，描述世界范围内各国长期以来为追回腐败资产而作出的探索与努力，并以《联合国反腐败公约》为视角，分析腐败资产跨境追回机制的运行及效果；在此基础上，剖析我国腐败资产跨境追回所面临的障碍，具体包括腐败资产追回的一般性障碍、腐败资产追回机制运行的具体性障碍及我国配套立法的不足之处。与此相对应，提出我国腐败资产直接追回、间接追回及返还与处分的立法对策，并主张在资产跨境追回中要重视基础性措施、灵活性措施、策略性措施与保障性措施的结合使用，并积极追求结合使用后所产生的价值最大化。

　　本书积极借鉴、吸收国内外近几年来关于腐败资产追回的专著、论文、领导讲话、国外立法、条约性文件等翔实的资料，加以提炼、吸收，并在此基础上力图提出一些创新性观点，如主张在腐败资产追回中，要注重民事诉讼、民事没收等民事手段的运用，且政府在境外提起民事诉讼追回腐败资产时，要通过创设国资委、专门基金会等"法人手段"，避免所产生的国家主权豁免方面的问题；建议我国以国内立法、签订条约及个案合作方式，构建腐败资产分享制度，并对其如何构建提出具体的设想。

　　本书具有一定的理论意义，首次系统、全面地研究腐败资产跨境转移现象、资产跨境追回状况、面临的障碍及立法对策等应对措施，体系合理，富有逻辑性；不限于单纯引用现有资料，还在错综复杂的现有资料中提炼和逐步更新自己的观点，如笔者根据大量通过网络等媒介收集来的资料分析港澳台地区腐败资产跨境转移及追回情况，为研究腐败资产跨境追回的后来者既可以提供素材，又可以提供实用的研究方法。本书还具有重要的实践价值，其针对我国腐败资产跨境追回配套立法的不完善提出立法对策，有助于我国积极履行《联合国反腐败公约》缔结后应当承担的义务，关于建立运用民事诉讼追回腐败资产的制度、民事没收制度、腐败资产分享制度的立法建言及具体构思必将为立法部门构筑腐败资产追回的立法支撑拓宽思路，提供参考。更为重要的是，面对司法实务部门普遍反映的"涉外追赃难"，笔者结合自己亲身参与的数起腐败资产跨境追回的经验和教训，深刻剖析所面临的障碍，提出一些切实可行的措施，将会为资产跨境追回具体实践提供指导性意见，如针对资产跨境追回中的畏难情绪，建议要重视收集信息、办妥法律手续等基础性措施，在资产追回相关国际司法合作中，具体操作时既要注重承诺不判处死刑及量刑磋商等灵活性措施，还要讲究策略性措施的运用，注重追逃与追赃、民事诉讼与刑事诉讼的配合，并以指控洗钱犯罪为资产跨境追回的重要切入点，以达到事半功倍的效果。同时，要强化资产跨境追回的组织、人员、经费保障等措施，加强证人培训以应对境外司法机关提出的证人出庭作证或视频作证问题。

本书在写作过程中也遇到了一定的障碍。第一，资料虽多，但一手资料特别是一手外文资料较为欠缺，这既与腐败资产跨境追回是一个学术研究新领域有关，也与笔者自身收集资料能力不强、渠道不畅有关，导致本书所引用的中、外文资料比例失调。第二，在我国腐败资产跨境追回中，向外国请求协助没收财产属于运用腐败资产追回间接机制的主要内容，本应用大量的篇幅，结合没收国际合作详细地展开分析，但囿于对这个问题研究不透彻，在提出的立法对策中，仅就请求载体、程序等进行简单的分析。第三，多数学者与实务部门人员均建议，腐败资产跨境追回中要注重民事手段与刑事手段、追逃与追赃的结合使用。研究中笔者也感觉到这种结合使用的重要性，在书中提到要注重民事诉讼与刑事诉讼的结合，发挥境外追逃在资产追回中的作用，但没有进一步深究结合使用的合理性及如何才能做到有机地结合使用。第四，洗钱行为与腐败资产跨境转移在多数情况下相伴而生，腐败资产通过洗钱行为实现跨境转移，《联合国反腐败公约》也将"预防洗钱的一般措施"作为腐败资产追回机制的一项重要内容加以规定，因此，研究腐败资产跨境转移离不开研究洗钱行为，本书提到以指控洗钱犯罪为资产追回的切入点，但没有深入研究洗钱在腐败资产跨境转移中的重要作用，没有深入研究预防洗钱在腐败资产跨境追回中的重要作用。以上是笔者在写作过程中的不足之处，笔者会在以后的研究中进一步加以改进与完善。

参考文献

A. 图书

[1] 黄风:《资产追回问题比较研究》,北京师范大学出版社 2010 年版。

[2] 杨宇冠、吴高庆:《〈联合国反腐败公约〉解读》,中国人民公安大学出版社 2004 年版。

[3] 杨宇冠:《我国反腐败机制完善与联合国反腐败措施》,中国人民公安大学出版社 2007 年版。

[4] 赵秉志、王志祥、郭理蓉:《〈联合国反腐败公约〉暨相关重要文献资料》,中国人民公安大学出版社 2004 年版。

[5] 张士金:《资产追回国际法律合作问题研究》,中国人民公安大学出版社 2010 年版。

[6] 马海军、邹世享:《中国反腐败国际合作研究》,知识产权出版社 2011 年版。

[7] 林雪标:《腐败资产追回机制研究》,厦门大学出版社 2010 年版。

[8] 甄贞等:《〈联合国反腐败公约〉与国内法协调机制研究》,法律出版社 2007 年版。

[9] 李秀娟:《中国反腐败立法构建研究——以〈联合国反腐败公约〉为视角》,中国方正出版社 2007 年版。

[10] 朱恩涛:《国际刑警组织与红色通缉令》,中国人民公

安大学出版社 2006 年版。

［11］黄风、赵林娜：《境外追逃追赃与国际司法合作》，中国政法大学出版社 2008 年版。

［12］黄风、赵林娜：《国际刑事司法合作：研究和文献》，中国政法大学出版社 2008 年版。

［13］黄风：《国际刑事司法合作的规则与实践》，北京大学出版社 2008 年版。

［14］陈雷：《反腐败国际公约视野下我国反腐败刑事立法及其完善》，中国人民公安大学出版社 2008 年版。

［15］欧斌、余丽萍、李广民等：《国际反腐败公约与国内司法制度问题研究》，人民出版社 2007 年版。

［16］赵秉志：《国际刑事司法协助专题整理》，中国人民公安大学出版社 2007 年版。

［17］黄风：《中国引渡问题研究》，中国政法大学出版社 1997 年版。

［18］陈卫东：《模范刑事诉讼法典》，中国人民大学出版社 2005 年版。

［19］陈光中：《联合国打击跨国有组织犯罪公约和反腐败公约程序问题研究》，中国政法大学出版社 2007 年版。

［20］梁国庆：《国际反贪污贿赂理论与司法实践》，人民法院出版社 2000 年版。

［21］［意］贝卡里亚：《论犯罪与刑罚》，中国大百科全书出版社 1993 年版。

［22］［美］塞缪尔·亨廷顿：《变化社会中的政治秩序》，三联书店 1989 年版。

［23］林山田：《刑法通论》（下），台湾菩菱印刷有限公司 1998 年版。

［24］何超明、赵秉志：《区际刑事司法协助研究》，澳门特

别行政区检察院、澳门检察律政学会，2002年。

［25］联合国：《联合国反腐败公约实施立法指南》，出售品编号：E. 06IV. 16，第397段。

［26］最高人民检察院职务犯罪预防厅：《国际预防腐败犯罪法律文件选编》，法律出版社2002年版。

［27］Mark Pieth（ed）. Recovering Stolen Assets. New Youk：PETER LANG GROUP，2008.

［28］UNODC. A new initiative aimed to recover stolen assets. Release Press，2004.

B. 科技报告

［1］联合国反腐败公约谈判工作特设委员会第四届会议文件：《转移非法来源资金，尤其是腐败行为所得资金问题全球研究报告》（A/AC. 261/12）。

［2］金融行动特别工作组：《年度报告》，2003年。

［3］《反腐败公约谈判工作特设委员会第一至第七届会议工作报告增编：联合国反腐败公约谈判工作正式记录（准备工作文件）注释》（A/58/422）。

［4］联合国经济及社会理事会：《设立一个政府间专家组，以拟定一项关于〈联合国打击跨国有组织犯罪公约〉和1988年〈联合国禁止非法贩运麻醉药品和精神药物公约〉所涵盖的犯罪所得没收后处分问题的双边示范协定草案》，2004年7月。

［5］联合国：A/CONF. 203/RPM/3. Geneva：2004。

［6］中央政法委：《关于建立健全境外追赃机制问题的研究报告》，2007年。

［7］OECD and ADB. Mutual Legal Assistance, Extradition and Recovery of Proceeds of Corruption in Asia and the Pacific. An ti－Corruption Initiative for Asia and the Pacific，2007.

［8］ Cf. Evaluation of laws and systems in FATF members dealing with asset confiscation and provisional measures. FATF.

［9］ Antoine Dulin. Main conclusion of CCFD's working paper on stolen assets, translated by Carol Brience.

［10］ Swiss Supreme Court. Judgement of September 21. 1994. La seaming judiciary（1995）308.

C. 学位论文

［1］ 王勇：《腐败收益外流的控制与追回法律机制研究》，武汉大学法学院，2003年。

［2］ 范伶莉：《论〈联合国反腐败公约〉资产追回与返还机制及在我国的适用》，中国人民大学法学院，2005年。

［3］ 宋首武：《论〈联合国反腐败公约〉的资产追回机制》，中国人民大学法学院，2006年。

［4］ 王申军：《论民事手段在〈联合国反腐败公约〉资产追回机制中的应用》，中国政法大学，2008年。

［5］ 刘李东：《资产追回机制研究》，西南政法大学，2009年。

［6］ 胡莹：《论〈联合国反腐败公约〉框架下我国资产追回机制的构建》，外交学院法学院，2008年。

［7］ 康雪：《资产追回与返还机制及其在我国的应用》，外交学院法学院，2008年。

D. 期刊中析出的文献

［1］ 黄风：《关于追缴犯罪所得的国际司法合作问题研究》，载《政治与法律》2002年第5期。

［2］ 杨宇冠、吴小军：《〈联合国反腐败公约〉资产追回机制与我国刑事诉讼法的完善》，载《当代法学》2005年第1期。

［3］卞建林、李晶:《腐败犯罪资产追回机制研究》,载《国家检察官学院学报》2010年第4期。

［4］李年乐、张士金:《资产追回的法律途径分析》,载《云南大学学报》(法学版)2008年第1期。

［5］吴高庆:《监测资产转移——建立追回腐败犯罪资产的基础性机制》,载《中国检察》2005年第6期。

［6］李本森:《破窗理论与美国的犯罪控制》,载《中国社会科学》2010年第5期。

［7］张琰妍:《引渡制度重思》,载《中国司法》2006年第3期。

［8］刘国柱:《罗斯托的发展援助理论评析》,载《河北师范大学学报》(哲学社会科学版)2006年第6期。

［9］顾列铭:《境外追赃:艰难的跨国反腐》,载《检察风云》2004年第4期。

［10］魏莲芳:《美国民事没收法评述》,载《四川高等警官专科学院学报》2005年第4期。

［11］廖敏文:《〈联合国反腐败公约〉资产返还国际合作机制探析》,载《国家行政学院学报》2005年第5期。

［12］陈雷:《国际反腐败法律机制中的资产追回制度》,载《法学》2004年第8期。

［13］陈雷:《〈联合国反腐败公约〉与资产追回制度》,载《华东刑事司法评论》2006年第6期。

［14］苏薇、金红希:《费用补偿和收益"分享"问题之我见——从〈联合国反腐败公约〉谈我国外逃贪官赃款的追缴问题》,载《沈阳大学学报》2004年第6期。

［15］徐汉明、阎利国:《〈联合国反腐败公约〉资产追回和返还机制与完善我国诉讼制度之探讨》,载《武汉大学学报》(哲学社会科学版)2007年第3期。

[16] 申嘉：《"刑事附带民事诉讼制度"对追回腐败资产的制约和对策》，载《法学杂志》2007年第5期。

[17] 王秋玲、苗春：《非经刑事定罪与我国相关法律完善》，载《大连海事大学学报》（社会科学版）2007年第1期。

[18] 王永杰：《中外退赃模式比较：兼论我国应建立大规模退赃制度》，载《华东政法大学学报》2007年第3期。

[19] 王学成、张健：《我国跨国追缴职务犯罪所得相关制度研究》，载《当代法学》2007年第3期。

[20] 陈立虎、易波：《从〈联合国反腐败公约〉看我国遏止贪官携款外逃制度创新》，载《江苏警官学院学报》2004年第3期。

[21] 梁小春：《资产追回与返还国际法律机制及其在我国的适用——以〈联合国反腐败公约〉为视角》，载《经济与法》2006年第10期。

[22] 魏红：《引入公益诉讼完善外逃腐败资产追回机制》，载《贵州大学学报》（社会科学版）2007年第1期。

[23] 魏红、涂丹：《论我国外逃腐败资产追回机制的构建——以公益诉讼制度为视角》，载《贵州大学学报》（社会科学版）2009年第11期。

[24] 魏红、刘学文：《浅议〈联合国反腐败公约〉框架下中国外逃资产追回机制的法律构建》，载《贵州大学学报》（社会科学版）2006年第3期。

[25] 陈斌、崔凯：《外逃腐败资产追回程序选择——从〈联合国反腐败公约〉的视角》，载《湖北社会科学》2006年第6期。

[26] 张士金：《资产追回制度与相关法律的完善》，载《人民检察》2007年第27期。

[27] 马呈元：《经济犯罪资产直接追回制度及其措施探析》，

载《人民检察》2007 年第 9 期。

[28] 张士金:《对资产追回国际法律合作的现实考量》,载《政法论坛》2010 年第 1 期。

[29] 张士金:《对资产追回民事途径的思考》,载《法学论坛》2010 年第 1 期。

[30] 张宗亮:《腐败资产追回机制研究——以〈联合国反腐败公约〉为视角》,载《山东社会科学》2006 年第 6 期。

[31] Jack Smith, Mark Pieth, Guillermo Jorge. The Recovery of Stolen asset: A Principle of the UN Convention against Corruption. Resourse of U4, 2007 (2).

[32] Tim Daniel, Kendall Freeman. Gneral Sani Abacha – a Nation's Thief, Regional Seminar for Asia – Pacific: Making International anti – corruption standards operations. Asset Recovery and Legal Assistance, Background Paper (Case study group 1: "Abacha"), 2007 (9).

[33] Guillermo, The Efforts to recovery proceeds from "Montesinos" criminal network of corruption, Regional Seminar for Asia – Pacific: Making International anti – corruption standards operations: Asset Recovery and Legal Assistance. Background Paper, 2007 (9).

[34] Tim Daniel and Jams Mation, Civil Proceeds to Recover Corruptly Acquired Assets of Public Officials, Mark Pieth (ed), Recovering Stolen Assets, Peter Lang, 2008.

E. 报纸中析出的文献

[1] 陈雷:《建立独立的境外追赃机制之构想》,载《检察日报》2006 年 9 月 11 日。

[2] 武大伟:《建立更为有效的反腐败执法合作国际机制》,

载《中国纪检监察报》2005 年 4 月 5 日。

［3］钟欣：《陕西原政协副主席庞家钰获刑 12 年》，载《新快报》2008 年 6 月 29 日。

［4］程婕：《央行揭秘贪官转移财产八大路径》，载《北京青年报》2011 年 6 月 15 日。

［5］史先振：《伊拉克要索回"贿赂金"》，载《北京青年报》2004 年 2 月 1 日。

附 录

一、《联合国反腐败公约》(2003 年)

......

第 1 条 "术语的使用"

在本公约中:

(一)"公职人员"系指:1. 无论是经任命还是经选举而在缔约国中担任立法、行政、行政管理或者司法职务的任何人员,无论长期或者临时、计酬或者不计酬,也无论该人的资历如何;2. 依照缔约国本国法律的定义和在该缔约国相关法律领域中的适用情况,履行公共职能,包括为公共机构或者公营企业履行公共职能或者提供公共服务的任何其他人员;3. 缔约国本国法律中界定为"公职人员"的任何其他人员。但就本公约第二章所载某些具体措施而言,"公职人员"可以指依照缔约国本国法律的定义和在该缔约国相关法律领域中的适用情况,履行公共职能或者提供公共服务的任何人员;……(四)"财产"系指各种资产,不论是物质的还是非物质的、动产还是不动产、有形的还是无形的,以及证明对这种资产的产权或者权益的法律文件或者文书;(五)"犯罪所得"系指通过实施犯罪而直接或间接产生或者获得的任何财产;(六)"冻结"或者"扣押"系指依照法院或者其他主管机关的命令暂时禁止财产转移、转换、处分或者移动或者对财产实行暂时性扣留或者控制;(七)"没收",在适用情况下还包括充公,系指根据法院或者其他主管机关的命令对财产实行永久剥夺;……

第 14 条 "预防洗钱的措施"

一、各缔约国均应当:(一)在其权限范围内,对银行和非银行金融机构,包括对办理资金或者价值转移正规或非正规业务的自然人或者法人,并在适当情况下对特别易于洗钱的其他机构,建立全面的国内管理和监督制度,以便遏制并监测各种形式的洗钱,这种制度应当着重就验证客户身份和视情况验证实际受益人身份、保持记录和报告可疑交易作出规定;(二)在不影响本公约第 46 条的情况下,确保行政、管理、执法和专门打击洗钱的其他机关(在本国法律许可时可以包括司法机关)能够根据本国法律规定的条件,在国家和国际一级开展合作和交换信息,并应当为此目的考虑建立金融情报机构,作为国家中心收集、分析和传递关于潜在洗钱活动的信息。

二、缔约国应当考虑实施可行的措施,监测和跟踪现金和有关流通票据跨境转移的情况,但必须有保障措施,以确保信息的正当使用而且不致以任何方式妨碍合法资本的移动。这类措施可以包括要求个人和企业报告大额现金和有关流通票据的跨境转移。

三、缔约国应当考虑实施适当而可行的措施,要求包括汇款业务机构在内的金融机构:(一)在电子资金划拨单和相关电文中列入关于发端人的准确而有用的信息;(二)在整个支付过程中保留这种信息;(三)对发端人信息不完整的资金转移加强审查。

四、吁请缔约国在建立本条所规定的国内管理和监督制度时,在不影响本公约其他任何条款的情况下将区域、区域间和多边组织的有关反洗钱举措作为指南。

五、缔约国应当努力为打击洗钱而在司法机关、执法机关和金融监管机关之间开展和促进全球、区域、分区域及双边合作。
……

第23条 "对犯罪所得的洗钱行为"

一、各缔约国均应当根据本国法律的基本原则采取必要的立法和其他措施，将下列故意实施的行为规定为犯罪：（一）1. 明知财产为犯罪所得，为隐瞒或者掩饰该财产的非法来源，或者为协助任何参与实施上游犯罪者逃避其行为的法律后果而转换或者转移财产；2. 明知财产为犯罪所得而隐瞒或者掩饰该财产的真实性质、来源、所在地、处分、转移所有权或者有关的权利。（二）在符合本国法律制度基本概念的情况下：1. 在得到财产时，明知其为犯罪所得而仍获取、占有或者使用；2. 对本条所确立的任何犯罪的参与、协同或者共谋实施、实施未遂以及协助、教唆、便利和参谋实施。

二、为实施或者适用本条第一款：（一）各缔约国均应当寻求将本条第一款适用于范围更为广泛的上游犯罪；（二）各缔约国均应当至少将其根据本公约确立的各类犯罪列为上游犯罪；（三）就上文第（二）项而言，上游犯罪应当包括在有关缔约国管辖范围之内和之外实施的犯罪。但是，如果犯罪发生在缔约国管辖权范围之外，则只有当该行为根据其发生地所在国法律为犯罪，而且根据实施或者适用本条的缔约国的法律该行为若发生在该国也为犯罪时，才构成上游犯罪；（四）各缔约国均应当向联合国秘书长提供其实施本条的法律以及这类法律随后的任何修改的副本或说明；（五）在缔约国本国法律基本原则要求的情况下，可以规定本条第一款所列犯罪不适用于实施上游犯罪的人。
……

第31条 "冻结、扣押和没收"

一、各缔约国均应当根据本国法律制度的范围内尽最大可能采取必要的措施，以便能够没收：（一）来自根据本公约确立的犯罪的犯罪所得或者价值与这种所得相当的财产；（二）用于或者拟用于根据本公约确立的犯罪的财产、设备或者其他工具。

二、各缔约国均应当采取必要的措施，辨认、追查、冻结或者扣押本条第一款所述任何物品，以便最终予以没收。

三、各缔约国均应当根据本国法律采取必要的立法和其他措施，规范主管机关对本条第一款和第二款中所涉及的冻结、扣押或者没收的财产的管理。

四、如果这类犯罪所得已经部分或者全部转变或者转化为其他财产，则应当以这类财产代替原犯罪所得而对之适用本条所述措施。

五、如果这类犯罪所得已经与从合法来源获得的财产相混合，则应当在不影响冻结权或者扣押权的情况下没收这类财产，没收价值最高可以达到混合于其中的犯罪所得的估计价值。

六、对于来自这类犯罪所得、来自这类犯罪所得转变或者转化而成的财产或者来自已经与这类犯罪所得相混合的财产的收入或者其他利益，也应当适用本条所述措施，其方式和程度与处置犯罪所得相同。

七、为本条和本公约第 55 条的目的，各缔约国均应当使其法院或者其他主管机关有权下令提供或者扣押银行记录、财务记录或者商业记录。缔约国不得以银行保密为理由拒绝根据本款的规定采取行动。

八、缔约国可以考虑要求由罪犯证明这类所指称的犯罪所得或者其他应当予以没收的财产的合法来源，但是此种要求应当符合其本国法律的基本原则以及司法程序和其他程序的性质。

九、不得对本条的规定作损害善意第三人权利的解释。

十、本条的任何规定概不影响其所述各项措施应当根据缔约国法律规定并以其为准加以确定和实施的原则。

……

第 35 条 "损害赔偿"

各缔约国均应当根据本国法律的原则采取必要的措施,确保因腐败行为而受到损害的实体或者人员有权为获得赔偿而对该损害的责任者提起法律程序。

……

第 43 条 "国际合作"

一、缔约国应当依照本公约第 45 条至第 50 条的规定在刑事案件中相互合作。在适当而且符合本国法律制度的情况下,缔约国应当考虑与腐败有关的民事和行政案件调查和诉讼中相互协助。

二、在国际合作事项中,凡将双重犯罪视为一项条件的,如果协助请求中所指的犯罪行为在两个缔约国的法律中均为犯罪,则应当视为这项条件已经得到满足,而不论被请求缔约国和请求缔约国的法律是否将这种犯罪列入相同的犯罪类别或者是否使用相同的术语规定这种犯罪的名称。

……

第 46 条 "司法协助"

一、缔约国应当在对本公约所涵盖的犯罪进行的侦查、起诉和审判程序中相互提供最广泛的司法协助。

二、对于请求缔约国中依照本公约第 26 条可能追究法人责任的犯罪所进行的侦查、起诉和审判程序,应当根据被请求缔约国有关的法律、条约、协定和安排,尽可能充分地提供司法协助。

三、可以为下列任何目的而请求依照本条给予司法协助:……(三)执行搜查和扣押并实行冻结;……(七)为取证目的而辨认或者追查犯罪所得、财产、工具或者其他物品;……(十)根据本公约第五章的规定辨认、冻结和追查犯罪所得;(十一)根据本公约第五章的规定追回资产。

……

八、缔约国不得以银行保密为理由拒绝提供本条所规定的司法协助。

九、(一)被请求缔约国在并非双重犯罪情况下对于依照本条提出的协助请求作出反应时,应当考虑到第1条所规定的本公约宗旨;(二)缔约国可以以并非双重犯罪为理由拒绝提供本条所规定的协助。然而,被请求缔约国应当在符合其法律制度基本概念的情况下提供不涉及强制性行动的协助。如果请求所涉及事项极为轻微或者寻求合作或协助的事项可以依照本公约其他条款获得被请求缔约国可以拒绝这类协助;(三)各缔约国均可以考虑采取必要的措施,以使其能够在并非双重犯罪的情况下提供比本条所规定的更为广泛的协助。

……

十三、各缔约国均应当指定一个中央机关,使其负责和有权接收司法协助请求并执行请求或将请求转交主管机关执行。如果缔约国有实行单独司法协助制度的特区或者领域,可以另指定一个对该特区或者领域具有同样职能的中央机关。中央机关应当确保所收到的请求迅速而妥善地执行或者转交。中央机关在将请求转交某一主管机关执行时,应当鼓励该主管机关迅速而妥善地执行请求。各缔约国均应当在交存本公约批准书、接受书、核准书或者加入书时,将为此目的指定的中央机关通知联合国秘书长。司法协助请求以及与之有关的任何联系文件均应当递交缔约国指定的中央机关。这项规定不得影响缔约国要求通过外交渠道以及在紧急和可能的情况下经有关缔约国同意通过国际刑事警察组织向其传递这种请求和联系文件的权利。

……

十五、司法协助请求书应当包括下列内容:(一)提出请求的机关;(二)请求所涉及的侦查、起诉或者审判程序的事由和性质，以及进行该项侦查、起诉或者审判程序的机关的名称和职能；（三）有关事实的概述，但为送达司法文书提出的请求例外；（四）对请求协助的事项和请求缔约国希望遵循的特定程序细节的说明；（五）可能时，任何有关人员的身份、所在地和国籍；（六）索取证据、资料或者要求采取行动的目的。

……

二十、请求缔约国可以要求被请求缔约国对其提出的请求及其内容保密，但为执行请求所必需的除外。如果被请求缔约国不能遵守保密要求，应当立即通知请求缔约国。

二十一、在下列情况下可以拒绝提供司法协助：（一）请求未按本条的规定提出；（二）被请求缔约国认为执行请求可能损害其主权、安全、公共秩序或者其他基本利益；（三）如果被请求缔约国的机关依其管辖权对任何类似犯罪进行侦查、起诉或者审判程序时，其本国法律已经规定禁止对这类犯罪采取被请求的行动；（四）同意这项请求将违反被请求缔约国关于司法协助的法律制度。

二十二、缔约国不得仅以犯罪也被视为涉及财税事项为理由而拒绝司法协助请求。

二十三、拒绝司法协助时应当说明理由。

……

二十八、除非有关缔约国另有协议，执行请求的一般费用应当由被请求缔约国承担。如果执行请求需要或者将需要支付巨额或者异常费用，则应当由有关缔约国进行协商，以确定执行该请求的条件以及承担费用的办法。

……

第52条"预防和监测犯罪所得的转移"

一、在不影响本公约第14条的情况下，各缔约国均应当根据本国法律采取必要的措施，以要求其管辖范围内的金融机构核实客户身份，采取合理步骤确定存入大额账户的资金的实际受益人身份，并对正在或者曾经担任重要公职的个人及其家庭成员和与其关系密切的人或者这些人的代理人所要求开立或者保持的账户进行强化审查。对这种强化审查应当作合理的设计，以监测可疑交易从而向主管机关报告，而不应当将其理解为妨碍或者禁止金融机构与任何合法客户的业务往来。

二、为便利本条第一款所规定措施的实施，各缔约国均应当根据其本国法律和参照区域、区域间和多边组织的有关反洗钱举措：（一）就本国管辖范围内的金融机构应当对哪类自然人或者法人的账户实行强化审查，对哪类账户和交易应当予以特别注意，以及就这类账户的开立、管理和记录应当采取哪些适当的措施，发出咨询意见；（二）对于应当由本国管辖范围内的金融机构对其账户实行强化审查的特定自然人或者法人的身份，除这些金融机构自己可以确定的以外，还应当酌情将另一缔约国所请求的或者本国自行决定的通知这些金融机构。

三、在本条第二款第（一）项情况下，各缔约国均应当实行措施，以确保其金融机构在适当期限内保持涉及本条第一款所提到人员的账户和交易的充分记录，记录中应当至少包括与客户身份有关的资料，并尽可能包括与实际受益人身份有关的资料。

四、为预防和监测根据本公约确立的犯罪的所得的转移，各缔约国均应当采取适当而有效的措施，以在监管机构的帮助下禁止设立有名无实和并不附属于受监管金融集团的银行。此外，缔约国可以考虑要求其金融机构拒绝与这类机构建立或者保持代理银行关系，并避免与外国金融机构中那些允许有名无实和并不附属于受监管金融集团的银行使用其账户的金融机构建立关系。

五、各缔约国均应当考虑根据本国法律对有关公职人员确立有效的财产申报制度，并应当对不遵守制度的情形规定适当的制裁。各缔约国还应当考虑采取必要的措施，允许本国的主管机关在必要时与其他国家主管机关交换这种资料，以便对根据本公约确立的犯罪的所得进行调查、主张权利并予以追回。

六、各缔约国均应当根据本国法律考虑采取必要的措施，要求在外国银行账户中拥有利益、对该账户拥有签名权或者其他权力的有关公职人员向有关机关报告这种关系，并保持与这种账户有关的适当记录。这种措施还应当对违反情形规定适当的制裁。

第 53 条"直接追回财产的措施"

各缔约国均应当根据本国法律：（一）采取必要的措施，允许另一缔约国在本国法院提起民事诉讼，以确立对通过实施根据本公约确立的犯罪而获得的财产的产权或者所有权；（二）采取必要的措施，允许本国法院命令实施了根据本公约确立的犯罪的人向受到这种犯罪损害的另一缔约国支付补偿或者损害赔偿；（三）采取必要的措施，允许本国法院或者主管机关在必须就没收作出决定时，承认另一缔约国对通过实施根据本公约确立的犯罪而获得的财产所主张的合法所有权。

第 54 条"通过没收事宜的国际合作追回资产的机制"

一、为依照本公约第 55 条就通过或者涉及实施根据本公约确立的犯罪所获得的财产提供司法协助，各缔约国均应当根据其本国法律：（一）采取必要的措施，使其主管机关能够执行另一缔约国法院发出的没收令；（二）采取必要的措施，使拥有管辖权的主管机关能够通过对洗钱犯罪或者对可能发生在其管辖范围内的其他犯罪作出判决，或者通过本国法律授权的其他程序，下令没收这类外国来源的财产；（三）考虑采取必要的措施，以便在因为犯罪人死亡、潜逃或者缺席而无法对其起诉的情形或者其他有关情形下，能够不经过刑事定罪而没收这类财产。

二、为就依照本公约第 55 条第二款提出的请求提供司法协助，各缔约国均应当根据其本国法律：（一）采取必要的措施，在收到请求缔约国的法院或者主管机关发出的冻结令或者扣押令时,使本国主管机关能够根据该冻结令或者扣押令对该财产实行冻结或者扣押,但条件是该冻结令或者扣押令须提供合理的根据,使被请求缔约国相信有充足理由采取这种行动,而且有关财产将依照本条第一款第(一)款按没收令处理;(二)采取必要的措施,在收到请求时使本国主管机关能够对该财产实行冻结或者扣押,条件是该请求须提供合理的根据,使被请求缔约国相信有充足理由采取这种行动,而且有关财产将依照本条第一款第(一)项按没收令处理;(三)考虑采取补充措施,使本国主管机关能够保全有关财产以便没收,例如基于与获取这种财产有关的、外国实行的逮捕或者提出的刑事指控。

第55条 "没收事宜的国际合作"

一、缔约国在收到对根据本公约确立的犯罪拥有管辖权的另一缔约国关于没收本公约第31条第一款所述的、位于被请求缔约国领域内的犯罪所得、财产、设备或者其他工具的请求后,应当在本国法律制度的范围内尽最大可能:(一)将这种请求提交其主管机关,以便取得没收令并在取得没收令时予以执行;(二)将请求缔约国领域内的法院依照本公约第31条第一款和第54条第一款第(一)项发出的没收令提交本国主管机关,以便按请求的范围予以执行,只要该没收令涉及第31条第一款所述的、位于被请求缔约国领域内的犯罪所得、财产、设备或者其他工具。

二、对根据本公约确立的一项犯罪拥有管辖权的缔约国提出请求后,被请求缔约国应当采取措施,辨认、追查和冻结或者扣押本公约第31条第一款所述的犯罪所得、财产、设备或者其他工具,以便由请求缔约国下令或者根据本条第一款所述请求由被请求缔约国下令予以没收。

三、本公约第46条的规定以经过适当变通适用于本条。除第46条第十五款规定提供的资料以外,根据本条所提出的请求还应当包括下列内容：（一）与本条第一款第（一）项有关的请求，应当有关于应当予以没收财产的说明，尽可能包括财产的所在地和相关情况下的财产估计价值，以及关于请求缔约国所依据的事实的充分陈述，以便被请求缔约国能够根据本国法律取得没收令；（二）与本条第一款第（二）项有关的请求，应当有请求缔约国发出的据以提出请求的法律上可以采信的没收令副本、关于事实和对没收令所请求执行的范围的说明、关于请求缔约国为善意第三人提供充分通知并确保正当程序而采取的措施的具体陈述，以及关于该没收令为已经生效的没收令的陈述；（三）与本条第二款有关的请求，应当有请求缔约国所依据的事实陈述和对请求采取的行动的说明；如有据以提出请求的法律上可以采信的没收令副本，应当一并附上。

四、被请求缔约国依照本条第一款和第二款作出的决定或者采取的行动，应当符合并遵循其本国法律及程序规则的规定或者可能约束其与请求缔约国关系的任何双边或多边协定或者安排的规定。

五、各缔约国均应当向联合国秘书长提供有关实施本条的任何法律法规以及这类法律法规随后的任何修订或者修订说明。

六、缔约国以存在有关条约作为采取本条第一款和第二款所述措施的条件时，应当将本公约视为必要而充分的条约依据。

七、如果被请求缔约国未收到充分和及时的证据，或者如果财产的价值极其轻微，也可以拒绝给予本条规定的合作，或者解除临时措施。

八、在解除依照本条规定采取的任何临时措施之前，如果有可能，被请求缔约国应当给请求缔约国以说明继续保持该措施的理由的机会。

九、不得对本条规定作损害善意第三人权利的解释。

第 56 条 "特别合作"

在不影响本国法律的情况下，各缔约国均应当努力采取措施，以便在认为披露根据本公约确立的犯罪的所得的资料可以有助于接收资料的缔约国启动或者实行侦查、起诉或者审判程序时，或者在认为可能会使该缔约国根据本章提出请求时，能够在不影响本国侦查、起诉或者审判程序的情况下，无须事先请求而向该另一缔约国转发这类资料。

第 57 条 "资产的返还和处分"

一、缔约国依照本公约第 31 条或者第 55 条没收的财产，应当由该缔约国根据本公约的规定和本国法律予以处分，包括依照本条第三款返还其原合法所有人。

二、各缔约国均应当根据本国法律的基本原则，采取必要的立法和其他措施，使本国主管机关在另一缔约国请求采取行动时，能够在考虑到善意第三人权利的情况下，根据本公约返还所没收的财产。

三、依照本公约第 46 条第 55 条及本条第一款和第二款：（一）对于本公约第 17 条和第 23 条所述的贪污公共资金或者对所贪污公共资金的洗钱行为，被请求缔约国应当在依照第 55 条实行没收后，基于请求缔约国的生效判决，将没收的财产返还请求缔约国，被请求缔约国也可以放弃对生效判决的要求；（二）对于本公约所涵盖的其他任何犯罪的所得，被请求缔约国应当在依照本公约第 55 条实行没收后，基于请求缔约国的生效判决，在请求缔约国向被请求缔约国合理证明其原对没收的财产拥有所有权时，或者当被请求缔约国承认请求缔约国受到的损害是返还所没收财产的依据时，将没收的财产返还请求缔约国，被请求缔约国也可以放弃对生效判决的要求；（三）在其他所有情况下，优先考虑将没收的财产返还请求缔约国、返还其合法所有人或者赔偿犯罪被害人。

四、在适当的情况下,除非缔约国另有决定,被请求缔约国可以在依照本条规定返还或者处分没收的财产之前,扣除为此进行侦查、起诉或者审判程序而发生的合理费用。

五、在适当的情况下,缔约国还可以特别考虑就所没收财产的最后处分逐案订立协定或者可以共同接受的安排。

第58条 "金融情报机构"

缔约国应当相互合作,以预防和打击根据本公约确立的犯罪而产生的所得的转移,并推广追回这类所得的方式方法。为此,缔约国应当考虑设立金融情报机构,由其负责接收、分析和向主管机关转递可疑金融交易的报告。

……

第67条 "签署、批准、接受、核准和加入"

一、本公约自2003年12月9日至11日在墨西哥梅里达开放供各国签署,随后直至2005年12月9日在纽约联合国总部开放供各国签署。

二、本公约还应当开放供区域经济一体化组织签署,条件是该组织至少有一个成员国已经按照本条第一款规定签署本公约。

……

二、《联合国反腐败公约》谈判工作特设委员会第一至第七届会议工作报告(增编)

……

6. 准备工作文件将表明,"各种资产"一语应当理解为包括资金和对资产的法定权利。

……

19. 准备工作文件将表明,"可疑交易"一语可理解为包括异常交易，此类交易因其金额、特点和次数而与客户的商务活动不一致，超出通常公认的市场参数或者无明确的合法依据，并且可构成一般非法活动或者与一般非法活动有关。

20. 准备工作文件将表明，设立本项所要求的金融情报机构的用意是针对尚不存在这种机制的情况而言的。

21. 准备工作文件将表明，在谈判期间，"各区域、区域间和多边组织的有关……举措"应理解为特别是指洗钱问题金融行动特别工作组提出的并分别于 2001 年和 2003 年作了修订的"八项特别建议"和"四十项建议"，此外，也是指诸如加勒比金融行动特别工作组、英联邦、欧洲委员会、东南非反洗钱工作组、欧洲联盟、南美洲反洗钱金融行动特别工作组和美洲国家组织等区域、区域间和多边组织的其他现有反洗钱举措。

……

32. 准备工作文件将表明，依照本条（第 23 条）确立的洗钱罪，应理解为独立和自主犯罪，先前因上游罪曾被定罪并非确定洗钱所涉资产的非法性质或者来源的必要条件。资产的非法性质或者来源，以及第 28 条所规定的明知、故意或者目的等要素，可以在洗钱追诉过程中加以确定，或者根据客观实际情形推定。

……

49. 准备工作文件将表明，应将第 52 条第 1 款和第 2 款放在一起阅读，并且，在适用和执行为金融机构规定的义务时，似宜适当考虑到有洗钱的特别风险。在这方面，缔约国可以向金融机构提供指导，使其了解应当适用何种适当的程序以及相关的风险是否要求对具有特别价值或性质的账户、其本国国民和其他国民以及对具有特殊职务或者资历的官员适用和执行这些规定。区域、区域间和多边组织的相关反洗钱举措应当是准备工作文件第 14 条注释中所指的举措。

50. 准备工作文件将表明，"关系密切的人"一词被视为包括与受托担任重要公职者有明显关系的人或者公司。

51. 准备工作文件将表明，"妨碍或者禁止金融机构与任何合法客户进行业务往来"一语应当理解为包括不危及金融机构与合法客户进行业务往来的能力这一概念。

……

54. 准备工作文件将表明，"实"字应当理解为指设在法域内的"有意义的谋划指挥和管理"。仅设有一个当地代理人或者低层办事人员为有名无实，不构成实际上的存在。对管理的理解是包括行政管理，即账册和记录。

55. 准备工作文件将表明，有名无实和不属于受监管金融集团的银行一般称作"空壳银行"。

56. 准备工作文件将表明，在审议本款时，秘书处法律事务厅的代表提请特设委员会注意法律事务厅以及内部监督事务厅和联合国毒品和犯罪问题办事处提交的一项提案，希望在本款中列入一段词语，除提及承认另一缔约国的主张外，还提及国际公共组织的主张。经讨论此提案后，特设委员会决定不列入这样的文字，其理解是在实践中缔约国可以承认其所加入的国际公共组织对通过实施根据本公约确立的犯罪行为而获得的财产所主张的合法所有权。

57. 准备工作文件将表明，本条（第54条）第1款（a）项所提及的没收令可作广义解释，包括关于没收金钱的裁决，但不应理解为要求执行某一无刑事管辖权的法院所发出的裁决令。

58. 准备工作文件将表明，本条（第54条）第1款（b）项应解释为系指本项规定所载的义务将通过可促成发出没收令的刑事诉讼而完成。

59. 准备工作文件将表明，在本条（第54条）第1款（c）项规定的情形中，"犯罪人"一词在适当情况下可理解为包括为了隐匿相关财产真实所有人身份的所有权人。

60. 准备工作文件将表明,在本条(第54条)第2款(a)项中所用"充足理由"这一术语在法律制度使用本术语的国家应解释为系指初步证据确凿的案件。

61. 准备工作文件将本条第2款(a)项作出说明,指出缔约国可以作出选择,或者是确立承认和执行外国冻结令或者扣押令的程序,或者是确立以外国冻结令或者扣押令为根据而要求下达本国冻结令或者扣押令的程序。本条第2款(a)项中提及的冻结令或者扣押令,不应解释为要求执行或者承认某个不拥有刑事管辖权的机关发出的冻结令或者扣押令。

……

64. 准备工作文件将表明,事实陈述可包括对非法活动及其同必须没收的资产的关系的说明。

第55条

65. 准备工作文件将反映对此的理解是,关于财产价值是否极其轻微,或者关于以何种方式方法遵守提供补充证据的任何期限,被请求缔约国将与请求缔约国进行协商。

第57条

66. 准备工作文件将表明,原合法所有权系指犯罪时的所有权。

67. 准备工作文件将表明,返还没收财产在有些情况下可指返还产权或者价值。

68. 准备工作文件将表明,第1款中提及的本国法律和第2款中提及的立法和其他措施,系指可使缔约国执行本条款的国内法律法规。

69. 准备工作文件将表明,本条(第57条)第3款(a)项和(b)项只适用于资产的返还程序,不适用于没收程序,没收程序在本公约其他条款中作出规定。如因罪犯死亡、潜逃或者缺席无法起诉罪犯以致于无法获得生效判决,或者在其他适当情形下,被请求缔约国应当考虑放弃对生效判决的要求。

70. 准备工作文件将表明,"合理费用"应解释为实际发生的费用和开支,而不是中间人佣金或者其他未具体指明的费用。鼓励被请求缔约国和请求缔约国就可能的费用进行磋商。
……

第 63 条

73. 准备工作文件将表明,不应当将资金筹措同资产的追回联系起来。
……

三、联合国《反腐败的实际措施》(1990 年)

……
第四部分　没收腐败行为所获资金和财产的法律规定
一、没收的概念

64. 近年来,一些法律制度开始对非法活动所涉及所获财产实行充公和没收的程序给予新的重视。由于需要更加有效地打击有组织犯罪活动,特别是麻醉品贩运,所以人们重新开始重视充公和没收措施,认为这是一种战略武器,是在经济上全面遏制意图谋利的有组织犯罪,是查明和褫夺反社会行动获经济实惠及因此而获权力的一种手段。在一些法律制度中,新的概念使人们需要重新制定没收这一法律办法,把重点从被查明的物品转到按查明的物品或可替代的金钱数额量刑来实行惩罚。在更多的情况下,没收概念的范围已经相当广泛,超出了收缴物品的范围,包括到违法者的其他财产。在这两种情况下,重要的是结果可使国家褫夺那些因犯罪而获取的所有经济实惠,而不仅仅是一次犯罪直接获得的物品,不仅仅是一定量的罚款,因为这些罚款数与犯罪活动所获巨额利润相比，犹如九牛一毛。通过实行没收的办法，即可彻底剥夺犯罪的得益和刺激因素。

二、《联合国禁止非法贩运麻醉药品和精神药物公约》有关对非毒品犯罪的没收措施

65. 人们现已广泛承认，在加强缉毒执法方面，《联合国禁止非法贩运麻醉药品和精神药物公约》所规定的没收战略具有重要意义。该公约在广义上使用"充公"一词，指收缴和将所有权移交政府，其中载有全面的条款规定，以确保没收有关毒品犯罪所获的收益和非法取得的财产。公约第 5 条对有关这些问题开展国际合作也作出了规定。

66. 公约中的有关条款是没收或充公战略的最新发展。这些条款虽然只限于有关毒品犯罪，但联合国其他一些文件草案和不局限于毒品犯罪的一些多边和双边条约也正在考虑这些规定。各国立法机构正越来越多地颁布将国内和国际情况包含在内的没收立法，不一定只限于毒品犯罪。凡具有经济动机的犯罪形式都要受到没收措施的制裁，而贪污腐败则是一种典型的经济犯罪，采取国内外没收措施将对之产生巨大的影响。此外，由于可能涉及巨额钱财，所以有充分的经济理由认为需要确保可以追查、收缴和没收被腐败当权者转移他方的国家财富。

（一）问题领域

67. 公约条款是查明一些问题领域的有效手段。在确认和实施议定书时，很可能会遇到这些问题领域，因为这些议定书规定的范围较广，足以对腐败及其收益有效地实行没收措施。其中第一个问题领域就是银行保密问题。《维也纳公约》第 5 条第 3 款规定，银行保密不能作为拒绝没收的一条理由。世界上对这个问题看来仍有分歧，一些避税地调整了其办事程序，以允许更加容易翻查账目，增加充公的可能性；而其他一些司法地区则力图以银行保密和金融服务保密这种方法来争取更大份额的世界市场。

在作出这些决定时,显然不仅仅单纯出于刑事司法的考虑,明显有更多的因素在起作用。但是,一旦适当明确下来,即可看到腐败犯罪像涉及麻醉药品和精神药物的犯罪行为一样,同样不值得银行保密法的保护。

68. 公约第3条第10款谈到一些棘手的问题,对于涉及麻醉品的犯罪情况可能比涉及腐败的犯罪情况更易于就这些问题达成协商一致。政治犯罪例外等个别法则极有可能在关于国际刑法的讨论中引起意见分歧。这一法则的存在是习惯国际法普遍接受的准则;其界限划分在国内法规、条约规定和具体国家的习惯法中相当混乱不清。根据犯罪的性质有各种不同的划分,例如,有组织的武装起义为推行政治目的而进行适当规模的暴力行为,或根据请求国的动机,即实行政治上区别对待的惩罚。其中一个通常的做法是保护前任统治者不被引渡回国接受起诉,因为他们的罪行也许不是危害人类罪,起诉的动机可能与政治党派偏见相关联。不难设想,一个新政权如果想使前任官员被遣返回国并受到惩罚,会以指称的腐败罪行为理由而请求引渡。其根据可能指称或编造得相当精确,或可能是在法律上有令人怀疑的企图,想让该官员对其属下的某些错误负责,或对一些属于轻率但严格说并非刑事犯罪的财政开支负责。不过,所幸的是,没收问题不像引渡问题那么敏感。其所牵涉的是财产价值,而不是人身自由。如果该避难官员掌握有可予没收的巨额财富,那么仅凭这一点就可初步断定,在获取这些财富时,可能从事了不法行为。最后,正如公约所规定的,一国可按其本国法律来解释国际协议。因此,腐败犯罪可能不会被列为条约或公约将之作为例外情况的政治犯罪,而国内法庭则可根据具体案件的裁决拒绝发出没收令,认为证据及关联事实不足,从而得出结论,某项要求没收的请求是出于政治动机的。

69. 公约中谈到的财务犯罪例外在理念上是一个相当大的障

碍。这条规定常常为递交虚假报税单或不如实申报赋税义务提供了庇护,而一些国家对这些行为的看法则是认为违反了规定,而不是触犯了刑法。在一些情况下,挪用政府资源这种腐败行为可能像商人逃税一样普遍,其表现方式可以是类似的虚假报单和报告书。希望对引渡和诸如没收这样的司法互相措施采取财务犯罪例外办法的有关国家,将能认识到,腐败对其他国家政府构成了特殊的威胁;希望这些国家能将腐败作为重罪论处,不适用财务犯罪例外的规定。遗憾的是,由于财务犯罪具有特定的理念基础,以及有些国家为吸引资金而提供银行保密办法,在这些国家的法律中常有这方面的规定,所以财务犯罪例外可能会给没收腐败行为所获赃款造成诸多问题,除非国际上的强烈反对意见能使这种例外规定的普遍性和适用范围受到一定的限制。

(二)举证责任

70. 对于颠倒举证责任,公约还提供了一个适用的模式。在反腐败斗争中,这项程序性办法可能在本国内具有巨大的重要意义。这种办法同时兼备战术和战略意义。作为一种战术武器,它是一项没收手段,所需的资金较少,不公正或犯错误的可能性很小。从战略上来说,让拥有财产的官员负责判明和解释其财产,即相当于对腐败行为开展攻心战和战术战役。由于始终担心会被要求对不义之财作出解释说明,所以这样的规定即造成一种不安状态,产生遏制性效果,或使腐败的官员处于两难境地——究竟是否应该申报。如果该官员在被要求对所有财产作出说明时,想提出似乎有理的正当解释,那么就必须编造理由掩盖,他(她)可能要在贿赂或勒索发生时或大致在该时提交一份报告,以便为拥有隐瞒财产提供始终如一的历史性解释。但是,这样做反而会促成对腐败关系和活动进行讨厌的追查,所以这样即体现出在报告要求方面实行转移责任法则的收效和必要性。不过,仍须对正当程序的原则给予认真的考虑,在许多司法制度中,正当程序的原则是宪法保护人权的组成部分。因此，颠倒举证责任似宜仅限于证据，并且应规定可以提出反驳，以便经受住对某事是否符合宪法而可能提出的任何质疑。

（三）货币管制和洗钱

71. 公约规定，洗钱或有关毒品资金的来往转账属犯罪行为。这些措施对反腐败方案尤为重要，因为在对公共财产进行重大欺诈活动时，犯罪官员往往急于掩饰其不义之财，使之不被发现，不受政治气候变化的影响。因为有时候政治气候变化可能会增加受到收缴的可能性。在一国境内洗钱，掩盖其来源，以及转入国外账户和进行投资，这些现已成为惯用伎俩。有效的货币管制措施可有助于查明和抑制任何形式的经济犯罪，包括腐败行为，希望这些措施在国内外范围都不会仅限于贩毒活动。

……

四、《联合国打击跨国有组织犯罪公约》（2000 年）

……

第 7 条 "打击洗钱活动的措施"

1. 各缔约国均应：（a）在其国所能及的范围内，建立对银行和非银行金融机构及在适当情况下对其他特别易被用于洗钱的机构的综合性国内管理和监督制度，以便制止并查明各种形式的洗钱。这种制度应强调验证客户身份，保持记录和报告可疑的交易等项规定。（b）在不影响本公约第 18 条和第 27 条的情况下，确保行政、管理、执法和其他负责打击洗钱的当局（本国法律许可时可包括司法当局）能够根据其本国法律规定的条件，在国家和国际一级开展合作和交换信息，并应为此目的考虑建立作为国家级中心的金融情报机构，以收集、分析和传播有关潜在的洗钱活动的信息。

2. 缔约国应考虑采取切实可行的措施调查和监督现金和有关流通票据出入本国国境的情况，但须有保障措施以确保情报的妥善使用且不致以任何方式妨碍合法资本的流动。这类措施可包括要求个人和企业报告大额现金和有关流通票据的跨境划拨。

3. 在建立本条所规定的国内管理和监督制度时，吁请缔约国在不影响本公约的任何其他条款的情况下将各种区域、区域间和多边组织的有关反洗钱倡议作为指南。

4. 缔约国应努力为打击洗钱而发展和促进司法、执法和金融管理当局间的全球、区域、分区域和双边合作。

……

五、联合国毒品与犯罪办公室《反腐败工具箱》(2003年9月)

联合国毒品与犯罪办公室在其全球反腐败计划（GPAC）项目下，于2003年9月编制了《反腐败工具箱》（以下简称《工具箱》）。《工具箱》所收集的理论方法和相关的实际应用是根据GPAC专家组会议中的论文和评述所开发的。其中的工具可以灵活地应用于反腐战略的不同阶段和层面，并可根据各国或者各地区的实际情况综合使用。《工具箱》分为9章，具体包括对腐败和机构反腐败能力的评估、机构建设、情景预防、社会预防和公众赋权、执法、反腐败立法、监测和评价、国际司法合作、非法资金的返还等。

第8章"国际司法合作"包括工具42"引渡"、工具43"司法互助"及工具44"非法资产的返还"。

工具42"引渡"概述了有关引渡、可引渡的犯罪、引渡的障碍和程序问题。

工具43"司法互助"概述了2001年12月在维也纳召开的联合国专家工作组会议,这次会议旨在促进提供有效的司法互助。其主要议题总结如下:(1)增强司法互助条约和立法的有效性;(2)加强中央政府的有效性;(3)提高对国家法律规定和最佳做法的意识;(4)在适当的时候,使用替代措施加速合作;(5)通过请求国和被请求国中央政府之间的直接个人联系,使有效性最大化;(6)为司法互助准备有效的请求;(7)消除或减少被请求国执行请求的障碍;(8)利用现代化技术加快请求的传送过程;(9)利用最现代的机制提供司法互助;(10)使资源的可获得性和利用率达到最大化;(11)联合国在促进有效的司法互助方面所起到的作用。

工具44"非法资产的返还"指出了阻碍资产返还的一些原因,其中包括:受害国缺乏政治意愿;被转移资产的国家内部缺乏有效的法律框架;在国家层面缺乏足够的技术能力,从而无法为返还资产进行必要的准备,例如,对罪犯进行起诉。这些国家中的主要专业人员仅限于要价极高的私人律师,而他们对国家能力建设毫无兴趣;受害国不愿改善其国内的机构框架也会导致被进一步掠夺。工具44还指出,《联合国打击跨国有组织犯罪公约》对上述问题提出了一些解决办法,它唯一的问题就是没有强制要求这些资产必须返还。工具44还建议那些因害怕被返还的资产再次成为腐败行为的目标而不愿追回这些资产的国家,应该将所返还的部分财产用于加强其国内的机构和法律框架的建设。

六、美洲国家组织《反腐败公约》(1996年)

……

第 14 条 "协助和合作"

1. 根据其国内法及可适用的条约,缔约国应当互相在最广泛的措施范围内提供协助。协助的程序是应对方依其国内法享有侦查、起诉本公约规定的腐败行为之权力的机关提出的请求,去获取证据和采取其他必要的行动,为与侦查或起诉腐败行为有关的法律程序和措施提供便利。

2. 缔约国还应当相互提供最广泛的有关预防、发现、侦查和惩罚腐败行为的措施与方法的技术合作。为此目的,各国应当通过其适格主体和机关之间的协议和会议的方式促进经验的交流,并对公民参与反腐败斗争的方法与程序给予特别的关注。

第 15 条 "关于财产的措施"

1. 根据其可适用的国内法和相关的可在缔约国间生效的条约或协定,缔约国应当在辨认、追查、冻结、扣押和没收本公约规定之犯罪中获得、衍生或使用的财产或收益等方面,相互提供可能的最广泛的协助。

2. 执行其自身或另一缔约国针对本条第一款所述之财产或收益的没收判决的缔约国,应当根据其法律处置该财产或收益。在缔约国法律允许的范围内和其认为适当的条件下,该缔约国可以将全部或部分财产或收益转让给在侦查或司法程序中提供协助的国家。

第 16 条 "银行保密"

1. 被请求国不得将银行保密规定作为拒绝向请求国提供协助的理由。被请求国应当根据其国内法、程序规定以及与请求国缔结的双边或多边的条约，适用本条款。

2. 除被请求国授权外，请求国有义务不将被银行保密规定所保护的信息用于任何请求获取该信息目的以外的程序。

七、欧洲理事会《反腐败刑法公约》(1999年)

……

第13条 "腐败罪行收益的洗钱行为"

《欧洲理事会关于洗钱、搜查、扣押以及没收犯罪所得物品的公约》第6条第1、2款所提及的行为应包括本公约第2至12条所确定的刑事犯罪的任何一种，只要当事国没有就这些罪行条款做出保留或者声明，而且其有关洗钱罪的法规尚未将这种罪行当作严重的犯罪，该当事国就应采取确定其为国内法下的刑事犯罪所必需的立法措施和其他措施。

……

第23条 "收集证据和没收非法所得的便利措施"

1. 各当事国应采取必要的立法措施和包括允许使用特殊调查技术在内的其他措施，以便能够便利于收集与本公约第2至第14条确定的刑事犯罪相关的证据，以及对应科以本公约第19条第3款所规定的处罚措施的犯罪工具和违法所得，或者与违法所得价值相当的财产进行鉴定、追查、冻结和查封。

2. 各当事国应采取必要的立法和其他措施，授权该国法院或者其他主管机关获得或者掌握银行、财政或者商业记录，以便实施本条第1款所规定的措施。

3. 银行的保密习惯不应是实施本条第1、2款所规定的措施的障碍。

……

第 26 条 "互助"

1. 各当事国应相互提供最广泛的互助措施,迅速地处理根据其国内法有权调查或者检控本公约确立的刑事犯罪的权力机构的请求。

2. 如果被请求的当事国相信依从请求将损害其根本利益、国家主权、国家安全或者公共秩序,可以拒绝提供本条第一款规定的司法互助。

3. 各当事国不应以遵从银行保密习惯为由拒绝按本章规定合作,若国内法如是规定,该当事国可以规定,凡涉及撤销银行保密习惯的合作请求应由法官批准,或者是包括公诉人或者与刑事犯罪相关的任何机关在内的其他司法机关批准。

后　记

　　2005年，我刚被录取为吉林大学刑法学博士生，导师孙谦教授就建议我早点为博士论文做准备，我也开始对如何顺利地完成博士论文进行认真的思考，并积极地通过各种途径收集资料，最初的想法是以"腐败犯罪的经济学分析"为论文题目，试图从经济学的角度去分析腐败犯罪日益猖獗的原因并提出相应的立法与司法对策，为我国廉政建设和反腐败斗争提供一个新的分析视角，但由于自身经济学水平欠缺，论文写到一定的阶段，无法取得新进展，如对贿赂犯罪的收益与成本分析无法达到让自己满意的程度，因此，就产生对论文题目予以调整的想法。恰逢当年12月14日，《联合国反腐败公约》正式生效，我国需要积极适应公约并履行公约义务，以应对腐败犯罪全球化、国际化的发展趋势，我就萌发了围绕公约框架，完善我国刑事诉讼法的想法，选取"《联合国反腐败公约》下我国刑事诉讼法的修改与完善"为题目并做了初步工作，在开题报告会上，几个老师认为我的论文题目太大，并提出相当合理的建议，即建议我针对当前腐败官员外逃及腐败资产跨境转移现象，重点研究《联合国反腐败公约》其中一个机制即资产追回机制以及我国在这方面的应对之策。最终，我选取"腐败资产跨境追回问题研究"为题目，用长达六年半的时间完成了资料的收集、提纲的整理乃至最终论文的成稿，并于2011年年底顺利通过论文答辩。在论文答辩会上，答辩组各位老师齐文远教授、李洁教授、徐岱教授、刘亚军教授、刘晓莉教授皆提出了十分宝贵的意见,结合他们的意见,我在通过答辩后对博士论文进行了一系列修改。而本书则是在论文修改的基础上完成的。

我是一名省级检察院反贪部门的普通干警,有幸能够从南方的福州赴北方的长春,成为吉林大学法学院的一分子,六年多的求学期间,深为法学院纯朴的待人之道、扎实的学习风气所折服。我的性格与喜好也发生质的改变,平时投入大量时间看书、收集资料、写作,在一个普遍浮躁的社会中努力保持一定程度上的娴静,从就读博士之初的功利思想发展成为真正有兴趣沉心做点学问,也总告诫自己要以一个博士的标准来衡量自己,来要求自己。梁慧星先生曾经说过,"博士论文的最大要求是讲求社会责任。"面对当前日益困难的腐败犯罪追逃与追赃问题,我希望自己能够尽一点社会责任,贡献一点绵薄的力量,为国家,为人民,最终也为我们自己。

感谢在博士论文写作过程中给予我无私帮助的老师们。导师孙谦教授,不仅以学识与睿智启迪我,以乐观与豁达感染我,在繁忙工作之余鼓励我看书,并时常关心我的论文进度,在论文选题、篇章结构设计及具体内容方面多次提出宝贵的建议。李洁教授多次对我说,博士论文写作,思路最重要,给我一种豁然开朗的感觉。从论文选题到最终成稿,李洁教授多次通过电话、电子邮件与面授的方式给了我完善建议,每一次与李洁教授联系后,我总感觉思路进一步拓宽,论文的质量也逐渐得到提高。对于我这个并不成器的学生,李洁教授却给予无私的关怀与帮助,这让我时常羞愧,也促使我下定决心,好好在这一领域刻苦钻研。吉林大学法学院求学的过程中,我还多次得到张旭教授、徐岱教授、闵春雷教授、李韧夫教授以及李立丰副教授的教诲,我虽不常与这几位老师联系,却始终心存感激,在此一并表现感谢。同时,感谢在博士就读期间的同学杜学毅、吴飞飞、陈庆安、张磊、罗开卷、吴立志、赵俊甫、赵路、王泰宁、吴淼等,人生奋斗的路上,有这些兄弟姐妹相陪伴,真是一件幸运而惬意的事!

林雪标

2012 年 5 月